体育健康教学理论与实践

周亚明 李 帅 晋宗华 著

吉林科学技术出版社

图书在版编目（CIP）数据

体育健康教学理论与实践 / 周亚明，李帅，晋宗华著. -- 长春：吉林科学技术出版社，2023.6
ISBN 978-7-5744-0675-9

Ⅰ. ①体… Ⅱ. ①周… ②李… ③晋… Ⅲ. ①体育－教学研究－高等学校②健康教育－教学研究－高等学校 Ⅳ. ① G807.4 ② G647.9

中国国家版本馆CIP数据核字（2023）第136469号

体育健康教学理论与实践

著	周亚明 李 帅 晋宗华
出 版 人	宛 霞
责任编辑	孔彩虹
封面设计	树人教育
制 版	树人教育
幅面尺寸	185mm×260mm
开 本	16
字 数	390 千字
印 张	17.75
印 数	1-1500 册
版 次	2023年6月第1版
印 次	2024年2月第1次印刷

出 版	吉林科学技术出版社
发 行	吉林科学技术出版社
地 址	长春市福祉大路5788号
邮 编	130118
发行部电话/传真	0431-81629529 81629530 81629531
	81629532 81629533 81629534
储运部电话	0431-86059116
编辑部电话	0431-81629518
印 刷	三河市嵩川印刷有限公司

书 号	ISBN 978-7-5744-0675-9
定 价	110.00元

版权所有 翻印必究 举报电话：0431-81629508

前　言

随着我国教育事业的蓬勃发展，高校在人才培养方面投入了大量的人力、物力、财力，给各行各业输送了大量高素质、高水平人才，为社会经济建设做出了突出贡献。因此，高校必须加强对大学生身体素质的训练，加大体育设施的投入力度，为学生创造良好的体育运动环境，从而促进学生综合素质的全面发展。

体育运动意义重大，正如梁启超所言："少年智则国智，少年富则国富；少年强则国强，少年独立则国独立"，充分说明了少年身体素质对于国家兴旺发达的重要影响。因此，应采取有效的措施，来促进当代大学生的体育锻炼和运动，加强大学生的身体表质和心理表质。

本书以体育健康为主干思路，就体育健康的理论以及教学等进行展开研究，既有理论指导，又有运动技能，力求体现新的知识和新的观念。

由于水平有限，加之时间仓促，书中缺点错误和不妥之处在所难免，敬请广大专家和学者的批评指正。

目　录

第一章　体育健康概述 ··· 1
　　第一节　什么是体育 ··· 1
　　第二节　什么是健康 ··· 5
　　第三节　健康法则 ··· 9
　　第四节　学校体育 ·· 14
　　第五节　学校体育课 ·· 19
　　第六节　学校运动队 ·· 21

第二章　体育与健康发展调研 ··· 25
　　第一节　高校体育教育个性化发展 ······································ 25
　　第二节　高校健康教育的实践调研 ······································ 29
　　第三节　大学体育与健康教育发展 ······································ 32

第三章　体育锻炼理论 ·· 38
　　第一节　体育锻炼与身体健康 ·· 38
　　第二节　体育锻炼与心理健康 ·· 41
　　第三节　体育锻炼与社会适应能力 ······································ 48
　　第四节　体育锻炼的基本原则 ·· 51
　　第五节　体育锻炼的科学方法 ·· 54
　　第六节　个人体育锻炼计划的制定 ······································ 56
　　第七节　运动与肌肉 ·· 59
　　第八节　运动与能量 ·· 60
　　第九节　疲劳与恢复 ·· 62
　　第十节　负荷与监控 ·· 65

第四章　体育与健康思想指导 ... 68
第一节　学校体育课程的价值取向 ... 68
第二节　学校体育教育的价值取向 ... 72
第三节　学校体育主导思想的价值 ... 76
第四节　学校体育观念碰撞的价值 ... 80
第五节　学校体育与终身体育价值 ... 83

第五章　身心健康评估 ... 87
第一节　体质健康评估概述 ... 87
第二节　体质健康评价 ... 90
第三节　心理健康评价 ... 93

第六章　体育与健康课程改革 ... 98
第一节　高校体育教育课程的改革 ... 98
第二节　大学健康教育课程的改革 ... 101
第三节　体育校本课程个性化改革 ... 104
第四节　学校体育与健康课程改革 ... 110
第五节　体育教育专业的课程改革 ... 113

第七章　体育与健康模式研究 ... 117
第一节　学校体育与健康教学模式 ... 117
第二节　高校体育与健康教育模式 ... 121
第三节　学校快乐体育的教学模式 ... 125
第四节　学校健康教育的实践模式 ... 127
第五节　个性化体育学习教学模式 ... 131

第八章　体育与健康教学评价 ... 138
第一节　高校新体育课程实施效果 ... 138
第二节　体育教学互动特征与评价 ... 141

第九章　体育与健康文化探索 ... 145
第一节　体育文化与学生综合素质 ... 145

第二节　校园体育文化结构与形态····················148
　　第三节　体育显性文化与隐性文化····················151
　　第四节　学校体育教学问题的分析····················153
　　第五节　学校弘扬北京奥运会精神····················157

第十章　体育与健康消费引导····························161
　　第一节　学校体育消费市场的开发····················161
　　第二节　学生体育消费的经济行为····················165
　　第三节　高校体育产业效益的分析····················168
　　第四节　学校体育消费市场细分化····················172
　　第五节　学生消费特点与体育市场····················176

第十一章　体育健康——球类运动实践····················180
　　第一节　足球运动·································180
　　第二节　篮球运动·································188
　　第三节　排球运动·································200
　　第四节　乒乓球运动·······························207
　　第五节　羽毛球运动·······························215
　　第六节　网球运动·································222

第十二章　体育健康——健美操运动实践··················226
　　第一节　健美操运动概述···························226
　　第二节　健美操基本动作和动作组合··················228
　　第三节　健美操套路·······························236
　　第四节　健美操编创指导···························237
　　第五节　健美操体育考试细则·······················240

第十三章　体育健康——武术运动实践····················242
　　第一节　武术概述·································242
　　第二节　武术基本功和基本动作·····················244
　　第三节　武术套路运动·····························250

第十四章　体育健康——田径运动实践…………………………………………252
　　第一节　跑步运动……………………………………………………………252
　　第二节　跳跃运动……………………………………………………………261
　　第三节　投掷运动……………………………………………………………269

参考文献………………………………………………………………………………274

第一章　体育健康概述

体育是人类社会一种特有的文化现象，它的历史源远流长。原始社会时期，体育表现为人类为了生存而与自然界进行的各种斗争；现在，体育已经成为人们锻炼身体、增强体质、娱乐身心的一种手段。体育被赋予了更多的人文主义色彩，其内容也得到了极大的充实。

随着体育事业的发展，作为祖国未来的青少年更应该掌握体育健康知识，养成终身体育锻炼的好习惯。

第一节　什么是体育

一、"体育"的起源

1. "体育"一词的出现

体育虽然有悠久的历史，但是"体育"一词却出现得较晚。因为在"体育"一词出现前，世界各国对体育这一活动过程的称谓都不相同。

在古希腊，游戏、角力、体操等曾被列为教育内容。17—18世纪，西方教育也加进了打猎、游泳、爬山、赛跑、跳跃等项活动，只是尚无统一的名称。18世纪末，被称为"德国体操之父"的约翰·克里斯托夫·弗里德里希·古兹姆斯曾把这些活动分类、综合，统称为"体操"。进入19世纪，一方面是德国形成了新的体操体系，并广泛传播于欧美各国；另一方面是相继出现了多种新的运动项目。在学校也逐渐开展了超出原来体操范围的更多的运动项目，建立起"体育是以身体活动为手段的教育"这一新概念。于是，在相当长一段时间里，"体操"和"体育"两个词并存，相互混用，比较混乱，直到20世纪初才逐渐在世界范围内统一称为"体育"。

2. "体育"一词传入我国

我国体育历史悠久，但"体育"却是一个外来词。它最早见于20世纪初的清末，当时，我国有大批留学生东渡去日本求学，仅1901—1906年，就有1.3万多人。其中，学体育的就有很多。回国后，他们将"体育"一词引进我国。

在我国，"体育"这个词最早见于1904年，在湖北幼稚园开办章程中提到对幼儿进行全面教育时说："保全身体之健旺，体育发达基地。"在1905年《湖南蒙养院教课说略》上也提到："体育功夫，体操发达其表，乐歌发达其里。"

我国最早创办的体育团体是1906年上海的"沪西士商体育会"。1907年我国著名女革命家秋瑾在绍兴也创办了体育会。同年，清王朝学部的奏折中也开始有"体育"这个词。辛亥革命以后，"体育"一词就逐渐运用开来。

3."体育"一词的演化

"体育"一词在含义上也有一个演化过程。它刚传入我国时，是指身体的教育，作为教育的一部分出现的，是一种与维持和发展身体的各种活动有关联的教育过程，与国际上理解的"体育"（physical education）是一致的。随着社会的进步和体育事业的不断发展，其目的和内容都大大超出了原来的"体育"范畴，体育的概念也出现了"广义"与"狭义"两种解释。当用于广义时，一般是指体育运动，其中包括了体育教育、竞技运动和身体锻炼三个方面；用于狭义时，一般是指体育教育。不少学者对"体育"的概念提出了一些解释，但比较趋于一致的解释为："体育是以身体活动为媒介，以谋求个体身心健康、全面发展为直接目的，并以培养完善的社会公民为终极目标的一种社会文化现象或教育过程。"体育的这一定义既说明了它的本质属性，又指出了它的归属范畴，同时也把自身从与其邻近或相似的社会现象中区别出来。但是，体育的概念并非是一成不变的，随着社会的发展和进步，对体育的认识也将有所发展。

二、体育的种类

依据各种体育实践的基本功能和特征、人们对体育基本类型的认同以及体育工作的实际情况等综合因素，可以将体育划分为学校体育、竞技体育、社会体育和体育产业4种基本类型。

1. 学校体育

学校体育是指以在校学生为参与主体的体育活动，通过培养学生的体育兴趣、态度、习惯、知识和能力来增强学生的身体素质，培养学生的道德和意志品质，促进学生的身心健康。学校体育是教育的重要组成部分，是计划性、目的性、组织性较强的体育教育活动过程。

2. 竞技体育

竞技体育是指在全面发展身体，最大限度挖掘和发挥人（个人或群体）在体力、心理、智力等方面潜力的基础上，以攀登运动技术高峰和创造优异运动成绩为主要目的的一种运动活动过程。竞技体育是一种制度化、体系化的竞争性体育活动，具有正式的历史记载和传说，以打败竞争对手来获取有形或无形的价值利益为目标，在正式组织起来的体育群体的成员或代表之间进行，强调通过竞赛来显示体力和智力，在对参加者的职责和位置做出明确界定的正式规则所设立的限度之内进行。

3. 社会体育

社会体育又称群众体育或大众体育，是指普通民众自愿参加的，以强身、健体、娱乐、休闲、社交等为目的，一般不追求达到高水平的运动成绩，内容广泛、形式多样的体育活动。

4. 体育产业

体育产业是指为社会提供体育产品的同一类经济活动的集合以及同类经济部门的综合。体育产业作为国民经济的一个产业部门，具有与其他产业相同的共性，即注重市场效益、讲求经济效益，同时又具有不同于其他产业部门的特性。其产品的重要功能还在于提高居民身体素质、发展社会生产、振奋民族精神、实现个人的全面发展和社会文明的全面进步。

三、体育的功能

从性质上看，体育是社会文化的组成部分。体育是一个有机整体，一个多功能、多目标的系统。体育的功能主要包括健身功能、文化功能、娱乐功能、教育功能、经济功能和政治功能。

1. 健身功能

所谓"健身"就是健全体魄，增强体质。在进行体育活动时，通过身体运动锻炼的多次重复过程，可以对各器官系统起到一定强度的刺激，使身体在形态结构、生理机能和生化等方面发生一系列的适应反应，达到促进身体健康发展和增强体质的目的。

适当的体育活动，可以促进大脑兴奋，提高大脑分析、综合能力，可以促进机体的生长发育，促进骨骼变粗、骨密质增厚，抗弯、抗折、抗压力增强，可以增加肌肉的能量储备，提高体力，可以促进人体内脏器官构造的改善和功能的提高，能增强人体免疫力，提高对疾病的抵抗能力。体育锻炼还可以增强意志，催人奋进，培养集体观念，协调人际关系，从而促进心理调解能力的提高，有利于排解各种不健康的心理因素，使个体在环境的和谐统一中感到欢快和轻松，获得精神健康。

2. 文化功能

体育本身就是社会的一种文化现象，体育文化是现代文明的标志之一，主要从媒体传播、体育服饰、体育竞技、民间体育、体育表演、体育设施等方面反映一个国家的文明程度。体育还是一种高雅的文化生活，它与欣赏音乐、舞蹈、艺术、文学有着不解之缘，是人类文明与智慧的结晶。

3. 娱乐功能

由于体育本身具有游戏性、艺术性、惊险性、默契性等特征，人们结合自己的兴趣，参加一些个人喜爱和擅长的体育运动项目，可以起到调节心理、松弛神经、丰富文化生活和愉悦身心的作用。在完成各种练习后，可以提高自信心和自豪感，提升与同伴的默契，增进相互之间的理解。胜利后的狂喜，也会给人带来巨大的心理满足感。在欣赏体育运动时，运动员所表现出的高超技艺，使人赏心悦目、心旷神怡，赛场上起伏跌宕的戏剧性，稍纵即逝的机遇性，激烈的对抗性，胜败的悬念性，音乐、色彩及力与美的协调性，会给人们带来精神上的巨大愉悦，使人们在和谐的氛围中获得精神快感，情绪得到释放，情感得到净化。

4. 教育功能

在国际体育比赛中，每当有我国运动员获得冠军，赛场上空响起我国国歌、升起我国国旗时，都会激发起全民族的爱国热情。

实施素质教育，全面贯彻党的教育方针，就是以提高国民素质为根本宗旨，以培养学生的创造精神和实战能力为重点，以注重形成人的个性为目的的教育。通过体育活动，不仅能有效培养人的体育素质，发展人的个性，培养竞争意识，而且有助于基本素质的提高和培养，使人们树立"终生体育"的思想。

5. 经济功能

在国际体育运动中，体育的经济目的已成为最大特点之一。大大小小的赛事，尤其是奥运会，会给各个举办国带来巨大的商机。

除了极具魅力的体育产业外，由于我国老百姓对健康的关心，使得各种各样的体育消费大踏步地走向生活、进入家庭，群众性的体育锻炼和休闲体育的市场展现出了不可估量的庞大需求。体育服装、体育广告、体育器材、食品、旅游等综合服务获得了十分可观的经济收入。社会体育消费、体育用品、练习器材、场地设施等产品的极大发展，创造了更多的经济价值。体育产业有力推动了我国经济在新世纪继续增长，促进了我国改革开放和经济事业的发展。

6. 政治功能

体育作为人类的一项文化活动，不是一种孤立的社会现象，而总是同一定社会的政治、经济、文化相互联系，又相互影响的。竞技体育，特别是奥林匹克体育运动，更是从一开始就同政治结缘。

作为国力强弱的标志之一，竞技比赛成绩直接影响国家的声望和威信。竞技比赛，特别是奥运会等大型国际竞赛，对世界各地影响的广度和深度，都是其他任何活动无法比拟的，比赛胜负直接关系国家的荣誉。作为强大的精神动力之一，重大竞技比赛的胜利可满足民族自尊心，增强自豪感，激发起巨大的爱国热情。在2008年北京奥运会上，中华健儿一鼓作气，勇夺51枚金牌，实现了历史性的突破。国人沸腾，海外华侨欢呼雀跃，海内外掀起了巨大的爱国浪潮。作为社会感情的调节要素之一，体育可以欢娱身心、稳定情绪，从而有助于社会的安定与团结；作为增进友谊的桥梁之一，体育能够促进各国人民之间相互了解，特定情况下还可以提供灵活的外交机遇。国际比赛中，作为人民使者的各国运动员，通过场上交流和场下的广泛接触，可展示各国人民的风采，加深与他国选手的友谊。竞技比赛可以使任何国家，甚至政治上有隔阂乃至敌对国家的运动员走到一起，同场竞技。与此同时，双方的官员也要进行必要的接触。在特定情况下，往往取得意想不到的重大的外交突破。

第二节　什么是健康

一、健康的概念

现代健康的含义是多元的、广泛的，包括生理、心理和社会适应性3个方面，其中社会适应性归根结底取决于生理和心理的素质状况。心理健康是身体健康的精神支柱，身体健康又是心理健康的物质基础。良好的情绪状态可以使生理功能处于最佳状态，反之，则会降低或破坏某种功能而引起疾病。身体状况的改变可能带来相应的心理问题，生理上的缺陷、疾病，特别是痼疾，往往会使人产生烦恼、焦躁、忧虑、抑郁等不良情绪，导致各种不正常的心理状态。作为身心统一体的人，身体和心理是紧密依存的两个方面。

1. 生理健康

生理健康就是人体生理上的健康状态。过去将生理健康定义为："能够精力旺盛地、敏捷地、不感觉过分疲劳地从事日常活动，保持乐观、蓬勃向上的心态以及具有应激能力。"目前，什么是生理健康，有的人认为应当将"健康"与"健康行为"两个概念区别开来。"健康"是指循环、呼吸系统、机体的各个器官、关节活动及肌力都达到最低正常水平，这样就会有助于减少退行性疾病发生的危险性；"健康行为"要求健康达到一定水平，并且与敏捷性、速度、肌肉的耐受性和收缩力有关，能够使机体更好地从事职业与娱乐方面的生理活动。

2. 心理健康

心理健康的基本含义是指心理的各个方面及活动过程处于一种良好或正常的状态。心理健康的理想状态是保持性格完美、智力正常、认知正确、情感适当、意志合理、态度积极、行为恰当、适应良好的状态。

个体能够适应发展着的环境，具有完善的个性特征；且其认知、情绪反应、意志行为处于积极状态，并能保持正常的调控能力。在生活实践中，能够正确认识自我，自觉控制自己，正确对待外界影响，从而使心理保持平衡协调，就已具备了心理健康的基本特征。

3.社会适应性

社会适应一词最早由赫伯特·斯宾塞提出，指个体逐渐接受现有社会的道德规范与行为准则，对于环境中的社会刺激能够在规范允许的范围内做出反应的过程。社会适应对个体有着重要意义。如果一个人不能与社会取得一致，就会产生对所处环境中的一切格格不入的心理状态，久而久之，容易引起心理变态。人类对社会的适应可以通过语言、风俗、法律以及社会制度等的控制，使自己与社会相适应。

健康是你最大的财富。

一个人最重要的是金钱吗？是豪宅吗？是权势吗？是漂亮的脸蛋吗？都不是！而是健康。健康不是一切，但失去了健康，就会失去一切。

人有三宝，就是精、气、神。精、气、神是身体健康的基础。失去它们，人不仅失去一切，而且会立即失去生命。因为它们是生命的原动力！人的生命就在一口气呼吸之间。一口气不来就会死亡。人有时候真不知要谋求什么？往往把最珍贵的东西忽视了，却不知捡了芝麻丢了西瓜。要把身体当成好朋友。不是病了才关爱身体，而是通过更多的关爱让身体不生病或少生病。不吸烟，少喝酒，不过度疲劳，不做对身体不利的事情。对于我们每一个人来说，防病比治病更重要。

世上有些东西可以弥补，有些东西永远无法弥补。有的人透支生命去换取财富，却忘了财富买不回生命。身体是会报复每一个不爱惜、不尊重它的人的。如果你浑浑噩噩地摧残它，它就会冷峻地给你颜色看。一旦它衰微了，你将丧失聪慧的智力和充沛的体力，难以自强自立于世。

现在好多人都在透支健康，经常借口工作忙、应酬多，不注意生活方式，不重视锻炼和爱惜自己，过早处于亚健康状态。一般都是撑不住了才去看医生，身体有毛病了和退休了才去保养和锻炼。往往都是等到健康状况不行了，才想起去珍惜和维护。

其实，如果我们过早地把自己的身体搞垮了，要再多的身外之物又有何用？世界上再富有的人，往往也无法买回自己的健康。

无论干什么，干多大的事业，健康毕竟还是排再第一位。我们连生命都没了，还会有什么？什么时候你才会关心自己的健康？可能就是当医生对你说你的身体机能已经坏透了的时候。如果真的是这样，则为时已晚矣！

二、健康的标准

1. 世界卫生组织提出的标准

（1）食得快：进食时有很好的胃口，能快速吃完一餐饭而不挑剔食物，这说明内脏功能正常。

（2）便得快：一旦有便意时，能很快排泄大小便，且感觉轻松自如，在精神上有一种良好的感觉，说明胃肠功能良好。

（3）睡得快：上床能很快熟睡，且睡得深，醒后精神饱满，头脑清醒。

（4）说得快：语言表达正确，说话流利，表示头脑清楚，思维敏捷，中气充足，心、肺功能正常。

（5）走得快：行动自如，转变敏捷，说明精力充沛旺盛。

（6）良好的个性：性格温和，意志坚强，感情丰富，具有坦荡胸怀与达观心境。

（7）良好的处世能力：看问题客观现实，具有自我控制能力，适应复杂的社会环境，对事物的变迁能始终保持良好的情绪，能保持对社会外环境与机体内环境的平衡。

（8）良好的人际关系：待人接物能大度和善，不过分计较，能助人为乐，与人为善。

（9）适量运动：运动能改变血液中化学成分，有利于防止动脉血管硬化，保护血液、维护心血管系统的健康。要经常参加以耐力性为主的运动项目，如跑步、球类、登山等。

2.《国家学生体质健康标准（2014年修订）》项目及评价指标

《国家学生体质健康标准（2014年修订）》是指2014年7月18日，教育部公布的最新修订的《国家学生体质健康标准》（以下简称：新《标准》）。学生体测成绩达到或超过良好，才有资格参与评优与评奖。

以往，学生的体测按学段分组，每组除了身高、体重、肺活量必测外，还有一些可选项目。新《标准》取消选测。在分组上，小学、初中、高中按每个年级为一组；大学一、二年级为一组，三、四年级为一组。在各组中，身高、体重、肺活量、50米跑、坐位体前屈都是必测项目。在大学生和中学生中，男生必须测1000米跑和引体向上，女生必须测800米跑和1分钟仰卧起坐。

新《标准》还指出，体测的学年总分由标准分与附加分之和构成，满分为120分。标准分由各单项指标得分与权重乘积之和组成，满分为100分；附加分根据实测成绩，对1分钟跳绳、引体向上、仰卧起坐等加分指标进行加分，满分为20分。

各组学生按总分评定等级，90分及以上为优秀，80分至89.9分为良好，60分至79.9分为及格，59.9分及以下为不及格。

每个学生每学年评定一次，学生毕业时的成绩和等级，按毕业当年学年总分的50%与其他学年总分平均得分的50%之和进行评定。学生测试成绩评定达到良好及以上者，方可参加评优与评奖；成绩达到优秀者，方可获体育奖学分。对于测试成绩评定不及格的学生，在本学年度准予补测一次，补测仍不及格，则学年成绩评定为不及格。普通高中、中等职业学校和普通高等学校学生毕业时，新《标准》测试的成绩达不到50分者按结业或肄业处理。

新《标准》取消了选测项目，中学生和大学生必须测长跑，初中以上男生必须测引体向上。

新《标准》要求，初中、高中、大学学生的必测项目全部一致：50米跑、坐位体前屈、立定跳远、引体向上（男）、仰卧起坐（女）、100米跑（男）、800米跑（女）。

另外，各个测试项目都设置了具体的标准，比如，50米短跑，对于大一、大二的学生，男生超过9.1秒为不及格，女生超过10.3秒为不及格；对于大三、大四的学生，男生超过9.0秒为不及格，女生超过10.2秒为不及格。

三、亚健康

1. 亚健康的概念

世界卫生组织（WHO）认为：亚健康状态是健康与疾病之间的临界状态，各种仪器及检验结果为阴性，但人体有各种各样的不适感觉。这是新的医学理论、新概念，也是社会发展、科学进步以及人类生活水平提高的产物，它与现代社会人们的不健康生活方式及所承受的压力不断增大有直接关系。

由于各研究部门采用的亚健康定义不统一、应用的调查问卷或量表不统一，各研究报道的亚健康检出率差别也较大，大多在20%~80%。亚健康的检出率在不同性别、年龄、职业上有一定差异，与出生地、民族无关。一般女性的检出率高于男性，40~50岁年龄段较其他年龄段高发，教师、公务员高发。

导致亚健康的主要原因有饮食不合理、缺乏运动、作息不规律、睡眠不足、精神紧张、心理压力大、长期情绪不佳等。

2. 亚健康的主要特征

亚健康的主要特征包括：

（1）身心上不适应的感觉所反映出来的种种症状，如疲劳、虚弱、情绪改变等，其状况在相当时期内难以明确；

（2）与年龄不相适应的组织结构或生理功能减退所致的各种虚弱表现；

（3）微生态失衡状态；

（4）某些疾病的病前生理病理学改变。

亚健康状态的自我检测

有人专门罗列出30种亚健康状态的症状，供给人们作自我检测。如果在以下30项现象中，你感觉自己存在6项或6项以上，则可视为进入亚健康状态。

（1）精神焦虑，紧张不安； （2）忧郁孤独，自卑郁闷；

（3）注意力分散，思维肤浅； （4）遇事激动，无事自烦；

（5）健忘多疑，熟人忘名； （6）兴趣变淡，欲望骤减；

（7）懒于交际，情绪低落； （8）常感疲劳，眼胀头昏；

（9）精力下降，动作迟缓； （10）头昏脑涨，不易复原；

（11）久站头晕，眼花目眩； （12）肢体酥软，力不从愿；

（13）体重减轻，体虚力弱； （14）不易入眠，多梦易醒；

（15）晨不愿起，昼常打盹； （16）局部麻木，手脚易冷；

（17）掌腋多汗，舌燥口干； （18）自感低烧，夜常盗汗；

（19）腰酸背痛，此起彼安； （20）舌生白苔，口臭自生；

（21）口舌溃疡，反复发生； （22）味觉不灵，食欲不振；

（23）反酸嗳气，消化不良； （24）便稀便秘，腹部饱胀；

（25）易患感冒，唇起疱疹； （26）鼻塞流涕，咽喉疼痛；

（27）憋气气急，呼吸紧迫； （28）胸痛胸闷，心区压感；

（29）心悸心慌，心律不整； （30）耳鸣耳背，晕车晕船。

第三节 健康法则

一、健康饮食法则

健康是人类社会生存发展的基本因素，也是个体或社会充分发挥其功能的必要前提。健康既属于个人，也属于社会。21世纪是一个充满希望、充满竞争的世纪。在一个高效率、快节奏的社会里，健康的体魄、良好的心态、充沛的精力对人来说是宝贵的，它直接影响一个人的学习、生活和工作以及美好理想的实现。而饮食是人生存和发展活动的一个重要方面，没有饮食，就没有充沛的精力和体力，也就谈不上创造更好的未来。好好吃饭是人生存的根本。

1. 食物多种花样

以谷类为主，粗细搭配。尽量每餐多吃几样食物，这样就可为机体提供多种营养。食物的种类多，提供的营养素就丰富，就能满足机体对各种营养素的需要，机体就能有充足的能量。各种食物所含的营养成分不完全相同，每种食物都至少可提供一种营养物质。

2. 保持一日三餐

有规律的饮食习惯有利于食物的消化吸收。一日三餐按时吃饭是人类长期生存所形成的规律。这种进食规律能使血糖水平维持在较稳定的范围内。要避免忽而暴食，忽而饥饿。

3. 多吃蔬菜水果和薯类

蔬菜水果是维生素、矿物质、膳食纤维和植物化学物质的重要来源，水分多、能量低。薯类含有丰富的淀粉、膳食纤维以及多种维生素和矿物质。富含蔬菜、水果和薯类的膳食对保持身体健康，保持肠道功能正常，提高免疫力，降低患肥胖、糖尿病、高血压等慢性疾病风险具有重要作用。

4. 每天吃奶类、大豆或其制品

奶类营养成分齐全，组成比例适宜，容易消化吸收。奶类除含丰富的优质蛋白质和维生素外，含钙量较高，且利用率也很高，是膳食钙质的极好来源。大豆含丰富的优质蛋白质、人体必需的脂肪酸、B 族维生素、维生素 E 和膳食纤维等营养素，且含有磷脂、低聚糖，以及异黄酮、植物固醇等多种植物化学物质。

5. 常吃适量的鱼、禽、蛋和瘦肉

鱼、禽、蛋和瘦肉均属于动物性食物，是人类优质蛋白、脂类、脂溶性维生素、B 族维生素和矿物质的良好来源，是平衡膳食的重要组成部分。

二、健康作息法则

1. 起居规律

我们的生活起居应该始终坚持按时作息，合理地安排起居作息，保持良好的生活习惯，坚持有规律的生活制度，尽量使工作、学习、休息、睡眠等活动保持一定的规律，不违背人体生理的变化规律，并与大自然的活动规律相适应，顺应生物钟的要求。这是保证身心健康、延年益寿的重要保健方法。

2. 保证睡眠

睡眠是人生活中的一个重要组成部分。人的一生有 1/3 的时间是在睡眠中度过的，好的睡眠对恢复体力、增强智慧、保证健康十分重要。没有睡眠就没有健康。睡眠是机体自我保护的重要生理功能。睡眠不仅能使身体得到休息，恢复体力，还能让大脑得到休息，恢复脑力。睡眠时，植物神经系统能集中精力完成消化吸收、营养和能量的转化储备等工作。某些内分泌功能在深睡时变得更加活跃，如生长激素、松果体素的释放增加等，免疫系统也可以在熟睡中得到强化。通过睡眠，人们能够获得全身心的休息、恢复和调整。科学家认为，如果你希望自己健康，就必须重新估价睡眠对健康的作用。

3. 劳逸结合

劳逸结合是一个矛盾的统一体，要学会把"劳"和"逸"这一对矛盾完美地结合起来，和谐地统一于一体。生命需要压力，有压力才能使人振奋精神，保持高效率的学习和工作状态。但是过"劳"会导致"过劳死"，过"逸"也会使人心志涣散，无精打采。只有通过必要的休息调节，获得了健康的身心，才能全身心地投入到学习和工作中去，努力去实现自己的人生价值，学习和工作也会取得事半功倍的效果。

三、健康运动法则

有句古话，叫"流水不腐，户枢不蠹"，表面上看说的是自然界中的一个现象，却揭示了一个真理——"用进废退"。对于健康而言，说运动是金何尝不可。按中医理论，运动可使全身气机条达，血脉流通，才能不生疾病或少生病。肌肉在运动中变得发达有力，骨骼在运动中变得坚强和结实。所以说，最好的保健秘方，不是灵丹妙药，而是运动。

1. 运动预防疾病

体育锻炼能改善神经系统的调节功能，提高神经系统对人体活动时错综复杂变化的判断能力，并及时做出协调、准确、迅速的反应，使人体适应内外环境的变化，保持肌体生命活动的正常进行。因此，体育运动在预防某些疾病方面有着非常好的效果。例如，经常运动可以降低高血压，提高有益的胆固醇水平，并降低有害的胆固醇水平，减轻体重，有助于预防血栓形成；运动对肌体器官运作有较大影响，它会对细胞产生积极作用，延缓免疫系统老化；运动可刺激胰岛素的分泌，加速细胞对糖的氧化和利用，起到防治糖尿病的作用……同时，体育运动在肥胖、骨质疏松、老年痴呆，甚至癌症等方面都有着显著的预防甚至减轻症状的作用。

2. 有氧运动和无氧运动结合

有氧运动属于耐久性的运动项目，在整个运动过程中，人体吸入的氧气大体与机体所需相等。其运动特点是强度低、有节奏、不中断、持续时间长，并且方便易行，容易坚持。这一运动包括步行、慢跑、骑车、越野、滑雪、打网球等。

无氧运动属于力量性的运动项目，在整个运动过程中，人体吸入的氧气少于机体所需要的氧气，运动强度较高，持续时间短，爆发力强。这类运动包括举重、拳击以及田径项目中的竞技运动。

在我们日常进行的运动中，还有很大一部分既不属于有氧运动，也不属于无氧运动，而是两者兼而有之。如足球、篮球、排球、体操、中距离跑、游泳及摔跤等，是耐力和力量的综合体现，这类运动同样有促进身体健康的作用。所以要保持健康的身体状态，可以把有氧运动和无氧运动结合起来进行。

3. 适量运动延年益寿

运动健身其实也不需要太大的运动量就能达到十分明显的效果，如果我们每天坚持散步 10 分钟，则身体状况将大大改善。如果每天坚持一小时的步行，那么每周可通过体力活动消耗掉 2000 卡路里的热量，我们的预期寿命将会延长整整 2 年。此外，有氧运动（指和缓的、非剧烈的运动）对健身的效果更好，当然也可将有氧运动和无氧运动两者结合起来，不过应根据各人体质选择适当的运动项目和运动量。

4. 运动要持之以恒

人贵有志，学贵有恒，做任何事情，要想取得成效，没有恒心是不行的。古人云："冰冻三尺，非一日之寒"，说的就是这个道理。这就说明，锻炼身体非一朝一夕之事，要经常而不间断，三天打鱼两天晒网是不会达到锻炼目的的。运动养生不仅是身体的锻炼，也是意志和毅力的锻炼。

如果因为工作忙，难以按原计划时间坚持，每天挤出 10 分钟、8 分钟进行短时间的锻炼也可以。若因病或因其他原因不能到野外或操场锻炼，在院内、室内、楼道内做做原地跑、原地跳、广播操、太极拳也可以。无论如何不能高兴时锻炼得累死累活，兴奋过去多少天都不锻炼。

5. 运动要循序渐进

为健康而进行的锻炼，应当是轻松愉快的，容易做到的，充满乐趣和丰富多彩的。只有这样，人们才愿意坚持锻炼。"运动应当在顺乎自然和圆形平面的方式下进行。"这是美国运动生理学家莫尔豪斯的结论。在健身方面，疲劳和痛苦都是不必要的，要轻轻松松地渐次增加活动量，"不能一口想吃个胖子"。

正确的锻炼方法是运动量由小到大，动作由简单到复杂。如跑，增加跑步的步，刚开始练跑时要跑得慢些、距离短些，经过一段时间锻炼，再逐渐加快跑步的速度和距离。

四、健康心理法则

1. 悦纳自己

心理健康的人首先要有自知之明。对自己能做出恰当评价的人，既能了解自我，又能接受自我，体验自我存在的价值。一个悦纳自己的人，并不意味着他的一切都是完美的，而是说他在接受自己优点的同时，也了解自己的缺点，很坦然地承认了自己的不足之处。

而后，不断克服缺点，注意自我形象塑造，把握自己做人的准则，不断完善自己，更加有信心地面对生活，走向成功。这是一种修养，也是一种难能可贵的品质。

总的来说，悦纳自我包括三方面。第一，接受自己的全部，无论优点还是缺点，无论成功还是失败；第二，无条件地接受自己，接受自己的程度不以自己是否做错事有所改变；第三，喜欢自己，肯定自己的价值，有愉快感和满足感。只有能够真正地做到这些，我们才能真正地悦纳、认识自我。

2. 保持乐观

一个哲学家讲过："生活像镜子，你笑它也笑，你哭它也哭。"乐观的情绪可以使体内的神经和内分泌系统的自动调节作用处于最佳状态，有利于身体健康，有利于促进人的感知、记忆、想象、思维等活动。乐观的心态，使人心情舒畅，使人年轻，正如俗话说："笑一笑，十年少。"一个人心态好，世界上一切都变得很美好。只要你乐观、积极地看世界，这世界就美好。

3. 建立良好的人际关系

应该说良好的人际关系是我们获得快乐的重要来源，也是我们减少痛苦的重要方式。当我们遇到困难的时候，当我们无助的时候，当有亲人去世的时候，我们身边一定要有我们的好朋友，或者我们可以交心的、说话的亲人。如果我们能够把自己的痛苦说出来，我们的痛苦就会减少，同时在交流的过程中又会得到朋友的关心、支持，会带给我们很多的幸福和快乐。从这个角度来讲，心理健康就是良好的人际关系，心理健康就是沟通和交流。

4. 拥有较强的社会适应能力

社会适应能力是个体为满足生存需要而与环境发生调节作用的能力。在计划经济时代，人的一生都是由"组织"决定的，社会适应能力的大小一般不会对人的进退产生多大影响。而在市场经济时代，任何人都必须接受市场的筛选，竞争的考验，任何人都必须主动适应市场的需要，否则便会被无情地淘汰。为了培养大学生的社会适应能力，学校应开展各种行之有效的社会实践活动，让学生有更多的时间走出校门，进入社会，了解社会，并逐渐适应社会。

5. 学会心理调节

一个人在工作、生活、恋爱过程中的烦恼是难以避免的，将忧愁痛苦强行积郁在胸，这显然不妥。心情不好时，应尽量想办法"宣泄"或转移，如找知心朋友聊聊，一吐为快；或出去走走，看看电影等。遇有大的委屈或不幸时，也不妨痛哭一场。困难时要看到光明，失败时要多看自己的成绩，对自己要有信心。

第四节　学校体育

一、学校体育简介

学校体育是指以在校学生为参与主体的体育活动，通过培养学生的体育兴趣、态度、习惯、知识和能力来增强学生的身体素质，培养学生的道德和意志品质，促进学生的身心健康。学校体育是教育的重要组成部分，是计划性、目的性、组织性较强的体育教育活动过程。

由于社会制度、国家性质和教育目标的不同，各国的学校体育目标也不尽相同。大多数国家的学校体育目标包括：促进学生身体生长发育、增进健康；使学生掌握一定的锻炼身体的知识、方法；培养学生运动的兴趣、能力、习惯以及良好的品行；发展个性。有的国家还将提高运动技术水平和为国防服务作为学校体育目标。中国学校体育的根本目标是通过增强学生的体质促进其身心健康发展，为提高中华民族的身体素质和为社会主义现代化建设培养德、智、体全面发展的建设者和接班人。学校体育包括校内体育和校外体育两部分。

二、学校体育的意义

1. 培养社会所需人才

学校体育是全面发展的重要组成部分，是培养社会所需人才的重要内容。体育和教育都是人类社会的文化现象，随着人类社会的产生而产生，随着人类社会的发展而发展。同时，它以越来越复杂的形式适应社会发展的需要。体育和教育从来就有着紧密的联系，作为培养人和教育人的必要手段，历来都是教育的重要组成部分。

2. 国民体育的基础

学校体育是国民体育的基础，对增强民族体质和提高竞技体育水平有着重要的战略意义。一个民族的素质，主要包括身体素质、文化素质、心理素质和品德素质。民族体质的强弱，关系到国力强弱和民族兴衰。在学生时期，加强体育锻炼，能促进身体的正常生长发育，全面发展身体，增强体质，才能为一生的健康打下良好的基础。

学校体育的发展水平，也是大众体育普及水平的重要标志。同时，学生在学校体育教育中所养成的体育观念、能力和习惯，将有助于他们在踏入社会后，成为大众体育的生力军，从而极大地推动大众体育的发展。

3. 促进智力发展

学校体育不仅能够使学生的体质得到增强，而且可以促进智力的发展。科学实践证明，经常坚持锻炼，可以提高大脑皮层细胞活动的强度、均衡性和灵活性。通过体育运动，还可以培养敏锐的感知能力、灵活的思维和想象能力、良好的注意力和记忆力。这一切都有利于学生的智力开发，从而有利于他们学习和运用科学文化知识。

4. 培养意志品质

学校体育有助于培养学生高尚的思想品德和坚强的意志品质。严格的体育教学和训练，可以加强学生的组织性、纪律性，培养学生的集体主义精神。体育教学和训练的对抗性，可以促进学生良好的个性心理品质的形成，培养良好的意志品质。同时，学校体育还为学生的道德行为的表现提供了有利的条件，有助于学生形成良好的道德行为。在体育运动这样一种特殊环境中，学生努力控制和约束自己的不良行为，努力表现出良好的道德风貌，从而为形成良好的道德品质和习惯打下基础。

5. 对美育的作用

学校体育对于美育也有积极作用。它以自己丰富的内容和形式，不仅塑造体形的外在美，而且能培养学生的审美情趣。通过提高学生在体育运动中感受美、表现美、创造美的能力，更好地培养学生认识和表现自身在运动方面的美，使自我身心得到更加充分、自由、全面的发展。

6. 娱乐休闲活动

学校体育还是一项高尚的娱乐休闲活动。广大学生在学习科学文化之余参加体育活动，能够使紧张的神经得到放松，享受运动带来的快乐。这既是一种很好的体脑调剂和恢复手段，又是一种有助于社会主义精神文明建设的业余文化生活。

三、学校体育的特征

1. 基础性

首先，体育教育在整个教育中具有基础性地位，是德、智、体、美教育的重要组成部分；其次，学校体育的对象是在校学生，身心发育处于关键时期，体育有助于他们的健康成长；最后，学生阶段是生活习惯和行为养成的重要阶段，体育知识的掌握与体育习惯的养成，将为竞技体育和大众体育打下坚实的基础。

2. 普及性

学校体育以全体学生为对象，以全面传授体育知识、普及体育活动为宗旨。

3. 系统性

学校体育遵循儿童、青少年发育成长的基本规律，并根据教学规律设计教学活动；

教师按照循序渐进的原则有计划地指导学生；课余体育同课堂教学一起构成体育活动体系，在潜移默化中实现教学目标。

四、学校体育的组织形式

学校体育工作的主要组织形式有体育课程教学、课外体育活动、课余体育训练活动和课余体育竞赛。随着学校体育教育的不断改革和发展，体育课程的组织形式也在不断更新和完善。

1. 体育课程教学

体育课程是学校体育工作的重要组成部分，在培养学生养成良好体育习惯的过程中发挥着重要作用。体育基础知识、基础技能的掌握，体育兴趣的培养，体育态度的形成以及体育观念的树立，都是通过体育课程教学来实现的。体育课程是学校教学计划中所规定的必修课程，既是学校体育教育工作的中心环节，又是实现学校体育教育目标的基础和基本途径。

体育课程教学分为体育理论课和体育实践课。

（1）体育理论课。体育理论课是根据教学计划，在室内讲授体育与卫生保健等基础理论知识的课程。根据实际需要，有的理论课安排在学期开始时进行讲授，有的安排在重大体育活动日前讲授等。根据体育理论教材，按照教学计划和课时进度，系统地向学生传授体育科学知识和体育实践方法，加强学生对体育的理性认识和体育文化内涵的深刻理解，使学生形成体育锻炼的意识，树立终身体育锻炼的思想。

（2）体育实践课。体育实践课教学是以身体练习为基本手段，以教师为主导、学生为主体，专门开设的体育教学课程，是高校实现体育教育目标的基本组织形式。目前，我国高校提倡采用"三自主"教学模式开展大学体育课程教学。所谓"三自主"是指学生可以自由选择上课时间、自由选择上课内容、自由选择上课教师。对于学生而言，选择更加自由，更有利于发挥其参与体育活动的主观能动性。

2. 课外体育活动

课外体育活动是体育课的有益补充，是体育教育体系在时间和空间上的延伸和扩展，是高校体育课程的有机组成部分，由于时间有限，体育课之余大力开展课外体育活动无疑是培养学生体育习惯的重要途径。

课外体育活动主要有以下几种形式。

（1）早操。早操即清晨体育活动，是学生合理作息制度的重要组成部分。主要根据个人的兴趣爱好，每天坚持20~30分钟的晨练，一般选择散步、健身跑、广播操、武术、太极拳等内容，运动量不宜过大，以免影响学习。学生坚持做早操，不仅是锻炼个人意志，养成良好的生活习惯，促进身心健康的有效措施，而且是学生每天从事学习的一项准备活动，做早操对于校风、学风建设，促进校园精神文明也有重要意义。

（2）课间操。课间操是在课间休息时进行的时间较短的轻微活动。活动方式一般以散步操、太极拳等内容为主，5~10分钟较为适宜。通过课间操，可调节大脑由抑制转为兴奋，消除静坐上课的脑力疲劳，使接下来的学习保持充沛的精力。

（3）班级体育锻炼。班级体育锻炼是大学生结束一天课程学习之后，进行有目的、有计划、有组织的活动，一般以教学班为单位，分组、分项、定点组织，以篮球、足球、羽毛球、排球、乒乓球等集体项目为宜。通过班级体育活动，可以增强学生体质，促进健康，陶冶情操，拓展视野，培养集体主义精神。

（4）单项体育协会或单项体育运动俱乐部活动。体育协会或体育俱乐部是大学生根据自己的兴趣爱好、自主选择、自愿参加的课余体育组织。它是贯彻实施全民健身计划的重要组织形式，其职能是宣传、发动、组织、指导所属成员参与课余体育锻炼，协助学校体育行政部门和学生会体育部开展群众性体育活动及组织单项训练和竞赛，提高运动技术水平。其主要特征是社团和协会将体育作为开展活动的一项内容，把个体的自觉自愿归结在社团和协会相对固定的计划安排内，实行"自我自律，自我管理，自我发展"的管理方式，通过定期的俱乐部活动提高社团和协会的凝聚力。

（5）体育节。体育节是在课外集中一段时间组织全校学生进行的体育活动。体育节时间比较灵活，可用一周或几天，有目的、有计划地组织这一活动。体育节活动内容应该丰富多彩，符合大学生的兴趣爱好，既要生动活泼，富有趣味，又要兼顾知识性和教育性。在举办体育节前要做好充分的准备和宣传工作，调动全体学生的积极性，在相对集中的一段时间内在校园营造一种体育活动的热烈气氛。这对吸引更多大学生自觉参与体育活动会产生良好的促进作用，也有利于丰富校园文化生活。

3. 课余体育训练活动

课余体育运动训练是在群众性体育活动普及的基础上，对部分热爱体育运动，身体素质好又有专项运动特长的学生进行的系统体育训练活动，是贯彻普及与提高相结合的一项重要措施。

（1）兴趣运动训练队。只要身体素质好，有专长，兴趣浓厚，本人自愿，经过批准就可以参加兴趣运动训练队。项目设置一般根据学校的师资、场地、设备、传统运动项目等条件来决定。训练的目的可以为参加校际或上级组织的比赛，也可以不为任何比赛，而仅仅为了增强体质，提高运动技术水平。

（2）学校代表队。学校代表队的目的主要是代表学校参加校级或上级组织的比赛，项目设置一般根据学校传统运动项目和上级比赛的竞赛规程来决定，其队数和每队人数均比兴趣训练队少。一般由运动技术水平较高、学习成绩合格、思想素质较好的学生组成。

（3）高水平运动队。学校办高水平运动队是我国建立多层次、多渠道培养优秀运动员人才梯队建设的战略举措，旨在为我国培养更多的高水平运动员开辟一条新的途径。学校体育为开创竞技体育人才输送渠道和扩大国际交往的需要，积极创造条件，使得课余体育训练逐步走向科学化和系统化。

课余训练的目的是提高竞技运动水平，是为学校参加不同层次比赛培养体育骨干，以便指导和推动群众性体育活动的开展。

4. 课余体育竞赛

竞争是体育竞赛的基本特征。体育竞赛既可以培养学生竞赛意识，又符合学生竞争心理的需求，所以体育竞赛是推动学校群众性体育活动开展的有效组织形式，能起到宣传、教育和鼓励的作用。通过运动竞赛这一形式，可以检查教学和训练情况，总结和交流经验，也可以选拔体育人才。运动竞赛分为校内和校外两大类，经常采用的形式有以下几种。

（1）学校运动会。职业院校通常在春季或秋季举行田径运动会。它的特点是项目多、规模大，能够较为全面地检查学校田径运动开展的情况，进一步推动该项运动的普及和提高。

（2）传统项目比赛。各校根据自己的实际情况，设置一项或几项传统项目长期开展比赛，如篮球、排球、越野跑、乒乓球、拔河、跳绳等，要求学生积极参加锻炼和训练，定期举行传统项目比赛。

（3）对抗赛。不同班级、院系及几个学校联合组织的比赛。目的在于互相学习，互相促进，交流经验，共同提高。它的特点是规模较小，便于在业余时间进行。

（4）友谊赛。与对抗赛基本相同，只是在对象、水平、规则等方面不像对抗赛那样要求严格。

（5）测试赛。是为了达到一定的标准或者了解运动员进步情况而组织的比赛。

（6）选拔赛。是为了组织某一运动项目的运动队（或者代表队），而进行选拔队员的比赛，它可以单独组织，也可以结合其他比赛进行选拔。

（7）表演赛。为了宣传体育运动的意义和扩大影响，或者对要开展的项目作示范性介绍而举行的比赛，如武术、艺术体操、广播体操等。表演赛可以单独组织或者在运动会中附带进行。

第五节 学校体育课

一、学校体育课简介

体育课（gym class）是体育教学的基本组织形式，主要使学生掌握体育与保健基础知识、基本技术和技能，对学生进行思想品德教育，提高运动技术水平。

自18世纪末到19世纪初，由丹麦、德国等欧洲国家首先把体育课作为中小学必修课程以来，大部分国家中小学都有体育课。美国教育法中，没有具体规定设置中小学体育课程的条文，但是在全国约有1/2的州，体育课是必修的，其余学校也绝大部分选修体育课。在中国，体育课是中小学的必修课程之一。它是由体育教师根据教育部颁布的体育教学大纲按照班级授课制的方式，以实践课为主，采取有组织、有计划地进行教学。它是中小学体育的基本组织形式。

二、学校体育课的任务

学校体育课的教学任务和学校体育的总任务是一致的，包括：锻炼学生身体、增强体质；传授体育的基本知识、技术和技能；对学生进行思想和道德品质的教育。这3个方面是有机联系的整体，必须协调一致，全面贯彻。体育课是通过学生的身心活动，在学习和掌握体育知识、技术和技能的反复练习中，锻炼学生的身体，达到增强体质的目的，这是体育课的主要特点。体育课的另一特点是学生在上课时，思想和行为的表现较多、较为明显，比其他课程提供了更多的进行思想和道德教育的机会。另外，体育还包括身体形态和动作的健美等有关美育的因素。强调锻炼身体的效果，重视体育教学中的德育和美育，培养爱好体育运动的习惯，让学生在上体育课时积极主动、活泼愉快，这是现代中小学体育课发展的一般趋势。

三、学校体育课程简介

1. 课程结构

课程结构是指构成一节课的几个部分、各部分的教材顺序、组织教法和时间分配等。在体育课中，主要是从事各种身体活动。有机体要承受一定的生理压力，也有一定的智力活动。因此，体育课的结构不仅要遵循人的认识活动的一般规律，而且还要遵循生理机能活动的规律。

体育课的结构一般分为准备部分、基本部分和结束部分。至于每个部分的具体结构，则因课的具体任务、教材内容、学生情况和人数，以及作业条件（场地、器材、季节气候等）

的差异而有所不同。课的基本结构的一致性和具体结构的多样性的统一，就构成了一节体育课的完整结构。为了加强组织教学，小学体育课也可把准备部分分为"开始"和"准备"两个部分，而成为四部分结构的课，它和三部分结构的课没有本质的区别。

2. 课程安排

（1）综合密度。指一节课中各项活动合理运用的时间与课的总时间的比例。一节课教学活动的时间，一般包括教师指导、学生做练习、相互观察与帮助、练习后的休息、组织措施。这5项活动都是教学过程中不可缺少的，但核心是学生做练习，只有反复练习才能掌握体育的技术、技能，增强体质，其他各项活动都应围绕并有利于学生做练习这一活动而开展。研究课的综合密度，在于最有效地、合理地使用上课时间，提高教学质量。

（2）专项密度。指课的某一项或两项活动的时间与课的总时间的比例。学生做练习的时间与课的总时间的比例，称为课的运动密度（练习密度），通常所说的体育课的密度，就是指课的运动密度。学校体育课的运动密度，一般以20%~30%为宜，在适宜的条件下，高于这一标准更好，但不要单纯追求运动密度。

3. 运动量

运动量指一堂体育课中，学生做练习时所承受的生理压力。它反映学生的生理变化。运动负荷的大小，是由运动的数量和强度这两个基本因素所决定。运动量是指练习的次数和延续的时间，练习的总距离和总重量等。运动的强度是指在单位时间内完成练习所用的力量的大小和机体紧张的程度，一般以动作的速度、练习的密度、负重的重量、投掷的距离、跨越的高度和远度等来表示。运动负荷应根据运动数量和强度来综合评定。同时，动作的质量（即动作的规格要求）对运动负荷的大小也有一定关系。体育课的运动负荷应适当，过小达不到增强体质的效果，过大又会引起过度疲劳，影响健康。

好的体育课的教育目标。

1. "懂"，就是让学生懂得如何锻炼身体

当身体不舒服，出现亚健康状态的时候，学生知道用什么样的锻炼方法来消除这些不适，消除不健康状态，促进身体健康。比如说，如果现在没劲，那就要判断是没有耐力，还是缺乏绝对力量，根据不同的症状有针对性地练习。搬东西搬不动，缺的是绝对力量；干活干不长，缺的则是耐力。

一堂体育课是否好还要看有没有知识点。如果一节体育课光让学生练习身体，是不行的。在学生练习的过程中，教师还要告诉学生这是什么关节，这是什么肌肉，这个练习为什么用这种方法；早上跑步的时候要注意什么，早晨跑好还是晚上跑好，为什么，等等。

2. "会"，主要是帮助学生学会技能

学生在学校学习体育课程，需要掌握一定的运动技能。如果不会打篮球，怎么能知道打篮球的乐趣在哪里，怎么懂得通过打篮球锻炼身体、愉悦自己的身心？所以，一定要切切实实地让学生学会技能。

达标和身体练习结合不起来，是当前学校体育教学的一个很大弊端。实际上这是如何选择教学方法的问题，比如达标测试中有长跑，体育教学中只让学生练习长跑是不对的，定向越野里不就有长跑吗？踢足球不也是长跑？这个项目练的就是耐力。打篮球的时候，如果让学生练习快速带球跑或者带球变速跑，也能达到锻炼的目的。这样的练习方式比让学生一遍遍机械地跑有意思得多，学生也会喜欢。

3. "乐"，乐趣是体育的天然属性

体育是从乐趣中发展而来的一种文化，体育教学如果把乐趣去掉了，谁还来学呢？乐趣是什么，乐趣就是竞争，乐趣就是表现。

学生在运动中挑战自我，与他人友好竞争。赢了他人很高兴，输了表明自己技不如人，还要继续努力。如果学生的成绩比以前提高了，赢了自己，这也是乐趣和成功的体验。不同的项目有不同的体验和乐趣，体育教师一定要让学生体会到。

4. "练"，训练是体育的根本方法

体育课一定要有运动量，一定要让学生锻炼身体，一定要让学生出微汗。脸发红、出微汗是好的体育课的一个标志；反之，学生练完以后大汗淋漓，脸煞白，人都快晕过去了，这就不行。

第六节　学校运动队

一、学校运动队简介

学校运动队是在学生普遍参加班级体育活动的基础上，把部分运动成绩好的学生，按特长组织成若干运动队。学校运动队进行课余训练，不断提高运动技术水平，为国家发现和培养、输送优秀的体育人才，是学校体育的重要组成部分，具有业余性、基础性、广泛性的特点。

学校运动队训练的基本任务是进行身体全面训练和基本技术训练，在保证增进学生健康的前提下，全面发展各种身体素质，以获得多种多样的运动技能，为他们将来身体的发展和良好运动成绩的取得打下稳固基础。

二、我国学校运动队管理现状

我国学校运动队建设仍处于探索阶段，教育部和国家体委对于学校运动队的建设和管理尚未给出一个统一的模式，虽然制定了很多规定，但各个学校在操作的过程中受到自身实际情况的限制，难以有效执行规定中的各项措施，管理体制的不完善严重限制了学校高水平运动队的发展。

1. 学习与训练难以协调

学校运动队与职业运动队最大的区别在于学校运动队队员要面对大量的课业压力。"学训矛盾"是目前运动队管理中的突出问题，问题的解决直接影响到在校运动员的全面成长与参与训练的积极性。竞技体育发展到今天，没有大量的训练作支撑很难取得优异的成绩，而运动员的学习如果没有足够的时间保障，完成学业也是妄谈。

2. 运动队招生困难

目前，我国高等院校运动队运动员主要来自3个方面：一是各地高中应届毕业生中的体育特长生；二是专业运动队退役队员；三是在学校挂学籍的在训运动员。发展高水平运动队主要是为了提高学校的体育运动水平，为国家培养更高层次的运动员和体育人才。如果单纯为了在全运会或省运会中取得优异成绩而招收"挂名"运动员，则与这个初衷背道而驰。在招生时，应以地方高中的应届毕业生为主，建立系统的培养计划，以提高学生的运动水平。

3. 缺乏高水平教练员

我国学校运动队的教练员普遍缺乏高水平的理论素养和实践经验，未能形成一支高水平的教练员队伍。而在管理方面对教练员的岗位培训和考核力度不足，缺少相应的任用激励机制。

4. 难以融入校园文化

学校运动队因其竞技水平较高而具有较高的观赏性，能够激发全体学生的参与热情。我们亦可以在学校举办体育文化节，让运动队员与普通热爱体育锻炼的学生进行互动交流，以体育文化节为契机带动整个学校形成一种良好的校园体育文化风尚。而现在的状况却是体育活动难以融入学校生活，没有形成有机的整体，体育活动失去了根基，难以真正提高学校的体育运动水平。

三、学校运动队的组织与管理

学校运动队训练工作是学校体育工作的重要组成部分，它是在自愿参加的原则上，吸收全校体育运动水平较高和对某些运动有突出爱好的学生参加，是推动学校体育工作的一项重要措施，也是发展竞技体育的成功举措。

1. 学校运动队组织与管理的内容

（1）组队和训练过程管理。学校运动队队员同时要实现两个主要目标，即文化学习目标和训练目标，两个目标具有较大冲突。如何正确处理两者之间的关系，做到训练、学习两不误，是搞好运动队工作的关键。

一个高水平的运动队，不光要有充足的运动员生源，更重要的是要保证所选拔的运动员的质量。在选拔队员时要注意体育特长与文化考核相结合。运动队的训练计划受学期、文化课、考试安排等方面的制约，还应考虑运动员的各个成长阶段，所以安排训练手段、运动量、强度等均应适合他们的生长发育。

（2）思想政治工作。队员思想的基本特征：竞争心理、需要理解、意向务实、求新倾向、参与意识。入队前，其训练动因主要源于兴趣和羡慕，情绪不稳，缺乏义务感；入队初期，队员有较强自豪感，但依赖性强，可塑性大；入队中后期，队员独立性增加，自我实现意识较强，因此各个阶段应做好队员的思想工作。要努力培养良好的集体心理气氛。队员同时处于普通班级与运动队这两个集体中，对他们的思想政治教育即有有利的一面，也有不利的一面。有利的一面是队员处于两个集体协同影响中，不利的一面是由于队员角色的转换而导致负面作用。同时，运动队内部存在不同的思想水平，其相互间的磨合，也是值得重视的问题。

（3）文化学习的管理。运动员要兼顾训练与文化学习，必须妥善处理两者关系。

①教练员要定期了解队员的作业完成情况及学习成绩，对学习成绩下降或学习有困难的队员，可以减少或暂停训练，待学习成绩提高后再恢复正常训练。以体育运动训练推动学习，鼓励运动员训练、学习两不误。

②凡是学校运动队的学生，因集训和比赛所耽误的课程，由原任教师给予及时补课，管教管导。

（4）生活管理。运动队的学生在生活上有自由化的一面，队内应建立健全生活制度。要把运动水平搞上去，单抓运动训练是不够的，运动员面临着训练、学习、营养三方面，缺一不可，尤以营养更为重要。对运动队员的生活管理，不仅要使他们在物质上得到一定的满足，更重要的是在精神上得到营养，使得他们安心训练，保证训练任务的完成。

2. 教练员对运动队的管理

（1）教练员在学校运动队中的地位和作用。教练员对运动员施加多方向的影响，促进运动员的全面发展，把提高运动技术水平作为中心任务。在运动训练过程中，教练员起主导作用，他们承担着培养、训练运动员的主要任务，对运动员的成长有着十分重要的影响。

（2）教练员在学校运动队管理中的职责与权力。在学校这一特定环境下，教练员必须对运动员的训练、思想、学习、生活等方面负责。要完成上述各项任务，使教练员充分履行自己的职责，必须赋予他们相应的权力。

（3）教练员对训练工作的管理。这包括选拔运动员，提出组队人选，制订各类训练计划，督促运动员全面实施训练计划，及时反馈和修改、调整训练计划等。

（4）教练员要合理安排训练内容。一方面以发展专项身体训练为主，带动全面身体素质的发展，另一方面狠抓关键技术的突破。

第二章　体育与健康发展调研

理论来源于实践，又高于实践，服务于实践。学校体育与健康教育研究要植根于实践工作，实践现状反映了一定时期学校体育工作的开展情况。全面了解和掌握学校体育发展现状，对总结学校体育工作经验、教训，分析存在的问题原因，采取有效的发展策略，推进学校体育与健康教育的深化改革、开拓创新，有着重要作用。

第一节　高校体育教育个性化发展

普通高校体育教育面对的是全体学生。让大学生人人享有接受体育教育的权利，个性得到充分发展，是学校实施素质教育的基本要求，也是体育教育工作的基本职责。教育的个性化发展，已引起世界各国的高度关注，人们逐渐认同"最好的教育是使学生得到最大发展的教育"。让每个学生获得最大的进步是教育的使命，也是教育的一种新理念，教育个性化成为教育改革的发展方向。

我们以江西省普通高校为例，对体育教育个性化发展现状进行调查研究，分析存在的问题和原因，提出普通高校体育教育个性化发展思路与策略，为办出高校体育教育的特色，促进高校体育教育的健康发展，为培养适应现代社会发展的、具有健全个性和人格的高素质创新人才服务。

调查的方法有问卷调查法和实地调查法两种。问卷调查法：对江西省部分普通高校的体育教育管理者 56 人、体育教师 84 人、大学生 350 人进行了问卷调查。通过现场发放或邮寄问卷每人 1 份，分别收回问卷 40 份、65 份、285 份，收回率分别为 71.4%、77.3%、81.4%；有效问卷体育教育管理者 36 份、体育教师 62 份、学生 268 份，有效率分别为 90.0%、95.4%、94.0%。另对我国高校体育教育方面的专家教授 30 人进行问卷调查，收回问卷 25 份，收回率 83.3%，有效问卷 23 份，有效率 92.0%。调查问卷设计以社会学研究方法为指导，调查内容以研究目标要求为依据，调查提纲及问题设置咨询了有关体育教育专家教授的意见，并请专家教授对所形成的调查表内容和结构进行两轮有效性评定，评估其内容效度（r=0.85）；调查信度采用对半分测方法进行信度检验（r=0.87）；具有较高的效度和信度，符合科学调查研究要求。调查数据采用 EXCEL2003 分析软件进行统计处理。实地调查法：对江西省部分普通高校体育教育现状进行实地调查，近距离观察和了解高校体育教育内容、方法、组织管理、体育文化氛围以及学生发展等方面的特色和个性问题,并对江西省部分普通高校的体育领导10人、体育专家和学者20人(副教授以上)、大学生30人进行访谈,就高校体育教育个性化发展的认识、建议等相关问题进行交流,获取了许多信息材料和宝贵意见。

1. 对体育教育个性化的认识

分析江西省普通高校对体育教育个性化的认识现状。了解问题、提高认识是深化改革的重要前提。因此我们从体育教育思想、体育教育个性化含义以及体育教育个性化改革的目的和意义等方面的认识状态进行调查分析。

首先,对体育教育思想调查的认识状态。调查结果显示:16.7%的体育教学管理者、19.4%的体育教师、25.0%的学生认为体育教育要以健身教育为指导思想;22.2%的体育教学管理者、16.1%的体育教师、20.5%的学生认为体育教育要以全面发展为指导思想;33.3%的体育教学管理者、33.9%的体育教师、26.1%的学生认为体育教育要以终身体育为指导思想;16.7%的体育教学管理者、17.7%体育教师、15.7%的学生认为体育教育要以快乐体育为指导思想;只有11.1%的体育教育管理者、8.1%的体育教师、9.3%的学生认为体育教育要以健康体育为指导思想。这说明,当前江西省普通高校在体育教育指导思想和观念上仍存在较大的差异,出现一定程度的混乱现象,也反映出对体育教育思想的认识不足。教育思想是对教育现象、教育规律、教育问题等的总体认识和看法。健身教育来源于社会健身的热潮,强调体育教育的生物作用,但对体育教育的其他效能反映不明显,因而不足以作为体育教育思想;全面发展来源于教育目的,反映了体育的多功能作用,但太笼统,没有体现体育教育的特殊性,因而也不宜作为体育教育思想;终身体育来源于终身教育,强调的是终身进行身体锻炼和接受体育教育,因而它作为现在体育教育思想也显得有些不足;快乐体育来源于日本的"生涯体育",注重的是体育教育的心理效应,也不足以作为对体育教育的总体认识。只有健康体育能较好地反映体育教育思想的本质,健康包括生物效应、心理效应、社会适应的要求,它涵盖了多种体育教育观念的内涵,符合教育改革发展的潮流和"健康第一"教育指导思想,因而它作为体育教育思想是比较恰当的。可是江西省普通高校对健康体育的教育思想的认识非常不足,急需加强学习的提高认识。

其次,对体育教育个性化的认识状态。调查结果表明:33.3%的体育教学管理者、27.5%的体育教师、30.2%的学生认为体育教育个性化是指学校体育教育的特色化,显然这种认识把体育教育特色当作个性化,有一定代表性和体育教育改革意义;13.9%的体育教学管理者、17.7%的体育教师、6.7%的学生认为体育教育个性化是指在体育教育中强调个别化的要求,这种认识虽然有特别化认同,但反映出在体育教育个性化中强调特殊化要求,是不太正确的;8.3%的体育教学管理者、16.1%的体育教师、6.3%的学生认为体育教育个性化是指体育教育的人文化,这种认识有一定进步,反映出体育教育以人为本的要求，但对体育教育个性化的含义仍存有人性和人道的思想认识不够和认识不准确问题；41.7%的体育教学管理者、35.5%的体育教师、53.4%的学生认为体育教育个性化是指发展学生个性，要在体育教育中培养学生个性，科学有效地组织体育教育过程，实现体育教育发展学生个性目标，这种认识具有一定普遍性，把体育教育看成是学生个性教育，反映了体育课程标准的要求。由此看出，当前江西省普通高校对体育教育个性化认识有一定基础，多数人基本上了解体育教育个性化含义，这对推进体育教育个性化发展具有积极作用。但认识的全面性，本质理解的深刻性、准确性等还太简单。因此，需要加强研究学习、宣传教育，提高认识。体育教育个性化是以个性化教育为指导思想，以学校体育教育特色化建设为基础，以体育教学过程个性化为手段，以促进学生个性充分发展为目的的体育教育教学活动。

最后，对体育教育个性化改革目的和意义的认识状态。调查结果表明：27.8%的体育教学管理者、25.8%的体育教师、29.1%的学生认为体育教育改革重在办出高校体育特色，促进学生身心素质的全面发展，这部分人对体育教育改革方向认识较为合理，但太笼统，不具体，实践中也不好实施；19.4%的体育教学管理者、17.7%的体育教师、17.2%的学生认为体育教育改革重在培养学生的体育意识，提高健身能力，增强体质，养成终身体育习惯，这部分人群的认识是处在原有的体育教育目标上的认识，反映出对体育教育改革方向性认识不够；44.4%的体育教学管理者、50.0%的教师、47.0%的学生认为体育教育改革重在使学生掌握体育与健康的知识和方法，提高健身和保健能力，培养健康观念和习惯，促进学生健康个性的充分发展。这部分人群对体育教育改革目标的理解较为正确，反映了体育课程教育改革的要求，符合体育教育个性化思潮的发展。由此看出，当前江西省普通高校对体育教育改革目标及作用的认识有一定基础，但也存在一些不足和问题。有不少人群仍没有正确理解或不明确体育教育改革的目标和作用，仍需加强学习提高认识，明确体育教育个性化改革的方向和要求：学校要牢固树立"健康第一"教育思想，以科学发展观统领体育教育改革，让学生学习掌握体育与健康的基础知识与方法，增强体育意识和能力的培养，提高身心素质，促进学生个性的充分发展。

2. 体育显性课程个性化实践现状

体育显性课程是指学校体育教育中有计划、有组织实施的正式课程（或叫官方课程），是向学生传递有形的体育知识与运动技术，对学生的影响是有形的、有意识的。分析江西省普通高校体育显性课程个性化改革实践现状，有利于我们深入了解体育教育个性化实践问题，分析原因，提出改革策略。我们的调查结果表明：66.7%的体育教学管理者、59.7%的体育教师、13.1%的学生认同体育课程计划应根据学校实际情况合理安排，这说明还有不少学校体育教育缺乏计划性；72.2%的体育教学管理者、67.7%的体育教师、36.9%的学生认同体育教学大纲应根据素质教育要求重新修订，说明有不少学校对教学大纲做了相应的改变，有利于体育教育个性化，但也有不少学校没有进行教学大纲的修订工作或校本课程建设，没有进行积极的适应素质教育的体育教学改革；80.6%的体育教学管理者、83.9%的体育教师、20.5%的学生认同体育教学内容应包含学校特色，并重视体育健身与保健知识和方法的教学，说明多数学校在积极地进行体育教学内容改革，但也有少数学校的体育教学内容改革力度还不够；75.0%的体育教学管理者、51.6%的体育教师、14.9%的学生认同应根据学生特点进行体育教学方法改革，转变传统的运动技术教学形式，说明有相当数量的学校课堂教学在不断改变教学方法，教学方法改革在不断深入；75.0%的体育教学管理者、72.6%的体育教师、43.3%的学生认同体育教学组织应以班级授课为主，课内教学组织形式多样，说明当前高校比较重视教学组织的改革，但也反映出一些学校的教学组织形式多样化改革不够；50.0%的体育教学管理者、50.0%的体育教师、31.0%的学生认同体育教学评价应重视个性化教学与创新，重视课内师生间、学生间等多边互动因素和效果，说明教学评价的改革引起管理者一定程度的重视，但力度仍不够，多数学校仍处在原有的主观评价状态；72.2%的体育教学管理者、59.7%的体育教师、26.9%的学生认同课外体育活动应内容丰富，形式多样，说明体育教学管理者、体育教师和学生的认同有差异。我们在现场观察了解到有部分学校比较重视课外体育教育，但多数学校的课外体育活动是以学生为主；83.3%的体育教学管理者、72.6%的体育教师、28.0%的学生认同课外体育组织应有特色，俱乐部制的课外组织正在高校兴起，但目前真正实施俱乐部制的学校还不多，也有待研究。由此看出，江西省普通高校体育教育的显性课程改革正在推进，有部分学校有改革想法，但实施个性化改革的力度不够。另外，还有不少高校仍处在原有的体育教育方式上，没有个性教育发展的需要积极改革，并反映出实践上远远落后于理论研究和学生个性的期望。究其原因，我们调查中了解到，有部分高校宣传多，但实践不够，也有部分体育教学管理者和体育教师对个性化教学改革不理解，认识不够，导致体育教学现状难以满足学生需求的多样性等。因此，急需加强体育教育个性化改革，适应学生素质教育的多样化发展需要。

3. 体育隐性课程个性化发展现状

体育教育隐性课程是指学生在体育学习环境（物质环境、制度环境、心理环境等）和感染性机制中所学习到的非预期或非计划性的知识、价值观念、规范和态度等方面的内容。体育设施及其安排、体育文化和体育活动中的人际关系及学生和教师的人格特点等都是体育隐性课程的重要内容。这些内容具有潜隐性、无意识性，在不知不觉中潜移默化地影响学生的体育行为、体育价值、观念和态度。分析体育隐性课程实践现状有利于加强高校体育教育个性化改革，促进学生个性素质的充分发展。我们的调查结果表明：65.9%的体育教学管理者、62.9%的教师、51.1%的学生认同在体育教学中教师的良好心态，教学热情细致，说明还有不少学生对教师教学的热情不够认同，体育教学管理者和体育教师对自己的教学投入也感到有些不足；52.8%的体育教学管理者、53.2%的教师、25.7%的学生认同在体育教学中应师生融洽、积极配合、师生活动兴趣高，说明体育教学中师生互动关系、课堂气氛还要强化；86.1%的体育教学管理者、54.8%的体育教师、32.8%的学生认同课外体育活动应积极性高、学生主动性强、体育氛围好，反映出管理者与师生的认同率有显著差异，说明管理者偏好表面工作，而师生尤其学生对课外体育活动的积极性和感染性认为还不够好；47.2%的体育教学管理者、33.9%的体育教师、28.3%的学生认同校园体育文化应气氛好、感染性强，说明有相当多的人认为校园体育文化建设还不够；41.7%的体育教学管理者、22.6%的体育教师、13.1%的学生认同应校内卫生、环保绿化、体育雕塑和设施好，反映出体育教学管理者、体育教师和学生对校园卫生、绿化、设施等环境的建设还不够满意。由此看出，当前江西省普通高校对体育隐性课程建设还不够重视，教师的教学投入和心态还不太积极和稳定，课外体育氛围和校园体育文化建设等还不够好，影响着学生的体育与健康意识和能力的培养，需要不断加强学校体育隐性课程特色建设，积极调动学生的非智力因素，促进体育教育个性化发展，提高体育教育效果。

研究表明，随着我国改革开放的深入和学校素质教育的发展，普通高校体育教育取得了长足进步，在体育课程建设、体育教育内容与方法改革以及体育教育条件等方面都有不少改善。但是，存在的问题仍然不少，制约着高校体育教育的深化改革与发展的原因主要有：体育教育思想的认识差异较大，显得有些混乱；对"健康体育"的指导思想认识较浅；对体育教育个性化的含义以及体育课程个性化改革的目标和意义等认识不够深刻，导致各高校不太明确体育教育发展的价值取向和深化改革的发展方向。在体育显性课程改革实践中，存在着体育教育内容的竞技化、教学方法的技能化、教学组织方式的单一化等问题，与素质教育要求相比仍有较大差距，体育显性课程个性化、特色化建设效果不明显。在体育隐性课程改革建设中重视不够，体育环境和感染机制的积极氛围不强，校园体育文化特色不明显，影响着学生个性的充分发展等。因此，加强普通高校体育教育个性化发展，是建设普通高校教育特色的重要方面，是深化体育教育改革的必然选择。普通高校体育教育个性化应以科学发展观为指导，树立个性化教育思想；从普通高校体育课程个性化建设和体育教学方式个性化入手，将校园体育文化特色化建设，作为促进学生个性和人格充分发展的重要手段，推进体育教育个性化健康发展。

第二节　高校健康教育的实践调研

健康教育是学校教育的有机成分，中共中央、国务院《关于深化教育改革，全面推进素质教育的决定》为构建21世纪充满生机和活力的现代教育体系指明了方向。深化教育改革，全面推进素质教育是党中央、国务院对我国教育发展和人才培养提出的明确要求，这标志着我国学校教育改革进入了一个全新阶段。高校健康教育是素质教育改革的重要内容。我们要清楚地认识到，健康教育在过去的教育改革中虽然取得了一定的进步,但与素质教育的要求还有相当大的差距,健康教育仍然是高校教育工作的薄弱环节,影响着人才培养质量。《决定》中明确指出:"学校教育要树立'健康第一'指导思想,切实加强学校体育工作,切实加强体育工作,使学生掌握基本的运动技能,养成坚持锻炼身体的良好习惯。"那么,如何进一步发展大学的健康教育呢?目前还缺少有价值的调查研究,对高校健康教育实际情况掌握不够,难以有针对性地采取有效发展措施。为此,我们采取问卷调查法、访问调查法、文献资料法等,对我国部分高校健康教育改革发展现状进行调查分析,旨在深入了解我国高校健康教育改革现状,为采取有效发展策略,深化素质教育改革,推进健康教育的发展提供有益的指导。

1. 高校健康教育改革认识分析

我们从两方面来分析健康教育的认识状态:一是对健康教育概念的理解程度;二是对健康教育的作用及意义的认识程度。

首先分析我国高校对健康教育概念的理解程度。调查结果表明:有部分人认为,健康教育是一门课程,是向学生传授健康知识、培养健康能力的教育;调查对象认同率分别为:管理者占23.1%,教师占25.9%,学生占24.5%。有相当多的人认为,健康教育是一系列的课内外健康教育活动,以培养学生正确的健康观,促进其适应社会生活的一种有目的、有计划、有组织的教育活动;调查对象认同率分别为:管理者占64.5%,教师占59.4%,学生占68.0%。还有一部分人认为,健康教育是一种教育思想,要求学校的所有教育活动都要围绕着提高学生的身心素质和适应社会能力来进行;调查对象认同率分别为:管理者占12.4%,教师占14.7%,学生占7.5%。这说明我国高校师生管理者、教师和学生对健康教育概念的理解上还存在一定差异,大多数人仍处在对健康教育课程概念的认识水平上,对中央《决定》要求学校教育要树立"健康第一"指导思想的认识不够深入。健康教育已远远超出了课程的含义,既包括了素质教育的基本思想和要求,又是培养合格人才的重要体现。

其次,分析我国高校对健康教育的作用和意义的认识现状。调查结果表明:有相当多的人认为,健康教育的作用主要是能让学生掌握卫生保健知识和方法,培养良好的健康生活习惯;调查对象认同率分别为:管理者占63.0%,教师占66.5%,学生占64.4%。也有一部分人认为,健康教育既能提高学生的健康知识和能力,也能培养健全的思想和人格;调查对象的认同率分别为:管理者占20.9%,教师占25.8%,学生占27.7%,这部分人的认识有所提高。还有一部分人认为,健康教育不仅使学生掌握健康知识,提高健康能力,而且重要的是树立学生正确的健康观、生活观、价值观,培养全面发展的人;调查对象的认同率分别为:管理者占16.1%,教师占7.7%,学生占7.9%,这部分人对健康教育意义认识的层次较高,他们把健康教育与树立"健康第一"的教育指导思想统一起来,值得宣传。同时也说明目前高校对健康教育的作用和意义的认识程度仍有较大差异,对健康教育在培养合格人才以及推进素质教育改革中地位的认识不够深入,急需加强学习和宣传教育。

2.高校健康教育实施现状分析

对于我国高校健康教育的实施现状,我们从健康教育的显性课程和隐性课程两方面来分析。

首先在显性课程方面。调查结果表明:目前我国高校还没有专门设置健康教育普修课程,设置健康教育任选课程的学校正在逐渐增多,调查的学校达43.1%;定期组织每年一次学生健康状况检查的学校占63.2%,调查中发现有部分学校两年一次或不定期进行学生健康状况检查;有组织地坚持开展学生课外早操、课间操、体育活动的学校占45.6%,调查中发现有许多学校是让学生自由活动;校园中设有专门的健康教育宣传刊、栏的学校占42.5%,有部分学校不定期出1~2期健康教育刊、栏;有组织地定期开展课外健康教育活动的学校占35.6%,有部分学校不定期或偶尔开展健康教育活动。这说明我国高校健康教育的显性课程安排还不够,需要进一步重视,把课内教育与课外健康教育活动有机结合起来,形成健康教育显性课程体系,使每个学生都能得到良好的健康教育。

对于我国部分高校开展健康教育内容及组织措施情况,调查结果表明:开展健康教育内容比较完善的学校,是指按照教育部颁发的《健康教育大纲》进行教育的学校,占调查对象的40.6%;开展健康教育内容不够完善的学校,是指没有按照教育部颁发的《健康教育大纲》进行教育的学校,占调查对象的59.4%。开展健康教育组织措施比较完善的学校,是指按照教育部颁发的《学校卫生工作条例》严格进行组织实施的学校,占调查对象的43.7%;开展健康教育组织措施不够完善的学校,是指没有严格按照教育部颁发的《学校卫生工作条例》进行组织实施的学校,占调查对象的56.3%;开展健康教育手段和方法多样化的学校,是指课内与课外相结合、形式多样、方法可接受性强的学校,占调查对象的19.4%;开展健康教育手段和方法单一的学校,是指只有任选课教学和一年一次健康检查的学校,占调查对象的80.6%。这说明我国高校开展健康教育的内容和组织措施以及方式方法上还很不够,要加强认真贯彻国家有关健康教育的法规和指导文件,加大改革力度,完善健康教育内容和组织方法体系,使之更好地提高健康教育效果。

其次,在隐性课程方面,调查结果表明:校园卫生环境较好的学校,是指校园内卫生整洁(包括:道路、教室、宿舍、食堂以及公厕等)的学校,认同率为39.4%;校园卫生环境一般的学校,是指校园内卫生整洁一般的学校,认同率为60.6%;校园绿化和建筑卫生较好的学校,是指校园内绿化和建筑卫生整洁较好的学校,认同率为26.3%;校园绿化和建筑卫生一般的学校,是指校园内绿化和建筑卫生一般的学校,认同率为73.7%。校园文明规范及健康氛围较好的学校,是指校园内行为文明有礼貌,秩序井然,人人讲卫生等,认同率为45.0%;校园文明规范及健康氛围不够好的学校,是指校园内常出现不文明行为,秩序较乱,健康氛围较差等,认同率为55.0%。这说明高校健康教育的隐性课程重视还不够，应加强学校健康教育隐性课程的建设，促进学生提高良好健康意识。

3. 大学生健康教育程度的现状分析

大学生健康教育程度主要反映在学生的认识和行为上的改变程度。调查结果表明：高校管理者、教师和学生自己三者对学生的健康教育意识和健康观念的培养，掌握健康知识程度，自我健身保健行为习惯，爱护公共卫生、环境卫生和交往卫生，学生的身心健康素质和适应社会的能力等方面评价的认同率看出，除学生自己认为在公共卫生和环境卫生方面较好，占有一定比例的人数外，多数人认为大学生的健康教育程度的现状不够好。这说明需要加强大学生的健康教育，采取有效措施培养学生的健康观念和健康行为，提高身心健康素质和适应社会发展的能力。

调查研究发现，目前我国高校实施健康教育的现状很不乐观，存在的主要问题有：对健康教育的认识较为肤浅，多数人停滞在健康知识和能力的宣传教育上，对"健康第一"教育指导思想的认识不够深入；健康教育的组织实施不够到位，有一部分学校还没有设置显性课程，健康教育活动的开展随意性很大，不够规范化、多样化；有一部分学校并没有组织开展学生每年一次的健康检查，课外健身活动也不够重视；对健康教育的隐性课程更是不重视。学生的健康教育程度令人很不满意，大多数人认为，大学生的健康意识、健康知识、健康行为习惯等都影响着学生身心健康素质和适应社会能力的发展。

因此，应大力加强高校健康教育改革。第一各级教育管理部门和学校要认真贯彻中央《决定》及《学校体育和卫生条例》，牢固树立"健康第一"的教育指导思想，通过各种形式努力提高师生的健康教育认识。第二要加强健康教育显性课程和隐性课程建设，设置一些健康选修课程来培养学生的健康知识和能力，同时强化健康教育的隐性课程工作，把学生的健康教育与学校的各项活动有机结合起来，形成良好的校园健康教育文化氛围，使学生获得潜移默化的教育影响。第三要加强学生健康组织的工作，开展多样的健康教育课外活动。第四要加强学校健康教育规章制度的建设，形成良好的健康教育运行机制。第五要加强定期的师生健康检查，建立健康档案，分析师生的健康状态，提出科学合理的健康教育建议。第六要加强学校健康教育研究，不断总结经验，提高健康教育水平，促进高校素质教育改革的深入发展。

第三节　大学体育与健康教育发展

大学体育与健康教育是素质教育的重要方面，中共中央、国务院《关于深化教育改革，全面推进素质教育的决定》中明确指出："健康体魄是青少年为祖国和人民服务的基本前提，是中华民族旺盛生命力的体现。学校教育要树立'健康第一'的指导思想，切实加强体育工作，使学生掌握基本的运动技能，养成坚持锻炼身体的良好习惯。"教育部体育卫生与艺术教育司根据《决定》精神和我国学校体育实际，制定了一系列学校体育改革方案和要求，这就标志着我国学校体育教育改革进入了一个新的里程碑，赋予大学体育教育发展的新使命。面临着新的教育观念、新的环境、新的要求，大学体育教育如何深化改革，适应素质教育发展的需要，我们必须深入调查研究，掌握我国高校体育教育改革与发展的实际情况，分析存在的主要问题，采取有效策略，更好地为祖国培养高素质的各级各类人才服务。因此，我们选择代表我国各省市（除港澳台地区外）普通高校体育教育水平的部分高校共 200 所（其中国家重点高校 52 所，一般高校 148 所）作为研究对象，采取了问卷调查方法、访问调查方法、文献资料方法等进行信息收集整理研究。

1. 大学体育与健康教育改革认识的现状分析

分析我国大学对体育与健康教育的认识现状，提高认识水平，是深化改革的重要前提。因此我们从体育教育思想、体育与健康教育的概念以及体育与健康教育改革的目标和作用三方面的认识状态进行分析。

首先，在体育教育思想方面的认识状态。调查结果表明：22.8% 的体育教学管理者、26.1% 的体育教师、28.0% 的学生认为体育教育要以健身教育为指导思想；25.2% 的体育教学管理者、17.8% 的体育教师、17.2% 的学生认为体育教育要以全面发展为指导思想；37.5% 的体育教学管理者、44.3% 的体育教师、30.2% 的学生认为体育教育要以终身体育为指导思想；4.3% 的体育教学管理者、4.8% 体育教师、16.4% 的学生认为体育教育要以快乐体育为指导思想；只有 10.2% 的体育教育管理者、6.7% 的体育教师、7.3% 的学生认为体育教育要以健康体育为指导思想等。这说明，当前大学体育教育指导思想和观念上仍存在较大差异，呈现一定程度的混乱现象，反映出对体育教育思想的认识不足。教育思想是对教育现象、教育规律、教育问题等的总体认识和看法。健身教育来源于社会健身的热潮，强调体育教育的生物作用，但对体育教育的其他效能反映不明显，因而不足作为体育教育思想；全面发展来源于教育目的，反映了体育的多功能作用，但太笼统，没有体现出体育教育的特殊性，因而也不宜作为体育教育思想；终身体育来源于终身教育，强调的是终身进行身体锻炼和接受体育教育活动，因而它作为现在体育教育思想也显得有些不足；快乐体育来源于日本体育，注重的是体育教育的心理效应，也不足作为对体育教育的总体认识。只有健康体育能较好地反映体育教育思想的本质，健康包括生物效应、心理效应、社会适应的要求，它涵盖了多种体育教育观念的内涵，也符合教育改革发展的潮流和"健康第一"教育指导思想，因而它作为体育教育思想是比较恰当的。可是目前高校对健康体育的教育思想的认识非常不足，急需加强学习和提高认识。

其次，在"体育与健康"教育概念方面的认识状态。调查结果表明：1.9% 的体育教学管理者、13.6% 的体育教师、13.7% 的学生认为体育与健康教育是指体育和健康两者的总称。显然这种认识把体育与健康分为两方面，是不符合体育教育改革的真实意义。66.2%的体育教学管理者、44.6%的体育教师、11.5%的学生认为体育与健康教育是指在体育教育中强化健康教育的要求。这种认识虽然进了一步，但仍然反映出在体育教育中实施健康教育的内容和要求，也是不正确的。25.5%的体育教学管理者、27.8%的体育教师、63.7%的学生认为体育与健康教育是指体育与健康教育的有机结合。这种认识进了一步，但还是没有把体育与健康教育看成一体的教育改革，仍存有两者关系的认识问题，也是不正确的。只有6.4%的体育教学管理者、11.9%的体育教师、7.8%的学生认为体育与健康教育是要在体育教育中树立健康教育思想，更科学有效地组织体育教育过程，实现体育与健康教育的目标。这种认识定位准确，把体育与健康教育看成一个整体教育，符合课程概念的理解，也是比较正确认识。由此看出，当前大学对"体育与健康"教育的概念认识不够准确，比较混乱。绝大多数人群认为体育与健康教育是处理两者教育的关系问题，这实质是弱化了体育教育改革认识，好像是用健康教育占领体育教育的阵营，说明急需加强宣传教育，提高认识。

最后，在"体育与健康"教育的目标和作用方面的认识现状。调查结果表明：16.3%的体育教学管理者、19.6%的体育教师、20.9%的学生认为体育与健康教育重在提高学生的身心素质。这部分人的认识太笼统，也较模糊，不具体，实践中也不好操作。33.2%的体育教学管理者、42.3%的体育教师、46.8%的学生认为体育与健康教育的目标和作用重在培养学生的体育意识，提高健身能力，增强体质，养成终生体育习惯。这部分人群是处在原有的体育教育目标上认识，反映出对体育教育改革的要求认识不够。只有50.5%的体育教学管理者、33.7%的教师、31.6%的学生认为体育与健康教育的目标和作用重在使学生掌握体育与健康的知识和方法，提高健身和保健能力，培养健康观念和习惯，促进健康个性的充分发展。这部分人群比较正确地理解了"体育与健康"的内涵，反映了体育课程教育改革的要求，符合健康体育思想。由此看出，当前大学对体育与健康教育的目标及作用的认识也存在不足的问题，过半数人群仍没有正确理解或不明确体育与健康教育改革的目标和作用，也急需加强学习提高认识，明确改革方向和要求。

2. 大学体育与健康教育的实践现状分析

我们拟从"体育与健康"教育的显性课程和隐性课程两方面来分析实施现状。

首先，在"体育与健康"教育显性课程方面的现状。调查结果表明：19.7%的体育教学管理者、16.7%的体育教师、8.7%的学生认同原体育课已改名为"体育与健康"课。这说明绝大多数的学校仍然没有改名，反映出对体育与健康教育的改革存有一定顾虑。21.2%的体育教学管理者、18.4%的体育教师、12.3%的学生认同体育教学大纲已根据素质教育要求重新修订。这说明有多数学校对教学大纲没有做出相应的改变，反映出没有进行适应素质教育的体育教学改革。45.8%的体育教学管理者、38.7%的体育教师、34.6%的学生认同体育教学内容重视体育健身与保健知识和方法的教学。这说明有半数以上学校仍然是以竞技运动项目为主体的教学内容体系，反映出教学内容改革力度仍不够。51.4%的体育教学管理者、25.3%的体育教师、24.9%的学生认同体育教学方法已改变了传统的运动技术教学形式。这说明有相当多的学校课堂教学仍是以技能教学为主体，教学方法改革也不够深入。77.8%的体育教学管理者、58.4%的体育教师、56.5%的学生认同体育教学组织是以班级授课为主，课内教学组织形式多样。这说明当前高校比较重视教学组织的改革，但也反映出有不少学校仍没有进行教学组织的改革。56.0%的体育教学管理者、23.2%的体育教师、17.6%的学生认同体育教学评价应重视课内师生间、学生间等多边互动因素和效果。这说明教学评价的改革引起管理者一定程度的重视，但力度仍不够，多数学校仍处在原有的主观评价状态。81.8%的体育教学管理者、45.4%的体育教师、16.9%的学生认同课外体育活动内容丰富，形式多样。这说明管理者与教师和学的认同有差异。我们在现场观察了解到有部分学校比较重视课外体育教育，但多数学校的课外体育活动是以学生的自愿活动为主，没有经常有组织地开展活动。26.2%的体育教学管理者、23.8%的体育教师、15.7%的学生认同课外体育俱乐部建立，并且活动内容和形式多样。这反映出俱乐部制的课外组织正在高校兴起，但目前真正实施俱乐部组织的学校还不多，也有待研究。由此看出，我国高校"体育与健康"教育的显性课程改革正在推进，有部分学校有改革想法，但实施改革的力度还不大，实践现状令人不满意，有相当多的高校仍处在原有的体育教育方式方法上，没有进行积极改革适应素质教育发展的需要；并反映出实践落后于理论研究。

其次，在"体育与健康"教育隐性课程方面的现状。调查结果表明：65.8%的体育教学管理者、63.4%的体育教师、51.1%的学生认同在体育教学中教师的心态良好，教学热情细致。这说明学生对教师教学的热情认同率不高，体育教学管理者和体育教师对自己的教学投入也感到有些不足。51.4%的体育教学管理者、49.2%的教师、29.7%的学生认同在体育教学中师生融洽、积极配合，师生活动兴趣高。这说明体育教学中师生互动关系、课堂气氛还不够好。84.6%的体育教学管理者、52.5%的体育教师、30.3%的学生认同课外体育活动积极性高、学生主动性强、体育氛围好。这反映出体育教学管理者、体育和学生的认同率有显著差异，说明体育教学管理者偏好表面工作，而师生尤其学生对课外体育活动的积极性和感染性认为不够好。45.8%的体育教学管理者、30.3%的体育教师、23.3%的学生认同校园体育文化气氛好、感染性强。这说明有相当多的人认为校园体育文化建设不够。31.4%的体育教学管理者、14.6%的体育教师、13.5%的学生认同校内卫生、环保绿化、体育雕塑和设施好。这反映出体育教学管理者和师生对校园卫生、绿化、设施等环境的建设还不满意。由此看出，当前大学对体育隐性课程建设还不够重视，教师的教学投入和心态还不太积极和稳定，课外体育氛围和校园体育文化建设等不够好，影响着学生体育与健康意识和能力的培养，需要不断加强学校体育隐性课程的建设，积极调动学生的非智力因素，促进体育教育效率的提高。

3. 大学生获得体育与健康教育效果的现状分析

我们拟从学生在体育与健康的认识水平、体质状态、体育健身意识与行为习惯等方面分析学生的体育教育程度。

首先，在学生获得体育与健康教育的认识水平方面。调查结果表明：20.0%的体育教学管理者、16.7%的体育教师、14.3%的学生认同学生掌握体育与健康教育知识和方法较好；34.8%的体育教学管理者、31.6%的体育教师、52.3%的学生认同学生掌握体育与健康教育知识和方法一般；40.6%的体育教学管理者、41.4%的体育教师、31.9%的学生认同学生掌握体育与健康教育知识和方法较差；4.6%的体育教学管理者、10.3%的体育教师、1.5%的学生认同学生掌握体育与健康教育知识和方法很差。这说明多数人认为学生获得体育与健康教育的认知程度一般化或处在较差的水平上，这与学校体育教育目标的要求相差较远，应该引起我们的重视，审视我们的体育教育工作，加强改革，提高学生的体育认知水平。

其次，学生获得身心健康和体质提高的程度方面。调查结果表明：38.2%的体育教学管理者、39.8%的体育教师、53.5%的学生认同学生实际达到《国家体育锻炼标准》人数应在60%以上。这说明学生达标的认同率不高，反映出学生实际达到锻炼标准人数比例是比较低，学生的身体素质较差。66.2%的体育教学管理者、59.8%的体育教师、59.2%的学生认同学生实际达到《大学生体育合格标准》人数应在85%以上。这说明有不少人认为学生的体育合格率不高，体育合格率是反映学生的体格、体能、体育锻炼意识和习惯等方面综合评价的标准。学生体育是否合格是毕业的条件之一，实施中学生毕业时体育都"合格"，也反映出学校过去对学生体育合格标准把握不严，组织实施不够好。64.0%的校医院医生、78.1%的学生认同学生年人均患病率在3次以上。这说明学生上医院看病人数和频率较高，反映出学生对疾病的抵抗能力较差。31.7%的体育教学管理者、46.2%的体育教师、54.1%的学生认同学生心理健康良好。这说明多数人群认为学生的心理健康不够好。35.7%的体育教学管理者、64.2%的体育教师、49.3%的学生认同学生适应社会能力良好。这反映出多数人认为学生适应社会的能力不够好。由此看出，学生获得健康和体质教育的状态不乐观，多数人群认为学生的体质、健康教育程度比较差。调查中还发现不少学生患有近视眼以及肥胖症，心理性疾病，如紧张、焦虑、忌妒等不适症等。因此，应强化体育与健康教育工作，切实提高学生的身心健康水平，增强体质。

最后，在校学生体育健身保健意识与行为习惯方面的培养状态。调查结果表明：5.2%的体育教学管理者、2.3%的体育教师、1.6%的学生认同在校学生有半数人具有良好的体育健身保健意识和行为习惯；79.7%的体育教学管理者、81%的体育教师、82.1%的学生认同在校学生中少数人具有良好的体育健身保健意识和行为习惯；14.2%的体育教学管理者、16.7%的体育教师、16.3%的学生认同在校学生极少数人具有良好的体育健身保健意识和行为习惯。这说明多数学生没有养成良好的体育意识和行为习惯。由此看出,学校体育教育现状很不乐观,没有达到体育教育应有的目的,需要加强体育教育改革,采取有效策略,强化培养学生良好的健身保健意识和行为习惯。

研究表明,我国大学体育与健康教育现状存在的主要问题是:体育教育思想的认识差异较大,各树一帜,显得有些混乱,对"健康第一"的教育思想认识非常肤浅。对体育与健康课程改革的认识不够,没有理解体育与健康教育概念的含义以及改革课程的目标和意义。体育与健康教育实施现状很不到位,大多数学校仍然停留在原有的体育教育内容及方式上,没有按照素质教育要求深化改革,体育显性课程教育质量较差,隐性课程建设重视不够;贯彻"健康第一"的体育教育思想的理论研究与实践现状落差很大。在校学生获得体育与健康教育程度也没有达到体育教育目标的要求,表现在大多数学生没有获得应有的体育与健康教育的知识和方法,健身保健意识和行为习惯也没有养成。这在大力推进素质教育改革,培养高素质人才的今天,显得体育与健康教育改革的力度不够。

因此,需要各级教育主管部门和校领导以及体育教育工作者积极强化体育教育改革。一是要从提高认识入手,开展体育与健康教育的概念、指导思想、目标及意义等方面的学习活动,切实提高各级领导、教师和学生的认识,明确改革的思想、目标和要求。二是要从提高学生的体育认知水平、体育素质、健康能力和意识着手,构建高校体育与健康教育的新体系。三是要将体育与健康教育的实施贯穿大学教育全过程,四年不断线,形成课内与课外、显性课程与隐性课程有机结合的一体化教育模式,体育部门与其他部门、体育教师与其他教师、教师与学生等多边互动的方式,形成良好的校园体育文化氛围。四是要在实践中积极探索适合高校个性化特点的"体育与健康"教育体系,更好地为国家培养各级各类高素质人才服务。

第三章 体育锻炼理论

随着科学技术的高速发展，社会经济的突飞猛进和人民生活水平的不断提高，人们征服自然和改造自然的能力达到了相当高的水准。当然，生产力的提高，物质生产的丰富，在给人们的生活带来便利的同时，人们也付出了较为沉重的代价。尽管人们的平均寿命都有延长，社会养老保险覆盖9亿多人，基本医疗保险覆盖13.5亿人，人均预期寿命达到76.7岁。然而由于环境污染，让人们生存条件不断恶化，各种营养素的盲目摄入和传统的饮食文化，造成人体内部新陈代谢的紊乱；先进交通工具的普及，使人们以车代步导致体育运动不足，机械化、电气化、信息文明又造成人类生物结构和人体功能的退化；工作节奏快、生活压力大、社会竞争激烈等因素不仅导致多种心理障碍与疾患，更重要的是老年人的疾病，如高血压、高血脂等也出现在不少年轻人的身上，使他们常常处于亚健康或不健康状态。

健康是进行一切生产、生活活动的重要基础和保障，而体育锻炼则是获取健康的最佳途径。健康的生活方式不仅有利于预防各种疾病，还有利于提高人们的健康水平，提高生活质量。学校体育是一种有计划、有组织、有系统的文化教育活动，它以身体练习为主要手段，使得学生获得健康观念、建立健康行为、享有健康并为终生享有健康奠定基础。学校体育具有鲜明的教育性、健身性、约束性、娱乐性和周期性。

第一节 体育锻炼与身体健康

一、体育锻炼与身体发育

我们可以将人体生命的全部过程大致分为三个时期，即儿童少年时期、青少年时期和中老年时期。不同的时期生长发育的速度是不同，而且每个人在其自身生长发育的不同时期，发育的速度也是不相同的。所以，虽然总的发育规律不可以改变，但是变化的速度是可以控制的。

1.身高增加

研究表明，经常参加体育锻炼的青少年，其身高要高于不经常锻炼的青少年。在青春发育期，后天的因素对身体的影响在任何时候都大。青少年时期是人体生长发育的最佳时期，也是人的体型、体力和健康奠定的关键时期。此时，后天因素对身体的影响比任何时期都大。调查发现，经常参加合适的、科学的体育锻炼对身高、体重、围度、身体机能和素质等指标的可塑程度可以达到 50%~70%。

2. 体重控制

随着现代社会物质条件的改善，肥胖问题变得越来越严重，构成了对人类健康的一个重大威胁。体育锻炼是控制体重的重要因素之一，可以使得身体成分明显改变，改变程度根据训练强度和时间而变化。控制体重是女学生最感兴趣的话题之一。体重除了受先天遗传的影响，还受到新陈代谢的影响。如果人体吸收的能量（或物质）大于消耗的能量（或物质），体重就会增加，反之体重则下降。而体育锻炼可以有效地消耗体内脂肪，避免皮下脂肪过多，从而改变体型，使得身材更为匀称。

3. 促进骨骼发育

坚持科学的、合理的体育锻炼，可以较好地促进人体血液循环与新陈代谢，并且可以确保充足的营养物质供氧给骨骼，从而加快骨细胞的生长发育，骨密质增厚，使骨小梁的排列根据压力和拉力不同变得更加整齐、规律，骨表面的突起更加明显和粗糙，更有利于肌肉和韧带牢固地附在骨骼面上。科学研究和实践都表明：坚持体育锻炼的人的骨骼要比一般人粗壮、坚固和稳定，骨的抗折、抗弯、抗压和抗扭曲性都比较强，对骨的承受能力和生长发育都有较好作用。

4. 促进肌肉、关节和韧带发育

科学研究表明，坚持体育锻炼的人的肌肉重量要比一般人增加 10%~15%，显得肌肉丰满、结实、有力、匀称、协调和有弹性。坚持体育锻炼，增强了关节周围肌肉和韧带的收缩性和弹性，同时也使得关节囊增厚，关节摩擦增加，所以关节活动显得更加灵活、敏捷、幅度大。因此，骨骼、肌肉、关节对良好身体形态的形成起着至关重要的作用。

二、体育锻炼与身体机能

1. 可以改善和提高心脏血管功能

科学的参加体育锻炼对于人体心血管的结构和技能来说，均可产生良好作用。在锻炼过程中，由于肌肉的紧张活动，会使心脏的工作量适当增加，心脏毛细血管开放增多，心肌的血液供应和新陈代谢增强，增加了心肌中蛋白质和糖原的贮备；心肌纤维变粗，心肌增厚，心肌的收缩力增大，心脏容量增加，从而使得心脏每搏输出量和每分输出量增加。

2. 可以改善和提高神经系统的功能

神经系统是体育锻炼过程中的最高"司令部"，人的运动是神经系统的一种特有的反射活动，可以与返回的信息形成回路的一种神经联系。人体解剖学和生理学告诉我们，人体在锻炼过程中，由感受器传入信息，通过神经中枢的反馈，再从感受器返回大脑进行改进，这种反馈促进动作技能的形成，使得动作变得更加协调、准确，神经系统经常重复这个过程，能够改善神经系统的平衡性、灵活性和持久性，达到抗疲劳、协调平衡的功能，同时提高大脑的分析、综合和判断能力。因此，练习对神经系统要求高的项目，将极大地提高神经系统的功能。

人脑的重量虽然只占全身体重的 1/50，但脑的耗氧量却占全身耗氧量的 1/4。坚持体育锻炼，可以使大脑对氧的利用率从 25% 增加到 32%，保证大脑充足的氧气，营养特质提供给神经系统，从而促进脑细胞的生长发育，使大脑皮层增厚，使整个大脑重量增加，体表面增大。

3. 可以促进消化系统的功能

（1）促进消化系统更加完善。经常参加体育锻炼的人，能量的消耗比平时要多，新陈代谢也更加旺盛。根据生理学可知，机体要通过消化系统来吸取养分，从而为运动提供必需的动力。因此，需要消化器官加强一定的功能，从而更好地吸取养料进而满足机体的需要。经常适量进行中、小量的体育运动，能让消化系统功能更趋完善。有研究表明，经常参加体育锻炼对食物中的营养吸收得较好，不易使身体热量过剩而发胖。体育锻炼能够增强腹肌、强化消化道的平滑肌，使腹腔内的消化器官保持正常位置，能够有效预防内脏下垂和便秘。

（2）减少消化系统疾病。我们知道，消化和吸收是由中枢神经通过交感神经和副交感神经来起作用的。"思伤脾""气伤肝"是我国医学对精神因素与脏腑关系的经典总结。任何痛苦和悲伤、忧郁和焦虑等情绪都会使胃、脾功能下降，引起如消化不良、慢性胃炎、胃下垂、便秘和溃疡等肠胃疾病，而人们情绪的改变与中枢神经系统活动具有直接关系，并会涉及全身各重要器官的功能。科学证明，经常参加体育锻炼，使人激情四射、精神振奋，浑身充满生命活力。体育锻炼使人可以忘却悲伤、抑制忧虑和急躁情绪，通过对神经系统的良好刺激作用，能让大脑皮层形成的病理兴奋灶得到某种控制。

在运动过程中，会导致交感神经兴奋，消化液分泌会不断减少，因此在吃饭前（饭后）半个小时不宜进行剧烈运动；另外，饭前也不宜大量喝水，饭后和运动后切勿过多吃冷食等。

4. 可以改善呼吸系统的功能

（1）对肺的影响。人的两肺是由平均直径 0.2mm 的肺泡组成。这些肺泡被无数的肺泡管串联，犹如一串串葡萄，每一个"葡萄粒"就是一个肺泡。成人的肺有 7 亿多个肺泡，如果将肺泡一一展开，其总面积达 100m^2，大约有 50 个乒乓球桌那么大。肺泡是肺部气体交换的主要部位，也是肺的功能单位。安静时，由于人体需氧量较少，大约有 5% 的肺泡工作就可以满足身体对氧的需求。当进行体育运动时，由于肌肉活动及人体的需氧量不断增加，促使大部分肺泡参与工作，对保持肺泡的弹性和改善肺泡弹性都具有较大的作用。

在体育锻炼过程中，呼吸频率会适当加快，深度加深，既增强了呼吸肌的力量，又增加了肺通气量，使呼吸器官能够得到良好的锻炼与增强。实践证明，经常参加体育锻炼可以促进胸廓的增长发育，并增大胸围、肺活量和呼吸差，改善呼吸频率；同时，还能增加呼吸深度，提高呼吸率。另外，通过体育锻炼还能提高机能耐酸和抗缺氧的能力。

（2）对呼吸运动的调节。呼吸运动受呼吸中枢的控制，呼吸器官本身的各种感觉器传入冲动的反馈调节，骨骼肌和关节活动，温度及血液化学成分的改变都会影响呼吸中枢的兴奋性。

实践证明，经常科学参加适量的体育运动，人的呼吸中枢兴奋性普遍增高，对血液化学成分的改变也相对敏感。随意停止呼吸运动的长短是评价组织呼吸强度和呼吸中枢对缺氧和二氧化碳增多耐受的重要指标。优秀运动员随意停止呼吸的持续时间较长，而且对膈肌的控制稳定。他们在恢复呼吸时，血液的氧合作用也恢复加快。

5.可以预防疾病、抗衰老、延年益寿

众所周知，人的生长是由于人体细胞不断繁殖和细胞间质不断增多的结果。人的发育是人体细胞不断分化、器官不断发展、机体逐渐成熟、形态逐渐完善的结果。发育与生长之间是相辅相成的，但发育比较复杂，并且受到各种条件的影响。人体是一个统一、完整的有机体，它由许多细胞构成，在长期的进化过程中，这些细胞已经高度分化，具有不同的结构和不同的功能，组成为各种功能的器官系统。参加科学的体育锻炼，均能促进机体的全面发展，保持内部与外界环境平衡，延缓各器官系统功能的衰退进程，起到预防疾病、健身美体、延年益寿的作用。

第二节 体育锻炼与心理健康

一、心理健康与身体锻炼

1.身心健康的关系

健康诸要素之间的关系实际上是身心之间的关系。它们关系密切，相互作用，相互依存。身体健康有助于心理健康。中国古代哲学家范缜提出："形存则神存，形谢则神灭",强调了躯体是心理之载体。近30年来生理学及生物学研究证实了生理机能对心理健康的影响作用。例如,甲状腺的主要功能是控制人体的新陈代谢,甲状腺素分泌过多,使得人体的新陈代谢速度加快,个体便会产生紧张反应,表现为肢体颤动、情绪激动、注意力难以集中、焦虑不安和失眠,等等。心理健康也同样影响身体健康。古人云:"怒伤肝,喜伤心,忧伤肺,恐伤肾,思伤脾。"一些生理疾病(包括冠心病、哮喘、头痛和溃疡等)和心理状况有关。例如,抑郁会增加肾上腺激素和肾上腺皮质激素的分泌量,还会降低免疫系统的功能,从而使个体更容易患病。因而,保持身体与心理的平衡对人的健康是至关重要的。

2. 心理健康及其标准

人们对心理健康的理解存在一定的差异,他们对心理健康的评价规范也受社会风俗习惯的影响,因此,心理健康标准也迥然不一。美国著名心理学家马斯洛等人提出了十条心理健康标准。

(1)有充分的安全感。

(2)充分了解自己,并能对自己的能力做出恰当的估计。

(3)生活目标、理想的确定切合实际。

(4)与现实环境保持接触。

(5)能保持个性的完整和谐。

(6)具有从经验中学习的能力。

(7)能保持良好的人际关系。

(8)适度的情绪控制和表达。

(9)在不违背集体利益的前提下,有限度地发展个性。

(10)在不违背道德规范的情况下,适当满足个人的基本需要。

我国心理学工作者刘协和(1993)提出的五条心理健康标准如下。

(1)没有心理异常。

(2)正常发育的智力。

(3)健全的人格。

(4)充沛的精力。

(5)丰富的情感生活。

综合国内外专家的观点,我们认为大学生心理健康的标准主要包括以下面几个方面。

(1)智力正常。智力是人的各种能力的总和,包括观察能力、记忆能力、思维能力、想象能力和实际操作能力,它是人进行生活、学习和工作的最基本心理条件,也是一个人与周围环境取得动态平衡最重要的心理保证。智力正常的人才能有望取得成绩，并从中得到满足和快乐。同时，智力正常者才有可能挖掘潜能，充分实现自我。智力正常与否可通过智力测验来判定，若智商在60以下即属于智力低下。

（2）适当的情绪控制能力。人们的情绪是所有心理活动的背景条件和伴随其他心理过程的体验。正如体温可作为生理健康与否的标志之一，情绪也是反映人的心理健康与否的晴雨表。心理健康的大学生能经常保持愉快、开朗、乐观、满足的心境，对生活和未来充满希望。虽然也有悲伤、哀愁等消极体验，但能主动调节，同时能适度表达和控制情绪。

（3）对自己能做出恰当评价。正确认识和客观评价自己，是对自我目前所处状态和环境、自我未来的发展方向有一个清醒的认识，摆正自我的位置，自信、自觉地发展自我。如果一个人没有发展目标，整天浑浑噩噩，或妄自尊大、好高骛远，或自轻自贱、悲观厌世，自然是不能算心理健康的。

（4）能保持良好的人际关系。人际关系最能体现和反映人的心理健康状况。心理健康的学生乐于与他人交往，能用尊重、信任、友爱、宽容、理解的态度与人相处，能接受、给予爱和友谊，与集体保持协调的关系，能与他人同心协力，合作共事，乐于助人。

（5）心理行为符合年龄特征。在人的生命发展的不同年龄阶段都有相应的心理行为表现。心理健康的人，其认识、情感、言行、举止都符合他所处的年龄段。心理健康的大学生应该是精力充沛、勤学好问、反应敏捷、喜欢探索的。过于老成、过于幼稚、过于依赖都是心理不健康的表现。

3. 体育锻炼对大学生心理健康的影响

由于青年大学生心理正处于迅速走向成熟而尚未成熟的阶段，他们常出现一些自我矛盾，主要表现为孤独感与强烈的交往需要的矛盾；独立性与依赖性的矛盾；强烈的求知欲与识别力低的矛盾；情绪与理智之间的矛盾；愿望与当前现实的矛盾等。如果大学生处理不好这些心理内部矛盾就会引发各种心理不健康的问题，如最常见的强迫症、人际关系敏感、抑郁、焦虑和敌对等。

大量研究表明，体育锻炼是一种低经济支出、低风险和低副作用的有效改善心理健康的手段。体育锻炼对心理健康的积极影响主要表现在以下几个方面。

（1）改善情绪状态。不良情绪是导致生理和心理不健康的重要因素之一，而体育锻炼能直接给人带来愉快和喜悦，并能降低紧张和不安，从而调控人的情绪，改善心理健康状况。体育锻炼的情绪效应有短期效应和长期效应两种。温伯格（Weinberg，1988）等人研究认为，一次30min的跑步可以显著地改善紧张、困惑、焦虑、愤怒和抑郁等不良情绪状态。同时，伯格（Berzer，1993）研究认为，长期有规律的中等强度的体育锻炼有助于情绪的改善。大学生常因学习的压力、同学间的竞争、人际关系的复杂以及未来前程的担忧而持续产生紧张、焦虑和不安，经常参加体育锻炼可以使这些不良情绪得到改善，心理承受能力增强。

（2）提高智能。长时间地进行脑力劳动后，通过体育锻炼有益于呼吸、血液循环和神经细胞兴奋与抑制的交替，更有助于学生的注意力、记忆力、想象力、思维分析等心智能力的健康发展，并使其情绪稳定、性格开朗、疲劳感下降等，这些非智力锻炼对人的智能的发展具有促进作用。

（3）强化自我概念和自尊。自我概念是个体主观上对自己的特长、能力、身体和社会接受性等各方面的看法和感觉的总和，如"我的学业成绩非常优秀""我的身材不是很有吸引力"等。而自尊是在自我概念的基础上，对自己各方面的自我评价和情感反应，如"我对自己优异的学业成绩感到自豪""我对自己富有吸引力的身体感到非常满意"等。由于自我概念和自尊都是由许多方面的自我认识所组成，通常我们认为自我概念和自尊是同义词，它们在适应社会和人格形成方面都起着很大的作用。

研究表明，青年人对自己的身体很关注达。据有关报告显示，54%的大学生对他们的体重不甚满意。与男性相比，女性倾向于高估她们的身高和低估她们的体重，而身体肥胖的个体更可能有身体自尊方面的障碍。身体自尊主要包括一个人对自己运动能力、身体吸引力、健康状况以及对自己身体的抵抗力等各方面的评价。当个体对身体形象不满意时会使其整体自尊降低，并产生不安全感和抑郁症状。通过体育锻炼可以对参加者有关身体方面的自尊产生巨大的影响，从而最终影响自尊。例如，一项降低体重的训练可以明显影响参加者的身体外表知觉和身体想象（如果体育锻炼达到足够强度和足够时间，它就会影响自尊。再如，当一名大学生在他的首次网球比赛中获胜了，这将对他的网球运动能力是一次肯定，相应地就会提高他对自己这一能力的知觉。如果他能够继续成功，则有可能提高其身体自尊，到最后可能会是整体自尊的提高）。

（4）培养坚强的意志品质。意志品质是指一个人的果断性、坚韧性、自制力以及勇敢顽强和主动独立等精神。意志品质既是在克服困难的过程中表现出来的，又是在克服困难的过程中培养起来的。在体育锻炼中要不断克服客观困难（如气候环境条件的变化、身体素质与能力的限制或意外等）和主观困难（如紧张、畏惧心理、失意、疲劳等），锻炼者越能努力克服困难，也就越能培养良好的意志品质。从锻炼中培养起来的坚强意志品质能够迁移到日常的学习、生活和工作中去。

（5）协调人际关系。我国著名医学心理学教授丁瓒指出：人类的心理适应最主要的就是对于人际关系的适应，人际关系是影响一个人的心理是否健康的重要因素之一。在生活中，我们常常可以发现，那些人际关系好的人总是心情愉快、精神饱满，对什么事情都充满兴趣，这些人生活得很愉快、很舒畅；人际关系不好的人常常无精打采、抑郁寡欢，缺乏生活的乐趣。而体育锻炼可改变这一现象，因为体育锻炼总是在一定的社会环境中进行，它总是与人群发生交往和联系，人们在运动中能够较好地克服孤僻，忘却烦恼和痛苦，协调人际关系，扩大社会交往，提高社会适应能力。著名学者麦亦尼认为，游戏和运动具有启发独创、消除紧张和保持友谊等心理保健价值。马赛等人调查发现，外向性格比内向性格者的社会需要更强烈，这种需要可通过集体性的体育活动得到满足。

（6）治疗心理疾病。20世纪80年代中期以来，我国大学生患心理疾病的比率明显上升。这说明激烈的社会竞争正在逼近学校，使学生的压力不断增大。

大量研究表明，体育锻炼能预防和治疗心理疾病。美国的一项调查显示，1750名心理医生中有80%的人认为体育锻炼是治疗抑郁症的有效手段之一，60%的人认为应将体育锻炼作为一种消除焦虑症的治疗方法。

二、怎样使体育锻炼产生良好的心理效应

1. 影响坚持体育锻炼的因素

体育锻炼同其他健康生活方式，如合理的膳食、戒烟等一样，它经历被人们接纳采取和坚持的一个连续过程。人们对体育行为的启动和坚持直接影响它所产生的积极心理效应。那么，哪些因素影响参加体育锻炼者坚持体育活动呢？

（1）锻炼的目的。据报道，大多数成人参加体育锻炼的主要目的是为了获得健康。也就是说，要改变久坐不动人群的不健康生活方式，启动锻炼行为就要对他们进行体育锻炼与健康知识的教育。这些健康知识包括通过体育锻炼可获得日常生活所需的体能，预防心血管疾病，减轻体重，塑造形体以及消除日益激烈的竞争压力所带来的紧张应激等方面的内容。人们只有增强了体育锻炼才能促进健康的意识，才会更多地投入这项投资少、风险小、收益大的活动中。

（2）运动愉快感。运动愉快感是在运动中瞬间体验到的一种欣快感，通常是不可预料地突然出现。在跑步时，人们很容易出现这种愉快感，因此，国外称之为"跑步者高潮"。当高潮出现时，锻炼者感到一种良好的身心状态，整个人与周围情境融为一体，身心轻松，忘却自我，充满活力，超越时空障碍。

愉快是任何休闲活动的主要特点。人们自懂事之日就主动要求参与活动与身体锻炼，就是因为觉得乐在其中。萨尼思（Sallis，1995）指出，尽管对于刚参加体育活动的人来说，健康是最重要的目的，但愉快感是锻炼者长期参加体育活动的主要原因。调查表明，由于缺乏运动愉快感，多于50%的人在获得理想的健康效果之前就放弃了运动。因此大学生要坚持体育锻炼，使其形成一种健康的生活方式就要根据自己的兴趣和爱好，选择体育活动项目。

（3）自我效能。自我效能是人们对自己是否具有在从事和完成某项活动过程中达到指定操作表现目的的能力的判断。在体育锻炼中，自我效能影响人们的行为选择。为什么有些人喜欢去跑步或做健身操，而不是去打网球或羽毛球，个人之间的偏爱不尽相同。

这里，选择适合自己能力的项目是重要的原因之一。自我效能还能影响人们对锻炼行为的坚持性和人们在运动时的努力程度。例如，两个在身体能力方面没有明显差异的网球初学者，由于他们对自己运动能力的判断是不同的，因此他们在网球运动中会有不一样的表现。高自我效能者在练习中保持充沛的精力和活力，碰到挫折并不灰心，始终相信自己能够坚持网球技能，并且最终真的在网球场上挥拍自如了。而低自我效能者在运动一开始就落后了，因为他认为自己难以应付困难，低估自己的能力，很容易产生恐惧感，常常灰心丧气，失去解决问题的动力，最终很快就放弃了网球运动。

因此，对大学生来说，最好制定符合个人能力的活动目标，它将有助于个体获得成功感和控制感，提高自我效能，坚持锻炼行为。

（4）环境。环境影响体育锻炼的心理效应，同时也影响运动愉快感的产生。体育活动时的社会环境包括体育锻炼的指导者、同伴、家长和观众等。研究表明，来自同伴的社会支持是个体参加和坚持体育活动的主要因素之一。体育活动时的自然环境包括阳光、空气和水。阳光、空气和水对运动的人们非常重要。例如，恶劣的空气状况令人感到压抑、沉闷、昏昏欲睡；而清新的空气令人心旷神怡，神清气爽。如果运动环境的空气不流通，会使空气中二氧化碳的浓度上升，对人的健康造成极大的伤害。运动环境中的温度对人们的心理状况也有一定的影响，虽然有资料显示寒冷并不会显著影响人们的心理状况，但高温对人们的生理、心理有较大影响。热环境下运动体内大量出汗可使电解质丢失，会引起中枢神经系统功能不全（如易受刺激、判断力下降，甚至行为异常、精神错乱、昏迷等）。因而，在热环境中运动时除了衣服要轻、松、透气外，还可以在运动前、中、后少量多次地补充含糖和钠盐的饮料。

2. 体育活动特征和心理健康的关系

要使体育锻炼达到改善身心的效应，我们应该如何进行锻炼？

（1）锻炼的准备。锻炼的准备活动和锻炼本身一样重要，每项锻炼活动都分为三个阶段：热身活动、锻炼和整理活动。

在正式活动之前安排 10—20min 的热身活动，做一些伸展运动，其目的是慢慢提高体温并使肌肉做好进行高强度活动的准备。如果是跑步，在开始先做些柔韧练习，不要以全速开始。如果是踢球，先活动一下踝关节，慢跑一会儿再做激烈的争抢动作。

当结束锻炼后，留 10—20min 使体温降低。锻炼的时间越长，强度越大，整理活动的时间应延长。轻松地走走，或做些不费力的柔软体操都有益于身体恢复。如果不充分地放松，肌肉也许会充满血流，或有毒物质存在血液中以致产生疼痛和不适，如痉挛等。

锻炼是一个发展过程。开始阶段最好在短时间内只做轻度的锻炼。当健康状况有了进步之后，逐步增加锻炼的强度和时间。像有人指出的那样，健康不是比赛中赢得的奖章，它是你一生的旅途，因而，锻炼是一个持续的过程。

（2）体育活动特征与心理健康。通过锻炼达到身心健康的改善，与体育活动的四个特征有关，它们是活动的类型、强度、持续时间和频率。锻炼有多大的身心效果依赖这四个因素的相互作用。这项理论与生理学的研究结果是一致的。

1）体育活动的类型。由于对竞技和"没有疼痛就没有收获"这一观点的过于强调，一般人也会像运动员一样认为通过锻炼一定要达到胜利的顶峰。因而，喜欢运动的人常常锻炼得太过分、太用力，不考虑生理能力所能承受的范围，最终也许就伤害了身体。应该澄清的是，不论是哪种形式的运动，如疾走、游泳或骑自行车，只要是中等强度的有氧运动（中低强度、长时间、需要氧气的运动）都会对心血管健康有益。同时，伯杰等大量研究者发现有氧运动可以降低焦虑和抑郁。所以，大学生也应改变过去形成的"奥林匹克综合征"，多选择一些有氧健康的运动，如跑步、骑自行车、游泳、跳绳、爬楼梯或有氧健身操等。同时，要将体育锻炼作为一种长期的健康的生活方式。大学生选择的运动类型应该是适合自己的生活方式以及符合个人的喜爱程度并能从中取得乐趣的项目。

2）体育活动的强度。活动强度是指单位时间内所做的功，人们常常用10秒钟的心跳频率作为评价强度的方法。体育活动的大、中、小强度与耗氧量密切相关，人体是一个有机整体，人体的最大吸氧量与心率之间存在对应关系。为了便于实际操作的可行性，人们一般用心率指标来衡量活动强度。运动医学一般规定：活动的大强度相当于最大吸氧量的70%~80%，即相当于最高心率的80%~90%；中等强度相当于最大吸氧量的50%~60%，即相当于最高心率的65%~75%；小强度相当于最大吸氧量的40%左右，即相当于最高心率的60%。人体的心脏最大能力（最高心率）可以通过用220减去自己的年龄求出。一般要使锻炼达到积极的身心效应，锻炼者的心率应在最高心率的60%~80%之间。在此范围内的锻炼既有效果，又是安全可靠的。

3）体育活动的持续时间。体育活动的持续时间是指每次活动的时间长短和活动方案的时间长短。每次活动的持续时间与活动的强度有关，并且两者之间成反比。活动的强度大，持续时间相应缩短；活动的强度小，持续时间可延长。你可以通过逐渐增加锻炼强度、增加锻炼时间或同时增加强度和时间来获得有氧健康。十分强烈的锻炼可能是危险的，尤其是在季节变化时。真正对心血管有益处的是锻炼中间心跳加快的那20—30min。因此，你可以通过中等强度的有氧锻炼获得健康。对于每次体育活动的持续时间究竟多长才会产生良好的心理效果，大多数研究结果表明，每次活动时间在20—60min之间对改善情绪状态的效果最为理想，并一致认为持续时间过长或强度过高的竞赛活动不会产生良好的心理效果。同时，活动方案的持续时间越长，体育活动的心理效果越好，尤其是对低自尊、患焦虑症和抑郁症的大学生来说，治疗效果最好。

4）体育活动的频率。活动频率是指每周的活动次数。有规律的体育活动能有效地保持人体的运动机能水平和降低个体的紧张应激和抑郁。对大学生来说，一般的标准是每周 3~5 次。如果太少，那么在不锻炼的日子就会消磨掉锻炼的成果；而过分锻炼，会消耗你的能量，使身心过度疲劳，最终也许会失去动力。

第三节　体育锻炼与社会适应能力

一、社会适应性

1. 社会适应性的概念

社会适应性，也称社会健康，是指个体与他人及社会环境的相互作用并具有处理好人际关系和实现社会角色的能力，它不是指一个社会全体国民的平均健康水平，也不是指社会及其运行的健康程度，它是个人健康的重要维度，即个人的社会健康。有此能力的个体在交往中有自信感和安全感，与人友好相处，心情舒畅。知道如何结交朋友，维护友谊，知道如何帮助别人和求助别人，能听取他人意见，表达自己的思想，能以负责任的态度行事并在社会中找到合适自己的位置。

对社会适应的评价，应该从以下几个方面对个人的社会适应健康状况做出评价。

（1）接受与他人的差异。

（2）能与同性或异性交朋友。

（3）主动与人交往，有稳定而广泛的人际关系。

（4）与家庭成员和睦相处。

（5）当自己的意见与多人意见不同时，能保留意见和继续工作。

（6）有 1~2 个亲密朋友。

（7）共同工作时能容纳他人，能接受他人的思想和建议。

（8）交往中客观评价他人，能自我批评，取长补短。

社会适应能力低的人与别人交往时，总是牢骚满腹，好像别人欠他的。没有耐心听取他人劝告或建议，拒绝从他人的立场考虑问题。也有些人对人际关系表现出恐惧心理，害怕与他人接触，使自己性格变得孤僻，不被别人所接受。

2. 社会适应性对身心的影响

（1）人际关系出现障碍。人类心理适应最主要的就是对人际关系的适应，所以人类心理病态，主要是由人际关系失调而来。许多研究成果表明，社会关系越丰富，交往越广泛，人的寿命越长。相反，社交生活越单调，人的寿命就越短。在美国，对 6900 名成年人进行为期 9 年的观察，结果发现，社交单调的人死亡比例占总数的 30.8%，而社会交往多的人死亡率只有9.6%。因此，我们要在有限的生命里，不要把时间交给寂寞和孤独，走出内心的设限，阳光自信地走向人群，我们将会收获到意想不到的效果。

（2）对社会环境不适应。社会适应能力是反馈一个人综合素质能力高低的间接表现，是人这个个体融入社会、接纳社会能力的表现。社会适应是个体与各种环境因素连续而不断改变的相互作用过程。现在越来越多的人对环境适应能力差，对各种社会关系看不惯，只看到社会的阴暗面，对社会进步性不予接受，不知感恩社会，反而对社会充满失望，继而产生各种精神疾病。因此，当在学习和生活中碰到困难和挫折而产生烦恼和压抑情绪时，通过体育运动就可以摆脱烦恼，振奋精神。

（3）对家庭不适应。人一出生注定要面对家庭，扮演不同角色，为人子、为人夫、为人父等。而有些人却不能适应这些角色更替，面对各种责任和压力总是感觉身心疲惫，甚至产生恐惧感，影响自己的身体健康和心理健康。

因此，为了保持身心健康，我们要积极参加体育锻炼，需要友谊、爱情、亲情、支持、理解和尊重等，通过人际关系获得心理上的满足。良好的人际关系是成功的基础。善于同他人相处是一个人诸多能力中最重要的、不可或缺的能力之一。

二、体育锻炼对社会适应性的影响

1. 体育锻炼可以促进适应社会性的合作意识和团队精神

现代社会需要合作精神，合作是建立在团体成员对团队目标认识相同的基础上的，一个人想在社会中取得成功和成就就需要与他人合作，需要得到他人的帮助。在合作过程中，个人所得有助于团队所得。合作的优越性体现在个人与他人一起工作时获得的社会效益，如增加沟通、互相信任等。在做一些相互依赖的运动项目时，合作会使该项目的完成变得更为有效，因为团队要获得成功，团队成员就必须相互努力、共同协作。

泰戈尔曾经说过："唯有具备强烈的合作精神的人，才能生存，创造文明。"合作能力既是体育活动参与者必备的条件，也是通过体育活动需要发展的一种能力。人们经常参加体育活动，特别是参与集体性较强的体育活动，不仅需要发挥个人的力量，还需要自己与他人的通力合作，只有这样，才能使集体的目标得以实现，个人的作用也能充分地发挥。加上现代社会科学技术更新换代加速，新学科、新技术的不断涌现，瞬息万变的信息纷至沓来，令人目不暇接，各学科相互渗透交融，社会分工既精细又要求互相合作，要求每一个现代人必须具备合作精神与能力。因此，经常参加体育活动，特别是参与集体性的体育活动，有助于加强合作意识，有助于培养团队精神。

体育竞技中的许多团体项目，如足球、排球、篮球等已广泛普及，人们在投身这些运动强身健体项目的同时，学会了如何恰当地处理个人与集体的关系，如何融入集体之中，与他人沟通及合作，并在其中强化个人的组织性和纪律性。

2. 体育锻炼有助于人际关系的改善

我国著名医学心理学家丁瓒教授说："人类的心理适应，最主要的就是对于人际关系的适应，所以人类的心理病态主要是由于人际关系的失调而来。"人是社会的基本构成单元，人对社会的适应从本质上来说是自身对他人的适应，能否成功地与他人交往、与他人沟通是人与社会适应最直接、最客观的体现方式。体育运动使人们相聚在运动场上，进行平等、友好和谐的练习或比赛，使人们相互之间产生一种亲切感，尤其是集体比赛项目，可以让直接参与者及间接参与者提供交往、交流的机会，让他们之间的关系变得更加和谐友好。有多项国内外研究表明，外向性格者比内向性格者的社会交往需要更强烈，这种社交需要通过跳舞、打球等集体的体育活动可得到满足。性格内向者更应该参与集体性的体育活动，使个性逐步得到改变。

参加任何一个体育锻炼项目都有固定的技术动作和运动要点，所有参与者在锻炼过程中都需要学习和练习，都需要讲解与示范，都存在对技术动作的纠正和完善。这就要求无论是自我纠正和完善，还是互相纠正与完善，都需要相互配合和主动沟通。实践证明，在集体项目中，每个人能否在完成自己任务的同时，达到与同伴的协助配合，对竞赛的输赢关系重大，这也要求队员之间必须具有较好的合作意识。

3. 体育锻炼有助于提高人们的心理素质

体育运动与日常自然的身体运动相比，无论内容和形式都不尽相同。体育运动一般具有艰苦、疲劳、激烈、紧张、对抗以及竞争性强的特点。凡是比赛都要争高低、论输赢，体育运动的过程必然伴有成功的喜悦和失败的辛酸。在成功或失败之中，人们学会享受战胜困难、战胜对手、战胜自我的快乐；磨炼了人们面对现实，以积极的心态对待困难和挫折，用健康的心态去迎接新的挑战的意志，培养了人们胜不骄、败不馁的素质，人们心理承受能力与心理适应能力在不断的锤炼中得到了显著的加强。

4. 体育锻炼有助于塑造健全的人格

人们在体育运动中要承受一定的生理负荷，这就要求运动员有勇敢、坚持、自制、不怕困难、不怕艰辛等良好的意志品质和乐观、友爱、愉快、同情等多样的感情。体育运动项目繁多，有的要求快速，有的要求耐久，有的动作复杂惊险，有的动作变化无穷，这就要求人们勇敢地去挑战，果断地做判断，而以上这些优秀的品质对一个人适应社会竞争，胜任社会角色都有深远的意义。此外，绝大多数的体育项目都伴随高强度的对抗，这是一个侵犯与被侵犯、忍让与被忍让、尊重与被尊重的过程，人们参与其中，学会了彼此尊重、彼此体谅。

5. 体育锻炼有助于培养适应社会需要的价值观

价值观是基于人的一定的思维感官之上而做出的认知、理解、判断或抉择，也就是人认定事物、辩定是非的一种思维或取向，从而体现出人、事、物一定的价值或作用。

尽管因为各时代的制度有异，社会价值观所包含的价值取向均不相同，但是都离不开对和平、自由、平等、幸福、友谊等具体价值内容所持的态度和行为。体育锻炼因其宗旨方式、结果都对价值观所涵盖的内容具有积极的影响作用，所以它可以培养、塑造、树立人们适应当今社会的正确价值观。

6.体育锻炼有助于适应社会发展的生活方式

当前，由高科技开创的文明与繁荣使人们的生活水平有了极大的提高。此时，尽管闲暇时间不断增多，但由于劳动性质的改变，生活节奏的加快等因素，导致现代文明病多有发生。基于这种现状，为了防止体力衰退，提高生活质量，人们必须选择文明、和谐、健康、活泼的活动方式去善度闲暇。人们在对各种活动方式进行认真比较之后，更寄希望于丰富多彩的体育运动，把它作为现代生活方式的一种重要内容和明智选择。体育锻炼具有动态性、趣味性、娱乐性、保健性与休闲性等特点，人们通过体育锻炼掌握知识技能，并以这种快速、敏捷的生活方式，提高人体对快节奏生产生活的应变与耐受能力，缓释精神紧张，调节身心平衡，丰富生活内容，拓宽生活领域，进而提高健康水平。

7.体育锻炼有助于培养丰富的情感生活

现代人的情感表现为责任感、道德感、追求感等。体育运动以其群体约束力和积极主动性，激励参与者必须具有高度的责任感，才能和同伴密切合作；以其严格的规则，规范参与者的行为，促使参与者必须具有良好的道德规范；以其具有胜负要求的特性，促使参与者竭尽体力和智力去追求胜利的目标。同时，在大众体育里，参与者可以得到对集体的信赖感和依托感。在家庭体育里，成员们可以在和睦快乐的气氛中得到归属感和稳定感。在娱乐体育里，人们可以得到愉悦感。在探险活动中，人们可以得到自豪感和征服感。所以，经常参加体育运动和锻炼，使得人们在成功与失败、竞争与退让，乃至生与死之间不断拼搏，不断抉择，充分享受各种复杂情感的冶炼和体验。

第四节　体育锻炼的基本原则

体育锻炼原则是体育锻炼基本规律的反映，是参与者安排锻炼计划、选择锻炼内容、运用锻炼方法时必须遵循的基本准则，也是人们在长期的体育锻炼实践基础上所积累的各种经验与概括。

一、自觉性与积极性原则

"坚实在于锻炼，锻炼在于自觉……欲图体育之有效，非动其主观，促其对体育之自觉不可。"（毛泽东《体育之研究》）由此可以看出，体育锻炼是一个自我锻炼，自我完善，也是自我养成良好习惯的过程。体育锻炼是一个认识自我、完善自我的一种有目的、有意识的健身活动。人体的发展、身体素质的提高都是一个长期积累的过程。要提高参加体育锻炼的自觉性和积极性，这就要求锻炼者必须有明确的目的，确信锻炼的价值和作用，并以此作为自己行为的动力，长期不懈地坚持下去，最终获得良好的锻炼效果。自觉积极的原则是进行体育锻炼的指导性原则，也是能否长期坚持体育锻炼的前提，必须始终坚持这一原则，使参加体育锻炼有一个正确的指导思想。下面是提高体育锻炼自觉性的几个要求。

（1）明确"生命在于运动"的科学道理，确立正确的锻炼目标，把体育锻炼当作日常学习和生活的需要，调动锻炼的积极性。

（2）丰富业余生活，培养体育兴趣。兴趣是人们认识事物和从事活动的开始，当一个人对一项体育活动产生兴趣时，就会对这项体育活动表达极大的热情，做到身心融为一体。

（3）克服自身惰性，战胜各种困难，科学合理安排作息制度，把体育锻炼当作生活中不可或缺的一个项目，才能保证体育锻炼的自觉性与积极性。

二、全面性原则

全面性原则是体育锻炼的基本原则之一，是指体育锻炼者在锻炼过程中，必须追求身心全面均衡、和谐发展，锻炼内容的选择和安排要全面多样，使身体形态、机能、各器官系统功能、基本活动能力、身体素质以及心理素质等方面均能得到全面、协调的发展。学生正处在青春发育期，各器官系统生长发育不均衡，全面发展各项身体素质是保障他们身体正常发育的关键所在。《国家体育教学大纲》指明要注意合理选择和搭配教材，保证学生进行全面锻炼。各种体育项目对人体都有良好的锻炼效果，但由于不同的项目有不同的特点，所以作用于机体的效果就不同。在锻炼过程中，不可能每个项目都能同时进行，所以要进行有阶段、有重点、有目的的选择，不能单纯从某个兴趣、某个目的出发，要做到重视全面锻炼的原则。具体来讲，应注意以下几方面。

（1）身心的全面发展，要从提高适应环境、抵抗疾病的能力，改善机体形态，提高机能的效能，陶冶情操、愉悦心情、丰富文化生活等方面着眼。

（2）针对个人的实际情况，有选择性地从事简单易行、富有实效的锻炼，并应参照运动负荷价值阈标准，控制锻炼的量和强度。

（3）体育锻炼的内容应根据不同年龄、不同季节予以适当调整，而且要针对自身的薄弱部位采取抑其过而补其不足的锻炼内容，促进身体各个部分与各种素质的全面提高。

三、持之以恒原则

体育锻炼要有连续性和系统性，是一个长期的、经常的行为，必须持之以恒，使之成为日常生活中的重要内容。人体的结构和功能的变化是逐渐积累、逐渐提高和逐渐完善的过程。实践证明，只有坚持经常性的体育锻炼，才能使这些变化巩固和扩大。坚持经常性的体育锻炼能使人的新陈代谢功能增强，促进体内异化作用，继而使同化作用加强，加快体内物质合成，使人体功能得到提高，并可使骨骼坚硬、韧带牢固、肌肉粗壮、肺活量增大等。若长期停止锻炼，各器官、系统和动作技能形成的条件反射就会慢慢减退。具体来讲，应注意以下几方面。

（1）根据个人能力的高低确立一个能够实现的体育锻炼目标（不宜过高），制订了一个切实可行的锻炼计划（以能长期坚持为宜）。

（2）一旦参加体育锻炼就应该自觉坚持下去，活动的内容和项目可以更换，但是锻炼不能停止，这样才能对身体产生良好的影响。

（3）强化锻炼意识，保证一定的体育锻炼时间，并逐步养成习惯，使得体育锻炼成为日常生活中重要的组成部分。

（4）因气候条件不能在室外锻炼时，可以改在室内进行，即使暂时变换了锻炼的内容，对效果也不会有太大的影响。因工作繁忙而不能按照原计划进行体育锻炼时，可充分利用闲散时间进行体育活动，一天进行几次短时间的体育活动同时能取得较好的锻炼效果。

四、循序渐进原则

体育锻炼必须遵循人体自然发展、机体适应的基本要求，从客观实际出发，合理安排运动负荷，在渐进的基础上提高锻炼水平。例如，根据年龄、性别、目前健康状况，可以由简至繁、由易至难、单次运动量由小到大，逐渐提高要求。人体各器官的机能提高要有一个适应过程，如果违反这一规律，不但不利于增强体质，还会损害健康。因此，进行体育锻炼时应循序渐进，随时调整运动负荷，逐步提高锻炼水平。具体来讲，在进行循序渐进的体育锻炼时应该注意以下几方面。

（1）力戒急于求成，运动负荷必须建立在符合自己实际情况的基础上，锻炼后有适度的疲劳感，同时要正确处理运动负荷和强度的关系。对体质较弱和体育基础一般的人群而言，更应严格遵守这一原则。

（2）体育锻炼并非一劳永逸，如果锻炼间隔的时间过长，锻炼的效果就不明显，因此，每次锻炼的安排间隔要合理。为此，要有长期计划、短期安排，要根据身体适应运动负荷的能力来进行计划和安排。

（3）要有恒心，持久锻炼，日积月累才能使健身益心之效显著，兴趣逐渐产生，身心愉快，从而养成经常锻炼的习惯。

（4）应遵守人体生理机能活动能力变化的规律。每次锻炼时，必须做好准备活动，锻炼结束前，也不能忽视做放松练习。尤其是在晨间和严寒的情况下，更应认真充分地做好准备活动和放松活动，防止运动创伤和产生不舒服的感觉。

五、安全性原则

从事任何形式的体育锻炼都要注意安全，如果体育锻炼安排得不合理，违背了科学规律，就可能引起伤害事故的发生。安全性原则要求锻炼者在体育锻炼的过程中始终注意保护自己，做到安全第一。在保证体育锻炼的安全性要贯彻以下几点。

（1）体育锻炼前做好充分的准备活动，以克服内脏器官的生理惰性，预防运动损伤的发生。

（2）体育锻炼要全身心地投入，锻炼过程中不要开玩笑，这对于青少年尤为重要，有时候稍微不注意就可能造成运动损伤。

（3）在进行跑步、健美操等体育锻炼时，最好不要在沥青马路和水泥地面上进行，以防出现各种劳损症状。

（4）不要盲目地进行锻炼，请体育教育或运动学专家根据自身的健康状况设计合理的运动处方，指导自己有目的、有计划地进行安全、科学的锻炼。

（5）每次锻炼后，要注意做好整理放松活动。这样有利于促进身体的恢复，以便迅速投入学习与生活中去。

上述几项应遵循的体育锻炼原则是相互联系、相互制约的。只有科学全面地遵守这些原则，才能不断增强体质，取得预期的健身效果。

第五节 体育锻炼的科学方法

体育锻炼方法是根据人体发展规律，运用各种身体练习，以提高身体素质和基本活动能力的途径和方式。要想获得好的锻炼效果，必须按照科学的锻炼方法进行练习。

一、重复锻炼法

重复锻炼法是指锻炼者在相对固定（即不改变动作结构和运动负荷）的条件下，按照一定的负荷标准重复进行某一动作练习以达到强身健体的效果。重复的次数和时间是决定健身的关键。过量锻炼会导致身体疲乏，不足则无益于健康。确定和调节重复的次数和时间应考虑自身的年龄、性别、职业、体质、健康状况以及项目特点。重复锻炼时锻炼者要注意克服重复练习的枯燥感，保证重复练习的次数、时间以及质量。每次重复都应达到运动负荷的有效价值范围，身体反应超过上限时，可减少重复或暂停，不足时可适当增加或变换。

二、间歇锻炼法

间歇锻炼法是一种提高锻炼效果的常用锻炼法，具有增强力量、强化意志的作用。它是指重复锻炼之间按照严格规定的间歇时间休整后再进行锻炼的方法。间歇锻炼法间歇时间的长短主要以负荷的有效价值范围为准。通常情况下，负荷超过上限时，间歇时间应长些，以防止负荷继续上升，造成锻炼者体力过量消耗；在下限时，可连续进行，间歇时间应短，密度应大，后次锻炼应在前次锻炼的效果未减退时进行，倘若间歇时间过长，在效果消失后再进行，则失去了锻炼的意义。

同重复锻炼法一样，间歇的时间也要依据负荷的有效价值标准去调节。通常情况下，当负荷反应（心率）指标低于有效价值标准时应缩短间歇时间，而在高于价值标准时则可延长间歇时间。实践证明，通过适当的间歇，把负荷量调节到负荷有效价值范围以追求良好的锻炼效果实践中，一般心率在110次/min左右时，就应再次开始锻炼。间歇时，不要做静止休息，而应边活动边休息，如慢速走步、放松手脚、伸腰或做深而慢的呼吸等。因为轻微活动可以使肌肉对血管起到按摩作用，帮助血液流回和排除所产生的废物。

三、循环锻炼法

循环锻炼法是一种增强力量的混合训练法，是指将具有不同锻炼效果的各种类型的动作编成固定的程序，锻炼者按一定的顺序循环反复地进行锻炼的方法。锻炼者按要求在各个练习点完成规定练习，当一个练习点上的练习完成后，迅速移到下一个练习点，锻炼者完成各个练习点上的练习后就算完成一次循环。运用循环锻炼时，各个练习点锻炼内容的搭配要全面，应选用已经掌握的、简便易行的动作，同时规定好练习的次数、规格和要求，使锻炼者得到全面的锻炼。循环锻炼法可使锻炼者的潜力得到激发，力量得到增强。

循环锻炼法对技术的要求不高，而且各项目都采用比较轻度的负荷练习，因此练起来简单有趣，可有效提高不同层次和水平的练习者的运动情绪和积极性；可以合理地增大锻炼过程的练习密度；可以随时根据具体情况因人制宜地加以调整，做到区别对待；

可以防止局部负担过重，延缓疲劳的产生，交替刺激不同体位，有利于综合锻炼，从而达到全面发展的目的。

四、综合锻炼法

综合锻炼法是指多种练习方法的结合运用，它能更加有针对性地有效调节运动负荷，更好地符合练习内容的要求，从而有效地提高身体素质，取得良好的锻炼效果。在采用综合锻炼法时，应该注意练习手段、练习量和强度、练习间歇及练习程序的安排，从实际情况出发，合理安排。

五、处方锻炼法

处方锻炼法是指根据锻炼者体质测试结果，由运动医学医生制订锻炼身体的方案进行锻炼的一种方法。运用该法锻炼者应该先进行体质测试，并根据测试结果，由运动医学医生来制订锻炼的处方。锻炼者根据锻炼处方的具体安排进行锻炼，并定期进行体质测试，以便根据体质变化情况进行锻炼处方的修改。

第六节 个人体育锻炼计划的制定

一、运动处方

1. 运动处方概述

20 世纪 50 年代，美国生理学家卡波维奇提出了运动处方的概念，1969 年世界卫生组织使用了运动处方术语并在国际上得到确认。原联邦德国 Holl-mann 研究所从 1954 年起对运动处方的理论和实践进行研究，制订出健康人、中老年人、运动员、肥胖病等各类运动处方，社会效果显著。日本在 1975 年制订出各个年龄组的运动处方方案，出版了《日本健身运动处方》，指导大众健身。我国用运动处方辅助治疗冠心病、肥胖病等有不少临床报道，也翻译了一些国外运动处方专著；在医学、体育院校教材中，运动处方已经列入疾病内容，在普及运动处方方面做了大量工作。

大学生应该根据自身的体征和爱好，科学进行体育锻炼以适应不断变化和发展的社会环境，学会制定运动处方的能力，以便进行长期、科学、有效的体育锻炼，制订合适的个人体育锻炼计划，确保体质强健。

运动处方是针对个人身体状况而采用的一种科学的定量化的体育锻炼方法。运动处方的特点因人而异，避免不合理的运动损伤身体，更好地达到健身和防病的目的，以便促进体育锻炼普及性和科学性。

2. 运动处方的内容

（1）运动项目。运动项目主要根据运动者所要达到的目的而设定。一般健身或改善心血管及代谢功能、预防冠心病、肥胖症等，可以练习耐力性（有氧训练）项目，如走、慢跑、自行车、游泳、爬山及原地跑、跳绳、上下楼梯等；改善心情、清除身体疲劳或防止高血压和神经衰弱等，可选择运动负荷较小的放松练习，如太极拳、散步、放松操或保健按摩等；针对某些疾病进行专门性的治疗，必须选择有关疾病的医疗体操，如慢性支气管炎、肺气肿患者就应做专门的呼吸体操，内脏下垂者应做腹肌锻炼，脊柱畸形、扁平足应做矫正体操等；如果想长高，必须多做一些跳跃、伸展性练习，如打篮球、跳绳、跳跃、引体向上等。

（2）运动强度（运动量）。运动强度与运动效果、运动安全有直接影响。运动强度是否合适，是制定、执行运动处方的关键。健身运动处方的运动强度从安全方面考虑应该在安全界限以下，从效果方面考虑应该在有效界限以上，这两个界限之间是既安全又有效的运动强度，也就是适宜的运动强度。

运动强度可以分为三级：较大、较小和小。反映运动强度的生理指标通常采用测定心率，在运动处方中应该规定运动中应达到而不应超过的心率指标，其标准应该根据锻炼者的实际情况而有所不同。运动时常用计脉搏跳动的次数来掌握运动强度（即测 10s 脉搏次数，再乘以 6，为 1 分钟脉搏次数），心率标准则根据年龄特点而有所不同。

（3）每次运动的持续时间。运动时间指每次持续运动的时间，由于运动时间和运动强度的乘积决定运动量，因此，等量的运动量因运动目的的不同有运动强度和时间不同的处方。以健身为目的的运动用强度小而时间长的处方效果好（中老年人），对于青少年来说，以短时间的激烈运动反复多次的处方对增进健康有很好的作用。

运动需要的时间是指给予心脏适宜刺激所需要的充足时间。一次运动需要的时间应根据运动强度、运动频率、运动目的以及身体状况等条件决定。在要求相同的运动量时，轻微的运动强度所需要的运动时间较长，运动强度大时，持续时间则较短。按照健身运动的要求，规定运动时间不能少于 5min，一般控制在 15—60min 为宜，医疗体操可根据具体情况而定。在健身运动中，50% 强度的运动，一次运动的时间为 30—45min；60% 强度的运动，一次运动的时间为 20—30min；70% 强度的运动，一次运动的时间为 15—20min。相对来说，青年人或体质较好者，强度可稍大，持续时间可短些；而中老年人或体质较差者，则适合较小的强度，持续时间可相对长些。

根据研究，每次进行 20—60min 的耐力性运动是比较适宜的。从运动处理来说，5min 是全身耐力运动所需的最短时间，60min 对于坚持正常工作的人是最大限度的时间。

库柏研究认为，心率达到每分钟 150 次以上时，最少持续 5min 即可开始收到效果；如果心率每分钟在 150 次以下，那么需要 5min 以上才会开始有效果。

（4）运动次数。最好每天都安排锻炼，这样可以调剂每天的生活节奏。也可以安排每周 3~4 次练习，即隔日锻炼 1 次。不论采用哪种方式都应该注意的是负荷量较大时，休息间隔要长一些，反之短一些。总之，以上锻炼的疲劳清除后，再进行下一次锻炼为宜。

每周锻炼的次数与运动效果密切相关。1 周进行 1 次运动，给予肌肉和心脏的刺激几乎不能期待运动效果积累；1 周进行 2 次运动，其效果是不充分的；对于以增强肌肉力量为目的的锻炼来说，每周安排 3 次锻炼就可以了（隔日运动）；而全身持久性锻炼（耐力锻炼）的效果与频率的关系则是频率越大，收效越大，对于以增进健康保持体力为目标的体育锻炼，结合学生个人的学习、生活、工作和休息，每周 4~5 次为好。重要的是养成锻炼的习惯。

二、个人体育锻炼计划

一个完整的锻炼计划包括锻炼的目的、内容、方法、时间等。大学生在制订个人锻炼计划时应该注意锻炼内容、时间、次数的合理搭配。

1. 锻炼内容的合理搭配

在选配锻炼内容时，应该注意以下几点。

（1）注意把课外锻炼的内容和体育课的学习内容结合起来。注意复习、巩固和提高体育课所学的内容。

（2）注意把个人兴趣与实际需要结合起来。既要发展提高自己有兴趣的或者擅长的项目，又要努力克服自己的不足。

（3）注意不同身体素质练习与其他活动的有机结合。一般情况下，每次锻炼时应该安排一项活动性游戏或者球类活动，再配以 1~2 项身体素质练习为好。

2. 周锻炼次数和时间的安排

大学生在制订锻炼计划时，一般以一年或一学期为锻炼周期，以此来确定每周早操、课外活动的锻炼次数及每次锻炼的时间。

随着现代科学的发展，人们对体育锻炼的科学基础也有了更为深刻的认识。体育锻炼不仅与生理学有关、与心理学紧密相连，也与营养学不可分割。通过本章的学习，同学们将会了解到体育锻炼的科学基础。

第七节 运动与肌肉

一、人体肌肉的结构

人体的运动是由运动系统实现的。运动系统由 206 块骨头、400 多块肌肉以及关节等构成。组成人体肌肉的基本单位是肌纤维,许多肌纤维排列成肌束,表面有肌束膜包绕,许多肌束聚集在一起构成一块肌肉。在肌肉化学组成中,大约 3/4 是水,1/4 是固体物(包括蛋白质、能量物质、酶等),同时肌肉中有着丰富的毛细血管网及神经纤维,保证肌肉的氧气和养料供应及神经协调指挥。

二、人体肌肉的成分和运动时的收缩形式

一块肌肉由几种组织构成,其中肌肉组织和结缔组织分别构成肌肉的两种成分——收缩成分和弹性成分。肌纤维是肌肉的收缩成分,通过肌纤维的主动收缩放松,实现各种运动。肌肉中的结缔组织是肌肉中的弹性成分,它与肌肉中的收缩成分并联或串联着,称并联(或平行)弹性成分或串联弹性成分。当收缩成分缩短时,弹性成分被拉长而将前者释放的部分能量吸收储存起来,然后,即以弹性反作用力的形式发挥出来,以促使肌肉产生更强大的力量和更快的运动速度。

肌肉在完成各种动作时,就整块肌肉的长度来说,可以发生也可以不发生长度的变化,故将肌肉的收缩分为多种形式。这里仅简单介绍向心肌肉收缩、等长肌肉收缩和超等长肌肉收缩三种形式。

向心肌肉收缩。这是肌肉长度发生短缩的收缩形式,在力量练习中属最普通的一种,譬如练习哑铃、沙袋、杠铃、拉力器等锻炼肌肉均属此类。目前已有多种运动练习器,锻炼增加力量的效果比一般向心练习方法要好。

等长肌肉收缩。当肌肉收缩产生的张力等于外力时,或是肌肉紧张有力维持某一种姿态时,此时肌纤维虽积极收缩,但肌肉的总长度没有改变,称为等长肌肉收缩。肌肉处于等长收缩时,从整块肌肉外观看,肌肉长度不变,但实际上肌肉的收缩成分(肌纤维)是处在收缩中而使弹性成分拉长从而整块肌肉长度保持不变。

超等长肌肉收缩。这是肌肉先进行离心收缩后紧接着进行向心收缩的形式,譬如跳起落地紧接着再向上跳,此时股四头肌先在落地时离心收缩(被拉长),紧接着又立刻猛烈向上跳起。这种练习方法对肌肉锻炼价值颇大,又称离心向心收缩或弹性离心练习。

三、肌肉运动

1. 肌肉运动的概念

肌肉运动指的是肌肉的收缩运动，或在其基础上的特定体位运动。后生动物几乎所有的运动都属于肌肉运动。

2. 肌肉运动的形式

肌肉运动可分为以下三种主要形式：肌肉实体的组织运动、管状肌运动和骨骼肌运动。

（1）肌肉实体的组织运动：如扁形动物的躯体、软体动物的足和哺乳动物的舌等，是由纵横交错的肌纤维所构成的肌肉组织，即肌肉实体组织所引起的运动，可通过屈曲、伸展、扁平化等自由地变更体形。

（2）管状肌运动：为中空排列的肌肉组织即管状肌所进行的运动，如心脏的搏动以及水母、乌贼的游泳运动，是由于快速的收缩和舒张而产生的泵作用。棘皮动物的管足运动也属此种运动。

（3）骨骼肌运动：这是在外骨骼的内面或内骨骼的外面，通过跨越可动关节的肌肉的活动面产生的运动，基于躯干和附肢的杠杆作用而进行的各种局部运动和移动运动。

3. 肌肉收缩

肌肉收缩是肌肉对刺激所产生的收缩反应现象。狭义来说，是指脊椎动物骨骼肌靠传播性活动电位而发生的收缩。单一的活动电位产生单收缩，反复的活动电位产生强直收缩。不通过活动电位的肌肉收缩多数情况是由于非传布性的去极化而产生的，去极化如只限于局部肌肉，且为短暂性的，称为局部收缩。去极化如在肌肉全部而且是持续性的，则称为拘性收缩。在平滑肌等所见到的持续性收缩一般称为痉挛，但很多收缩仍然是伴随着反复活动电位或是持续性去极化。可是在双壳贝的闭壳肌等所看到的持续性收缩并没有电位的变化，这种收缩是出于闸式结构。

第八节　运动与能量

一、运动时能量的代谢

1. 能量代谢的概念

新陈代谢是生命基本的特征之一，其中包括物质代谢和能量代谢两个方面。机体通过物质代谢，从外界摄取营养物质，同时经过体内分解吸收将其中蕴藏的化学能释放出来转化为组织和细胞可以利用的能量，人体利用这些能量来维持生命活动。通常将在物质代谢过程中所伴随的能量的释放、转移、贮存和利用称为能量代谢（energy metabolism）。

2. 能量代谢的系统

（1）磷酸原系统（ATP-CP）。磷酸原系统是由细胞内的 ATP 和 CP 这两种高能磷化物构成。它的特点是供能绝对值不大，持续时间很短。但是它供能快速，因为 ATP 是细胞唯一直接利用的来源，所以其能量输出的功率最高。在体育运动中短跑（40~60 米）、跳投、旋转、冲刺等爆发性的动作，全部依靠 ATP-CP 的贮备供能。

（2）乳酸能系统（也叫无氧糖酵解系统）。乳酸能系统能量的产生是靠肌糖原的无氧酵解，最后产生乳酸，而放出的能量被 ADP（二磷酸腺苷）接受，再合成 ATP。它是在机体处于缺氧的情况下的主要能量来源。乳酸能系统对人体进行能量供应，它的作用与磷酸原系统一样，能在暂时缺氧的情况下，迅速供能。如田径运动中的 400 米、800 米跑主要靠乳酸能系统来供能。

（3）有氧氧化系统。有氧氧化系统是指糖和脂肪在氧的作用下，分解成 CO_2 和水，同时生成大量的能量，使 ADP 再合成 ATP。有氧氧化系统生成丰富的 ATP，但不生成乳酸这类导致疲劳的副产品，它是人进行长时间耐力活动的主要耐力系统，如田径运动中的长跑项目、马拉松等主要靠有氧氧化供能。作为一般的健身跑，如 10~15 分钟或半小时跑步也要靠有氧氧化系统供能。

二、运动时能源物质的消耗与补充

人体运动时利用 ATP，但最终是消耗糖、脂肪、蛋白质（主要是糖和脂肪）。

1. 糖与脂肪供能特点及比例

糖和脂肪是运动中合成 ATP 的主要来源，但不同持续时间和强度的运动，两者供能特点比例并不相同。因为糖能进行无氧酵解和有氧代谢，而脂肪不能无氧酵解，只能进行有氧代谢，这一特点使不同运动中两者供能比例不同。影响供能比例的主要因素有以下两方面。

（1）运动强度和运动持续时间。时间短、强度大的运动主要是消耗糖，因为时间短、强度大的运动（如短跑等）主要是无氧代谢过程；而持续时间长、强度较小的运动（如长跑、步行等）则脂肪的消耗比例逐渐增加。

（2）膳食的类型。从营养学观点来看，经常交换、调配合适而足量的饮食，足以能保证身体进行有效的机体活动，经常食用牛奶、肉、鱼、蔬菜、水果和粮食制品，都能满足从事力量或耐力锻炼的需要。当进行力量项目锻炼时，蛋白质和无机盐类的需要量可以略为增加。运动比赛前如食物中含糖高一些（或称高糖膳食），有助于比赛开始后糖能源的利用，运动能力比食用普通膳食者有所提高。

2. 运动竞赛前的糖充填

在运动竞赛开始前若干天，通过调整膳食结构，使肌糖原含量增加，称糖充填（或肌糖原充填）。这对提高运动能力，取得良好成绩有重要意义。

3. 赛前饮食原则

有些同学在参加各类运动竞赛时不知如何安排饮食，有时则由于饮食不当而使运动成绩受影响。下面介绍赛前饮食的6项原则，供同学们参考。

（1）赛前宜吃易消化吸收的食物，少吃脂肪肉类，以免比赛时腹部有饱胀感而影响成绩。饮食的量约8成饱即可。

（2）赛前饮食中的液体摄入量应适宜，一般和平常摄入量相同就行了。

（3）勿食刺激性食品。

（4）赛前食物的种类最好和平常相同，要为参赛者所熟悉，以符合心理因素的要求。

（5）赛前的用餐应在临赛前2~3小时进行。

（6）适当饮用咖啡和茶，有助于运动时脂肪能源的利用。

体育运动。

体育运动是在人类发展过程中逐步开展起来的有意识地对自己身体素质的培养的各种活动。采取走、跑、跳、投以及舞蹈等多种形式的身体活动，这些活动就是人们通常所说的身体练习过程。

第九节 疲劳与恢复

一、运动后能量物质的恢复

运动时体内代谢过程加强，以不断满足运动时能源的需要；运动中及运动停止后，人体会有疲劳感，能量物质需要不断进行补充与恢复，能量物质的恢复过程大致可分为三个阶段。

第一阶段是运动进行当中，恢复过程就已开始。这时机体进行运动消耗的同时也进行能量物质的恢复补充。但由于锻炼中消耗多，此时的恢复跟不上消耗的量，因此能量物质储备逐渐下降。

第二阶段是运动结束后，此时体内能量物质消耗逐渐减少，而恢复过程却不断加强，锻炼中消耗的能量物质不断得到补充，直至补充到锻炼前的水平。

第三阶段是超级恢复阶段，能量物质恢复到原水平时并未停止，而是继续恢复补充。

在一段时间中，能量物质的恢复可超过原来储备的水平，比运动前能量物质的储备量还要多，称超量恢复。过一段时间后能量物质的储备又回到原来水平。如果经常坚持体育锻炼，体内能量物质不断消耗，而恢复能达到更高程度，体质就不断获得增强。

二、运动后有机体的超量恢复

人体在运动中承受了超量负荷，身体内各种能量物质逐渐消耗，在运动后不仅可以恢复到原有水平，而且还会超过原来的水平，这种现象叫"超量恢复"。超量恢复的程度和运动负荷的大小有关，国内外学者研究证明：在一定范围内运动负荷越大，能量物质消耗越多，超量恢复就愈明显。只有肌肉运动达到一定程度的负荷即承受了"超量负荷"后并经过足够的休息和营养补充后，"超量恢复"才会产生。"超量恢复"出现的早晚，与运动量大小、疲劳程度以及营养供给有关，在身体锻炼中，运用人体超量恢复的规律来指导身体锻炼应注意以下三种情况。

（1）一次身体锻炼时间较短且运动强度不大，不会引起机体较大的反应，超量恢复不显著。

（2）重复进行身体锻炼的间歇时间要掌握好，如果间歇时间过短，且身体又长期处在疲劳状态，对健康是不利的。另外，应正确确定两次练习之间的间歇，一般是采用测心率的方法来控制，例如，练习后的心率达到 140~170 次 / 分钟，间歇时待心率恢复到 100~120 次 / 分钟再进行下一次练习较为合适。

（3）要根据各自的身体条件、年龄和锻炼基础合理地安排运动量和锻炼持续时间，既能引起机体超量恢复，又不要超过机体适应的界限。

三、运动后的营养补充

1. 糖类的补充

肝糖是运动时的主要能量来源之一，存在于肌肉和肝脏中。肌肉中的肝糖只能供给肌肉细胞使用，而肝脏中的肝糖可以葡萄糖的形式释放到血液中，供给肌肉以及身体其他器官使用。

研究显示，在运动后的 2 小时内，身体合成肝糖的效率最高，2 小时后则恢复到平常水准。因此如果在运动后迅速补充糖类，就可以利用这段自然的高效率时段迅速地补充体内消耗的肝糖。如果下次运动是在 10~12 小时，这段高效率期间特别重要，因为如果错过这个时段，即使在后续的时间吃进了足够的糖类，身体可能没有足够的时间完全补充消耗这些肝糖，这就使得体内的肝糖存量一次比一次降低，越来越容易疲劳。若是下一次运动在24~48小时之后，即使错过这段时间，接下来只要着重于摄取高糖类的食物，仍然有足够的时间补充所有消耗掉的肝糖。

建议在运动后15~30分钟进食50~100克的糖类（大约是每千克体重需要补充1克糖类），然后每两小时再吃50~100克糖类。正餐以及其他运动期间饮食也应该以富含糖类的食物为主。

2. 肌肉和组织的恢复

即使是没有身体接触的运动，也会造成肌肉纤维和结缔组织的伤害。身体接触性的运动，例如篮球、足球等会造成更多的肌肉伤害。运动后迅速地补充蛋白质，有助于修复受伤的肌肉和组织，受伤的肌肉合成和储存肝糖的效率也会提高。因此，身体接触性运动或是比赛后受伤的运动员需要补充更多的糖类，也更需要把握运动后2小时后那段高效率的恢复期间有效地补充体内消耗掉的肝糖。

体育锻炼后不要暴饮暴食。

经常从事体育锻炼，可促进胃肠道的蠕动和消化液的分泌，对消化吸收机能可产生良好影响。但是，如果在体育锻炼后不注意饮食卫生，暴饮暴食，则会严重影响锻炼者的身体健康。

人体在体育活动时，支配内脏器官的交感神经高度兴奋，副交感神经的活动受到刺激。这种作用可使心脏活动加强，骨骼肌血流量增加，以保证体育锻炼时肌肉工作的需要，而胃肠道的血管收缩，血流量减少，消化能力下降。这种作用要在运动结束后逐渐恢复，如果在运动后立即进食，由于胃肠的血流减少、蠕动减弱，消化液分泌减少，进入胃内的食物无法及时消化吸收，并且储留在胃中，牵扯胃黏膜造成胃痉挛。长期不良的饮食习惯还可诱发消化道疾病。因此，在运动后应注意合理的饮食卫生。合理的饮食习惯应包括以下几点。

（1）体育锻炼后，不要急于进食，要使心肺功能稳定下来，胃肠道机能逐渐恢复后再用餐。这段时间一般为半小时，如果是下午进行较剧烈的体育锻炼，间隔的时间应相对更长。

（2）与体育锻炼后进食不同，体育锻炼后的补水是可行的，只要口渴，在运动后甚至在运动中即可补水。以往人们担心运动中补水会增加心脏负担，现在看来这种担心是多余的。在天气较热的情况下，大量排汗会引起体内缺水，不及时补水，可能会造成机体脱水、休克等状况。所以，运动中丢失的水必须及时补充。最近的研究发现，中等强度的体育锻炼后，胃的排空能力有所加强，因此，运动后或运动中的补水是可行的。马拉松比赛途中的饮水站，也说明运动中补水是非常必要的。

（3）补水要注意科学性，不可暴饮。体育锻炼后的补水原则是少量多次，可以在运动后每 20~30 分钟补水一次，每次饮水量 250 毫升左右，夏季时水温 10℃左右，其他季节最好补充温水。饮用不同成分的饮料对人体的影响也不同，运动中排汗的同时也伴随着无机盐的流失，因此，运动后最好补充 0.2%~0.3% 的淡盐水，也可选用橙汁、桃汁等原汁稀释饮料，不要饮含糖量过高（大于 6%）的饮料，尽可能不饮用汽水。

第十节 负荷与监控

一、体育课的运动负荷

1. 运动强度

运动强度是指单位时间内完成练习所用的力量大小和机体的紧张程度，影响运动强度的主要因素是练习时的速度和负重量。如初中生 100 米快速跑，跑后即刻心率可达到 180 次/分以上；慢跑 1 分钟，心率一般在 130 次/分左右。显然前者强度大，后者强度小。在体育活动中，较大强度的项目有跑、跳、攀登等，而走、爬、投掷等的运动强度则相对较小。

2. 运动时间

运动时间是指一次体育课练习的总时间或每个练习的间歇时间，在保证一定的合理强度和密度的同时，练习时间持续的长短直接关系着运动负荷的大小。如果一节课，学生长时间处于大强度运动之中，那么他们的运动负荷就偏大。

3. 练习密度

练习密度是指单位时间内重复练习的次数，它在运动负荷中反映时间和数量的关系。练习密度是否合适学生的运动负荷，会产生较大的影响一般与运动负荷成正比。

4. 教师的教学内容、教法和组织措施

教师安排体育教学内容的难易程度是否合适，教学方法是否恰当，组织措施是否得当，讲解示范是否正确、形象、生动、规范等，都会较大程度地影响运动负荷。如教学中分组太少而导致学生长时间的等待，从而使运动负荷过小；如练习的间歇时间太少，又使运动负荷过大。

5. 学生的个别差异

学生的个别差异是指学生的身体机能水平的个别差异。在体育课上，往往相同的练习对不同的学生会产生不同的影响。如快速跑完 60 米，有的学生心率达到 180 次/分以上，有的学生仅 170 次/分。

二、体育课的运动密度监控

一堂体育课的练习密度,是繁多的体育课准备工作之一,也是衡量教学效果的一个重要方面。所以说,如何准确地预计体育课的练习密度,就成了一个需要很好地加以研究和解决的问题。体育课的密度是指课内各项活动合理运用的时间同课的总时间以及各项活动之间的比例关系。例如:一节课 40 分钟,合理运用的时间是 32 分钟,那就是,课的密度为 32/40×100%=80%,课间时间我们可分为教师指导、学生练习、组织措施、观察与帮助等。课间各项活动占多少时间没有固定的比例,但从体育教学过程特点和任务出发,学生的实际练习和教师指导活动应占主要成分,力求用最少时间进行组织教学并减少其他不必要休息等时间。

科学预计一堂课(体育)的练习密度是一项较复杂、较细致的工作,它受多因素的影响。要准确地预计课的练习密度,首先要了解情况。教师在预计课的密度前,深入调查研究,充分掌握学生情况。同时了解上课的班级教学内容和所需的场地、器材。其次,钻研教材,根据教学大纲、教学计划和教学进度,认真钻研教材,是教师预计课的练习密度工作的基本环节。改进教学方法,提高教学技巧,讲课精练,突出重点,示范正确,练习与休息合理交替,善于运用练习法的竞赛因素,加大密度,力求增加学生的练习次数,以便科学地安排课的练习密度。体育课的练习密度是衡量教学质量的一个重要方面,合理地安排体育课的练习密度,是当前提高体育教学质量必须注意的问题。

1. 组织结构要严谨

充分利用一堂课 40 分钟,必须周密考虑整节课中的各个环节来合理安排时间,使学生有较多的时间进行练习。因此,教师除对教材做到深刻的理解之外,必须全面考虑场地与器材的布置、分组的安排、队伍的调动,各个部分的内容选择都要根据基本部分的内容、任务和学生的实际,使之前后很好地衔接,做到从课的开始到结束有次序地顺利进行。

2. 突出精讲多练

精讲要正确,突出重点,层次清楚,语言精练,才能保证有足够时间给学生多练。因此,教师必须熟悉大纲、吃透教材,还必须充分了解学生的接受能力,有的放矢地进行教学,讲解要注意语言形象、直观、生动。

3. 充分运用启发式

启发式教学能激发学生学习、锻炼的积极性,是提高其分析问题和解决问题能力的途径之一,启发用得好,能使学生在最短时间明确动作要领。启发式有语言启发,用语言讲解比喻,使学生了解动作要领;有示范性启发,可用各种教具、挂图、模型、录像等,以及教师本身动作的重点示范。

4. 多采用连续教法

教师边示范,学生边练习;教师边提示,学生边纠正。这种方法既能提高学生注意力,又能训练反应。特别在准备活动进行徒手操练时,因动作一般比较简单易行,更显得实用。教师进行领做,学生跟练。不必进行示范讲解而后再做（个别复杂动作例外）,既能节省时间,又增加课堂的练习密度。

运动负荷。

运动负荷亦称"运动量""运动刺激"。体育课的运动负荷包括生理负荷和心理负荷两个方面。决定生理负荷大小的主要因素是练习的数量和强度。数量指练习的次数、组数、时间、距离、重量等；强度指练习在单位时间内用力的大小和机体紧张程度,一般以练习的密度（单位时间内重复的次数）、动作的速度、投掷的距离、所负的重量、间歇时间的长短为指标。负荷的数量和强度是互相联系和制约的。强度小,数量可多;强度增大,数量宜减少。

第四章 体育与健康思想指导

学校体育与健康教育是全面发展教育的有机成分，对促进学生身心发展，提高综合素质有着重要的作用。学校体育教育在我国学校教育中走过了100多年不平凡的发展历程，见证了我国学校体育教育价值取向的影响，并不断丰富发展着体育教育理论，不断推动着学校教育的进步。因而，在现代学校体育发展过程中，体育教育思想与价值取向问题一直是研究的热点问题，引起了广泛关注和探索。在体育教育实践中，明确体育教育思想取向是搞好体育工作的前提和先导，对指导体育教育实践具有重要意义。

第一节 学校体育课程的价值取向

进入21世纪，我国学校教育开始了新一轮课程改革，《体育与健康课程标准》就是国家教育部门在总结改革经验基础上，制定的学校体育教育新课标，已经在全国学校体育教育中实施几年了。为了总结学校实施新课标经验，探索体育教育发展规律，更好推进学校体育课程改革与发展，全面实施新课标。我们对新课标下的体育教育价值取向进行研究，提高学校体育工作者的认识水平，树立正确的体育教育观，促进学生身心素质的不断提高。

1. 体育课程目标的发展性取向

人的发展是体育教学追求的终极目标与核心，致力于人的发展的教育才是真正的教育。发展，就要提升人的地位，显示人的价值，开发人的潜能，昭示人的个性。过去的体育教学重技术轻能力，重结果轻过程，重掌握轻发展，过分关注课本知识内容的精确输出与认同。要实现全体学生在体育课中全面、主动、生动活泼地发展，就要体现主体教学发展观，致力于体育教学目标上的发展性教育。

体育教学的发展性功能是借助课程内容的学习实现的，我们推崇由课程构成要素决定的融知识、技能、能力和观念态度为一体的完整的发展性教育。这里教材的知识系统不再独尊，而源发于主体本身、更贴近人的本质的、隐蔽在知识背后的能力系统、价值规范备受关注。如在具体教学目标的研制上，既包括经验、事实、原理性的知识点，也包括能力要求、思考方法以及与学习内容相关的道德情感、价值观念、个性品质等教育因素。

未来的社会是学习化的社会，我们必须由以往那种目标的精确制导与结果的追求转向学会认知、学会做事、学会共处、学会生存的可持续发展能力的教育，积极倡导自主、合作、探究的学习方式，注重培养学生的创新精神。实现体育教学目标的导向，要体现学科学习能力与驾驭信息能力的整体合一性，注意将方法的收集、处理及方法使用的能力整合到学科能力之中，将思维的活动过程与信息的处理过程有机地统一起来。

成功的体育教学在于成功地寻找并确立学生心理结构与学科知识结构之间的最佳结合点。要从学生的心理特点出发，构建适应学生心理发展的体育教学内容，促使学生实现"最近发展区"上的最大发展。这就需要将体育教学置于研究基础之上，力戒"照本宣科"的无效的不负责任的体育教学行为。研究教材，研究学生，注意从学生个体的实际情况出发，运用个别指导与合作学习相结合的有效方式，营造宽松和谐、民主平等的有利于个性化学习的体育教学氛围，最大限度地挖掘学生的潜能，发展学生的爱好禀赋与特长。

传统体育教学的最大弊病是它的封闭性，是它与外界的割裂性、滞后性。以学生发展为本的教育要求必须将学生的发展置于社会文化教育的大背景之下，置于新世纪人才标准的需求之中，体育教学目标及为之服务的体育教学内容应体现鲜明的时代感，体现动态的开放性。在体育教学中要尽力选择开放的体育教学内容，提供丰富的与学生生活背景有关的素材，重视展示利用教材内容与广阔信息资源间的开放性联系，并将之贯穿课程内外。

2. 体育课程人文化价值取向

课程文化的建构性教育是针对传统课程观，特别是针对课程实施中的接收式学习、机械训练的问题提出来的。在课程文化观看来，体育课程不再只是人类经验的理性概括，而是学生自我适应基础上的文化再生产，通过对体育课程的对话、理解及意义建构，变体育课程的工具性存在为文化主体的存在。对体育课程的学习不是静态的复制，被动的适应，而是动态的生成，主动的建构。通过体育课程学习的一系列过程，课程内容被主体持续转化，体育教学意义被主体不断提升。在课程主体化的同时，学生自身受到的是体育文化的思想浸润与陶冶。服务于这一主题的体育教学策略是变学习的接受式为建构式。

体育课程作为知识的存在形式，从静态上看是认识的结果，是经验系统；从动态上看是认识的过程，求知的方法；从心理上看，又是一种态度，是不断更新、扩展的建构与生成过程。我们的体育教学应从内容的知识性学习转向动态发展的过程性学习，变学生由"文化传承"的受动者为"文化再生产"的经营者、参与者。也就是说，体育教学的着眼点不再是所谓的课程内容的"精确掌握"，而是体育教学主体间的对话，文化内涵的解读，建构意识与能力的培养，促进知识与能力、过程与方法、情感态度与价值观念为自身的心理结构。

从根本上说，学生个体的在校学习是借助体育课的内容与同伴（包括教师与学生）

互助进行的。这里有效的体育教学策略有两点：一是确保学习主体的参与，使课程变为学生"自己的课程"，唤起学生的自我需求，以自己的方式对教材进行诠释、理解、改造和重组；二是发挥同伴的合作交互作用，通过教师与学生、学生与学生的沟通、对话与应答，共创共生，批判反思，开拓创新。体育教学不是教材内容的移植和照搬，它特别需要执教者的创造性加工。我们主张将教材内容变成有关于学生学习的体育教学内容，变成发展学生文化素养的体育教学内容，赋予教材以"生命"的意义。其一是内容结构化，建立要素明确、联结稳固、概括性高、派生性强、亲和力大的知识结构，有利于学生自主处理信息并形成概念；其二是内容问题化，依据学生心理发展特点确立学习层次，以有限知识来构建问题序列，采用"问题情境加解决方法"的问题解决模式，培养学生分析问题、解决问题的能力；三是内容经验化，尽量发掘和利用贴近社会与学生现实生活的素材，使教材回归生活，注重体验学习。要做到上述几点，教师必须成为研究者，要研究怎样有助于学生对教材的解读、内化，怎样生成问题解决模式或思维模式，怎样有利于学生轻轻松松达标，生动活泼发展。

3. 体育教学活动的体验性取向

体育活动的体验性是针对传统体育教学忽视体育教学过程的亲历性和自主性而言的。强调体验性的理由十分明确，因为体验是知识的转化，经验的升华，是个性化的知识，它是自得自悟的生命活动状态。体育教学中的体验性包括三个方面：一是生存过程的体验，再现体育锻炼的发生过程和思维展开过程，使学生亲历体育锻炼"生产过程"，领悟探索发现与经验积累的乐趣，进行求实态度、探索精神与科学思维方法的教育。二是体育课程文化的体验通过教材内容与实际生活的对接，学生情感与外部世界的对接，原有经验与新鲜经验的对接，创设新的体育教学情境，构筑师生交往对话的平台，在小课堂连着大世界的氛围中吸吮取思想的精华，享受表达与聆听的愉悦。三是创新性活动的体验性教育十分强调学习者的亲身参与和实践，这就决定了其体育教学的最佳方式应当采取参与式、探究式和主体活动式，促进学生自得自悟，在实践中学习，在合作互动中发展。这里的关键问题是以改变体育教学过程结构和组织结构来促进教师行为结构的改变。好的体育教学设计不应该是严谨的体育教学流程，而是对动态的、生成的过程的规划和预测，是对现实的、实态的过程的有效对策。传统"以教论学"的观念必须摒弃，代之而来的是"以学论教"，以学生学习活动为线索，强调学习活动的创造与运演，实现主体参与体育教学事件的最佳整合。实践中，我们感到有利于学生参与的事件包括和谐的民主氛围，相互理解、尊重、信仰的师生关系，充满情趣、发人深省的体育教学情景，高质量的思维方法与方式，扬长避短、发展个性特长的个别教育，富有教育意义的建构式体育教学内容等。这样以经验为本位、以过程为中心的体验性教育是活动体验与体育教学过程的合二为一，体育教学与训练、达标与发展、活动与体验得到了完美的统一。新课程标准特别强调在实践中学，在探索发现中学，在合作交往中学，即进行研究性的学习。所谓研究性的学习是以小课题（问题）的研究为主，它模拟科学研究的情境和过程，强调学习过程的参与和体验。这种由学生独立思考、自主学习、自行完成的学习方式对促进学生健全人格的形成及态度、能力、知识储备方面的发展有着不可替代的作用。当然，在体育教学情境下，学生的研究和发现与教师的积极指导是分不开的。其实，教的实质就在于帮助学生对现实的创造与加工。教师的行为准则有两条：一是调节、监控学生问题的解决，体育教学过程在相互作用的前提下，按合作共享的原则来组织；二是指导学生发现，突出价值导向、真理规范和实践创新三个要素。学生中蕴藏着极大的创造性，当学生的积极性被充分调动起来之后，教师的教育"机智"就显得非常重要，比如质疑问难的解说，思维闪光点的捕捉，问题解决深广度的调控，学生应答的评析归因等，成功的做法是导其所思，引其所做，扬其所长，促其所成。

4.体育教学过程的互动性取向

互动，是主体间的相互联系与能动反映，是活动中的师生相互交流、影响，不断作用的状态。体育教学活动中，教师与学生、教与学是互构互生、良性互动的，是二者间的双向讨论、交流与沟通，这是一个"提问应答"、互为因果的互反馈活动系统。认识与把握体育教学过程的互动性是改造传统体育教学的"龙眼"。体育教学中师生的互动"交往"当然不是形式上热热闹闹的你来我往，而是人类社会生命本性的存在状态，是主体间相互理解与交往的"主体间性"的打造。这种"状态"与"打造"是在无内外压力与制约情况下的真诚敞开、交互共生，在强调充分发挥"主体性"的同时，这一点显得更为重要。

体育实践的本质是交往活动，是教师与学生及师生与教材间的双向理解、问题解决以及应答讨论，形成共识的共创共生活动。从这一理念出发，教师绝不能再独霸课堂，"消化"学生，而应当特别强调课堂体育教学时空共有，内容共创，意义共生，成功共事。对于有效交往的理据，有的学者提出了三个"有效宣称"，即尊重客观事实的特性、与社会规范一致的正当性以及"捧得一颗心来"的真诚性。体育教学中的有效交往，当然也必须服从这一规律，师生间的尊重、理解和关爱比什么都重要。互动的多元性与教育性体育教学中的互动是多元的，是多情境、多内容、多维度、多形式的互动体。例如情境，不只是直观生动的体育教学情景，还有融洽和谐的人文环境，发人深思的问题背景；内容也不只是课本知识的学习，还有生活经验的积淀，生命意义的领悟，道德规范的认同，情感情操的陶冶；互动的角色也不只是师生间，还有学生间、小组间、个体与群体间，师生与教材间的沟通。特别应当强调的是这种人际关系在体育教学情景中的教育性原则：其一是互动基本因素的把握，即个体明确的自我意识，良好的教育环境与氛围；其二是良好互动方式的运作，即以民主、平等的师生关系为基础，以亲密合作的人际关系为提，教师与学生的角色是可变的，教师与学生的作用是互补的。相对于现实的班级集体授课制而言，小组学习、合作学习的方式应是体育教学互动的首选。

第二节　学校体育教育的价值取向

学校体育教育的价值取向是以思想认识为先导，反映了一定的体育思想。体育教育思想蕴涵于教育思想，与社会发展背景密切相关。它是人们在一定社会和时代的体育教育实践活动中直接或间接形成的对体育教育现象、规律以及问题的总体认识，对体育教育实践有着极其重要的影响和作用。目前，我国现代体育教育思想的认识还有较大的差异，没有把握其发展脉络，出现了多元化倾向，导致体育教育实践中各树一帜，不同的观点不同的模式并存。这种状况虽然对学校体育起到一定的积极作用，但是对体育教育的健康发展产生的负面影响是不可低估的。因此，我们采用文献研究方法，沿着我国现代学校体育的发展轨迹，探讨我国现代体育教育思想形成及其价值取向的影响，进一步把握体育教育的发展趋势，这对于树立正确的体育教育观念，明确体育教育的价值取向，理清工作思路，深化学校体育教育改革，适应素质教育发展的需要，有着重要的理论价值和深远的实际意义。

1. 军国民主义体育教育思想的价值取向

我国现代学校体育起源于鸦片战争以后，这是一个丧权辱国、民族危亡、不尚武不足以图存的时代。1903年清政府不得不修改教育制度，拟订了《奏定学堂章程》，规定各级学堂都设"体操科"，从此结束了我国2000多年来学校教育中没有体育的历史。到1922年，《壬戌学制》正式把"体操科"改为"体育科"。这一时期的学校体育教育思想受当时历史环境和条件的影响较深，国家政治危机重重，经济落后，救国救民已是国民共同的心愿，提高国民的军事知识和能力以适应战争的需要是当时教育发展的主旋律，加上当时学校体育教育条件极差，教学设施缺乏，体育教师多由兵弁充任，因而，这时期很容易接受了起源于德国的军国民主义教育思想（从日本传入我国）。日本的军国民主义教育思想发展到极点，对我国当时的学校体育教育影响很大。军国民主义教育思想的基本观点是：要把所有儿童培养成能英勇好战的武夫。因而，学校体育教育内容主要是"兵式体操"、格斗知识和技能以及"普通体操"；教学组织主要是强制性、机械的队列形式。军国民主义体育教育思想使学校体育教育注重形式，纪律严明，教学活动有秩序，对我国体育教学的组织形式起到一定的积极影响，至今学校体育教学中的队形队列练习仍有当时影响的烙印。但是，军国民主义体育教育思想下的教学模式呆板，教学活动单一枯燥，教学组织残酷、强制、机械，不受学生所欢迎，讨厌上体育课，国民反响极差，加上这一时期欧洲的教育思想传入我国，新的教育思潮不断出现，很快被自然主义体育教育思潮所取代。

2. 自然主义体育教育思想的价值取向

自然主义体育教育思想蕴涵于欧洲"文艺复兴"时期的自然主义教育思想。到法国"启蒙运动"时期，以法国教育家卢梭为代表的自然主义教育思想发展到了较高阶段，得到欧洲社会的普遍关注，冲击着欧洲的传统教育。到19世纪末20世纪初，欧美各国又兴起了一场新的教育革新运动，对赫尔巴特的教育理论发起了一次巨大的冲击，兴起了自然实用主义教育，其代表人物是美国教育家杜威。他把自然主义教育发展到实用主义教育阶段，并推向极高的地步，在美国乃至全世界产生了极为广泛的影响。后来随着世界科学技术的发展，实用主义教育弊端逐渐显现。因而，20世纪50年代以后，世界不少教育家逐渐把科学理论引用到教育领域，研究教育培养人的问题，开创了自然主义教育向科学自然主义教育发展的历程。可见，自然主义教育思想的发展，经历了自然主义教育、自然实用主义教育、科学自然主义教育的发展阶段，成为世界有影响的主要教育思想之一，至今仍然发挥着重要作用。

自然主义教育思想的基本观点是：强调教育以"儿童为中心"，让青少年儿童按照自然适应性原则自主地进行学习和锻炼，重视"经验"，在做中学等。这种教育思想与我国古代长期积淀下来的"自然无为"，"顺其发展"的道家思想相近，因而自20世纪20年代传入我国时，很快得到早期一些教育家的认同。例如：陶行知先生主张的"生活教育思潮"，特别重视人的实际生活和实践，强调通过实践在实际生活中获得经验之知的根本性和重要性；黄炎培主张的"实用职业教育思潮"，认为教育的目的最迫切是要解决现实吃饭的职业问题等。这样自然主义教育思想很快地在我国学校教育中形成教育改革的新思潮，对我国学校体育教育的影响也是广泛而深远。至今仍是我国体育教育思想的主体之一。

自然主义体育教育思想早期强调学校体育教育应围绕学生的兴趣和本能冲动安排教学内容，因而形成了满足学生兴趣和启发的教学模式，激发了学生对体育的广泛热情和活力，促进了学校体育的发展，但是由于过度强调学生的自然兴趣，导致一时学校体育教育中出现"放羊式"教学，产生了较大的负面影响。

后来自然实用主义体育教育思想强调体育教育的主要作用在于强身健体，使学生身体的解剖结构产生良性变化，机能得到发展。在实用主义体育教育思想支配下，体育教育中常常表现为以增强体质为主要目标，采取一切措施，加强体育教学组织工作，尽量减少不必要的中间环节和时间浪费，以加大体育课的练习密度和运动负荷，提高体育教育的效果和健身作用为中心。强调体育教育增强体质的作用，既是学生生长发育的要求，也是体育教育长期存在于学校教育中的合理体现。因此，我国在20世纪50年代，逐渐形成"体质教育论"的观点，并不断发展；学校体育教育中围绕"锻炼标准"的实施而组织教学活动，一定程度上促进了学校体育教育的发展。但是，这种"体质"教学模式存在着较大的运动负荷刺激性活动的呆板性和枯燥性使学生上体育课受到压抑，因而不少学者提出体育教育科学化发展的主张，得到学生和体育教育工作者的积极响应。

自 20 世纪 70 年代末 80 年代初，随着改革开放的实行，我国开始了科学自然主义体育教育思想的发展历程，兴起了新的体育教育改革热潮。它强调生命在于科学运动的主张，在学校体育增强体质的过程中要加强科学的指导，并开展了大量的学校体育教学观摩课、示范课、评比课，启动了以体育课密度、练习密度、运动负荷为量化标准的"优质课"教学模式。20 世纪 80 年代中后期以来，有人主张要把竞技体育"排除"在校园体育教学之外，提倡科学健身运动，兴起了体育健身教育的热潮等；这都是科学自然主义体育教育思想的体现。可见，自然主义体育教育思想是我国学校主要的体育教育思想之一，仍将发挥着指导作用。但是任何事物都有积极的一面，也有不足的一面，必然处在矛盾运动的发展之中，受到其他思维观念的冲击，从而得到更高层次的发展。自然主义体育教育思想受到人文主义体育教育思想的影响和冲击，推动学校体育教育向前发展。

3. 人文主义体育教育思想的价值取向

人文主义体育教育思想蕴涵于人文主义教育思想。发端于欧洲"文艺复兴"时期的人文主义教育思想，在"启蒙运动"的推动下得到了空前发展。以瑞士教育家裴斯泰洛齐、德国教育家赫尔巴特、英国教育家欧文等为代表的人文主义教育思想，他们以哲学、伦理学和心理学为基础，研究人的教育问题，强调人的自由解放，自我实现，完善人性，重视人权反对神权等，在欧洲国家盛行。到 20 世纪初，美国的心理学家罗杰斯大力倡导人文主义教育思想。他主张"教育的真谛在于自我实现，促进个性的发展是教育的唯一目的"等。"二战"后，美国心理学家布鲁纳以结构主义理论为基础，积极发展人文主义教育思想，兴起了美国新的教育改革热潮。布鲁纳对人的发展认识达到极高境界，他强调"教育促进个性的发展，自我实现人的人格特征，包括整个人的物质和精神两方面，不仅指在身体与精神、理智与情感、情绪等方面，而且指在有机体协调的内部世界与外部世界的联系方面也达到和谐一致"，得到了美国社会的广泛关注，在西方各国迅速流传，至今方兴未艾。

人文主义教育思想自 20 世纪初传入我国，与我国传统的儒家教育思想主张的"仁学教育"极其相近，很快得到我国进步人士的接受和宣传，后来在"五四新文化运动"的教育思潮推动下，在学校教育中得到广泛传播。以陈独秀，胡适为代表的新文化思想认为："中国教育改革已到了从高层次的民族文化入手的时候了；中国教育现代化之路，与世界教育接轨的任务正在进行，更换民族文化心理，使中华民族的文化心理与西方民族文化心理保持相一致。"这样促进了人文主义教育思想在我国教育领域的传播和发展。学校体育教育中也由此开始受到了人文主义教育思想的影响。

到第二次世界大战后，以美国心理学家布鲁纳为代表的人文主义教育思想，对我国学校体育教育影响最大。20 世纪五六十年代，我国学校体育教育中形成的"运动技能"的教学模式，强调向学生传授体育文化的基本知识、基本技术、基本技能的"三基"教学，就是受人文主义教育思想的影响下形成的。一直到20世纪70年代末80年代初，开始注重学生体育心理、意识的教育，提出"心理负荷"概念。因而，学校体育教学重视以三基教学为主要内容和形式的同时，强调体育课心理负荷的运用。改革开放以后，学校体育的人文主义教育思想有了进一步发展，对学校体育教育的功能认识，由生物性功能向着心理和社会功能衍生和发展，促进了发挥体育教育的多功能作用。因而，在20世纪80年代中期以后，我国学校体育教育中出现了"整体效益观"，后又提出了"全面发展的体育教育观""快乐体育"教育观念等，都是人文主义体育教育思想发展的反映。

人文主义体育教育思想对我国体育教育的指导作用是巨大的，推动了我国体育教育的改革和发展，成为指导我国学校体育教育的重要思想之一。但是，人文主义体育教育思想也存在一定的局限性，在体育教育中由于强调教育目标的多样性，导致体育教学实践操作缺乏方向性，难以处理目标之间的关系和矛盾，也产生了一些负面影响。因此，我国学校体育教学中出现了历史性的争论，如："土洋"体育之争、"体质教学论"与"技能教学论"之争、"真义体育"与"多功能体育"之争等现象。争论之后必然是融合的发展。

4. 科学的可持续发展体育教育思想的展望

可持续发展体育教育思想蕴涵于可持续发展教育思想。近一百年来，世界科学技术飞速发展，社会取得巨大进步，以经济建设为中心的社会革命，正走向"全球一体化"，极大改变了人们的生活，也改变了世界的整体面貌，但同时也对人们的健康和人类的发展也产生了许多的负面作用，环境污染、自然资源巨大破坏，土地沙漠化、自然灾害不断增多，严重威胁着人类的生存和发展。在这种背景下，人们对生态、环境问题的认识不断提高，引起世界的广泛关注。联合国教科文组织多次召开关于人类可持续发展问题的研究会议，得到世界各国的响应，自20世纪60年代开始确立世界可持续发展的战略思想，并逐渐渗透到社会各个领域。到20世纪80年代以后，可持续发展教育思想得以确立，大大推进着各国教育改革的进程。我国在20世纪80年代末90年代初，对人类可持续发展问题高度重视，在教育领域又兴起深化教育改革的热潮，不断反思我们原有的教育思想和模式，中央颁布的《中国教育改革与发展纲要》是形成可持续发展教育思想的标志。这时期学校体育教育在国内外教育改革思潮的影响下，全方位地探索我国学校体育教育改革与发展问题，开始关注体育教育与人的可持续发展问题，如20世纪80年代后期，提出的"终身体育教育观"，就是可持续发展体育教育思想的雏形。

科学的可持续发展体育教育思想的内涵十分丰富，远不只是个体的终生身体问题。其基本含义是：学校体育教育要从现在着手，从长远着眼，把影响学生身心素质和适应社会能力的诸因素有机地统一起来，促进学生生物性、心理性、社会性的全面发展，以适应未来社会发展的需要。这就把科学自然主义强调的生物功能和人文主义强调的心理和社会功能相统一起来，站在战略的高度，从现在做起，从未来发展着眼，指导学校开展体育教育工作，就显得更为科学合理，意义更为广大，体育教育工作方向更为明确，实践更好操作。

科学的可持续发展体育教育思想，使我国现代体育教育思想经过长期多轮的自然主义和人文主义之争，终于可以融合，克服极端倾向，走向完整的可持续发展体育教育思想，这与我国倡导的"素质教育"改革相适应，也与世界可持续发展战略相一致。因此，可持续发展体育教育思想必将成为世界体育教育改革与发展的主导思想，推动着学校体育教育的改革和进步。

第三节　学校体育主导思想的价值

学校体育教学的价值取向是对体育教学现象、本质、问题等总体认识基础上的选择，与体育教学思想有着密切联系，反映着体育教学思想对体育教学实践的影响。体育教学思想来源于实践认识，又高于体育教学实践，对指导体育教学工作具有重要的方向性、思路性、规范性、实践性意义。我国学校体育经过100多年的发展，但发展较快的阶段是改革开放以后时期，这时期出现了很多新的体育教育思想、教学模式，推动着学校体育教育的改革和发展。但，思想的多样性，也容易导致问题的复杂性、实践的混乱性。因此，分析我国现代学校体育教学主导思想的价值取向，对于提高教学认识水平，促进体育教学健康发展，提高效益，具有重要的理论价值和实际意义。

1. 全面发展教学思想的价值取向

全面发展教学思想来自全面发展教育思想。全面发展概念是由近代国外教育家洛克提出的。他认为"教育要德、智、体三育并重"，同时也提出"体育"的概念，后来逐渐传播和广泛运用这一概念。但对"全面发展"概念的认识，有一个不断发展过程。其中有着较好认识的是马克思，马克思在著作中提出：关于人的全面发展学说，多次指出人的全面发展要脑力与体力的结合，才能与志趣的结合，德智体的充分发展等。这为社会主义国家教育指明了方向。我国是接受马克思主义理论指导较好的国家，因此，全面发展学说很快被我国教育界所推崇，成为我国的教育指导思想，在我国教育方针中得以体现。全面发展教育思想落实到学校体育中就自然形成全面发展的体育教学思想。这种思想，从我国教育方针确立后开始，就在学校体育教学中萌发了，经过几十年的发展，到20世纪80年代中后期形成了较为成熟的理论体系，一直主导着学校体育教学工作。全面发展体育教学思想的含义是：指在体育教学中，以促进学生德智体美劳全面和谐发展为指针，以完成体育教学各项目标为主导的教学思想。该思想旨在从增强学生体质出发，把运动技术、技能教学与身体发展结合起来，思想教育、知识教育、社会教育贯穿始终，全面完成体育教学的教养、教育、和发展的目标。它主张用系统论的观点来看待体育教学过程，用三维体育观来理解学校体育的功能系统，认为只有从多方面挖掘体育的功能，不断拓展学校体育的渠道，才能真正发挥体育教学在整个教育中的作用，才能突出体育教学的地位。显然，全面发展体育教学思想任务过多，要求过多，难以面面俱到，实践中使体育教师感到无所适从。因此，全面发展体育教学思想有积极的意义，是理想的教学状态，仍要发挥指导体育教学的作用，但也要不断完善，使之更好地指导体育教学工作。

2. 体质教学体育思想的价值取向

体质教学思想萌发于20世纪50年代，国家领导人重视提高人民体质的思想。当时我国处在解放初期，各项事业百废待兴，根治战争创伤，改善国家经济状况，提高人民体质，多快好省地建设社会主义是时代的迫切要求，因而，1952年毛主席发出"发展体育运动，增强人民体质"的号召，对我国体育运动的发展有着巨大的推动作用。当时在学校中，学生体质健康水平不好的情况很严重。国家为了加快改善学生体质状况，引入苏联的"劳保制度"，大力开展学生体育锻炼活动，倡导增强学生体质的教育。这一思想出现以后，一直指导着学校体育教育工作。发展到20世纪70年代末，国家对竞技体育发展非常重视，反映在学校体育中，就出现了竞技运动的热潮，强调竞技体育功能，忽视学生体质锻炼，为了克服扭转这种不良状况的发展，学校体育工作者不断反省体质教育推行不足，开展广泛的体质教育研究。因而，学校体育教育再次兴起体质教育与研究热潮，逐渐成为我国学校体育教育的主导思想之一。体质教育思想是指在学校体育教学中，应从发展学生身体，增强学生体质着眼，以提高学生体质健康水平作为体育教学的首要任务，一切学校体育教育工作都要为增强学生体质来开展。体质教育思想注重学生身体锻炼的直接效果，以运动负荷的合理安排为主要特征，以运动处方为主要形式的锻炼过程。显然，体质教育思想扩展了自然主义体育的认识，走上了发展人体、完善人体的科学化锻炼历程，具有重要指导价值，标志着我国学校体育教育思想建设进入一个相对成熟的自主发展时期。这种体育教育思想反映了体育运动的本质特征，也容易被人理解接受，具有较好的理论基础和实践意义，广泛被学校体育教育运用。但是，体质教育思想只重视体育教学的生物效益，而对心理和社会效益重视不够，并且在学校体育教学质量与效果评价中也存在着不好把握体质的外显指标和标准，因而被一些学者批评，需要不断完善理论体系，提高认识和实践的过程。

3. 技能教学体育思想的价值取向

技能教学思想来自普通教育学理论。我国现代教育理论受到美国、日本、苏联等许多教育理论的影响，其中，影响最大的是原苏联教育家凯洛夫的教育学理论，为我国教育理论建设起到重要指导作用。在普通教育理论中，确定教学工作的首要任务是：向学生传授系统的科学文化知识和技能（常称"双基教学"）。这说明教学就是教和学的过程，就要教会、学懂知识、技能，也就明确了所有学科的教学工作都要以传授知识、技能为主要任务。体育教学工作与其他学科教学工作具有共同点，也将向学生传授系统的体育知识和技能作为首要任务，而体育教学不同于理论学科教学之处主要是运动技术教学。因而，技能教学思想（也有的称技术教学思想）在20世纪50年代就得以萌发，经过60—80年代的发展，成为我国学校体育教学中相对成熟的主导思想之一。技能教学思想是指体育教学中以掌握运动技术、技能为主导的学校体育教学思想。该思想理论是以学生身心发展特点为基础，以巴普洛夫神经反射学说为学习理论依据，以体育课内外结合为教育实践条件，强调体育教学中以学生身心特点来安排运动技术知识、技能的学习；以运动技能形成规律来安排动作技术教学过程；以课内教学，课外锻炼互为补充来完成学校体育教育目标。显然，技能教学思想具有较好的理论依据，也符合教学工作要求，容易理解并为人所接受，教学实践中较为形象具体，便于教学操作，因而，在我国学校体育教学中占有重要地位。但是，技能教学思想也容易导致教学中出现重技术学习、轻体质锻炼的倾向，同时对体育教学条件要求较高，而受到一些学者的批评。

4. 终身体育教学思想的价值取向

终身体育思想来自终身教育思想。终身教育思想是1965年联合国教科文组织终身教育局局长郎格郎在《终身教育导论》中提出的。他认为，教育应贯穿于人的生命过程的始终，学校教育只是一部分，约占20%左右，而80%的教育都是在学校以外来得到的。1972年联合国教科文组织发表了《学会生存——教育世界的今天和明天》，对终身教育理论和原则进行系统论述。在20世纪中后期，终身教育思想成为与世界经济、科技、文化、社会迅速发展相适应的现代教育思想。该思想于20世纪80年代传入中国，与中国经济改革要求相适应，很快在国内就出现成人教育、继续教育、终身教育的热潮，于80年代后期渗透到体育教育中，就出现了终身体育思想，有许多学者和体育教育工作者积极开展终身体育研究、实践、宣传；到90年代中期，逐渐发展成我国现代体育教育主导思想之一。终身体育思想是指以培养学生终身参与体育活动能力和习惯为主导的思想，学校体育要为学生终身从事体育运动锻炼奠定基础。这种思想认为，学校体育是终身体育的最重要的、具有决定意义的中间环节，主张在学校阶段培养学生终身参与体育锻炼的观念和习惯，并使学生掌握终身体育的基本理论和方法。显然，终身体育思想具有长远观念并与现实结合，对学校体育教育的目标、内容、方法、评价、组织等都产生了很大影响，成为我国学校体育课程标准的重要依据。但是，终身体育思想过于宏观、长远，在实践中难以落在实处，在操作中难以区别是终身体育还是其他思想的体育。因而，有些学者批评终身体育不够明确具体，实践中不好操作，需要不断研究实践，完善其理论体系。

5. 快乐体育教学思想的价值取向

快乐体育思想是由日本传入的体育教育思想。长期以来学校教育中受应试教育的影响，体育课教学不受重视，枯燥无味，导致学生不太喜欢上体育课的现象严重。在这样的背景下，日本的快乐体育思想于20世纪80年代中后期传入中国，很快得到国内学校体育工作者的接受，并逐渐发展成学校体育教育主导思想之一。快乐体育思想是指在体育教学中要从学生的兴趣和需要出发，从学生体育情感入手，把运动知识、技术作为教育目标，通过生活把内容教给他们，让学生理解、享受、掌握并创造运动，促进学生身心发展，养成长久参与体育活动的习惯。快乐体育思想强调：体育教学要根据学生的水平和需要，自主选择学习体育知识、技术，充分理解体育运动的本质，体验体育运动的乐趣，体验成功的感觉（后来发展为"成功体育思想"），从而热爱体育，养成习惯。它不仅把运动和感情作为实现教学目标的手段，而且把运动中的内在乐趣和丰富情感作为目的。显然，快乐体育思想对传统体育教学改革有着重要的推动作用，对原来的体育教学目标、内容、方法、组织形式等都有较大的影响，也受学生们的喜欢。但是，快乐体育理论还不太成熟，容易使人产生误解，导致快乐体育简单化，为快乐而快乐，在实践中出现了取乐学生的教学形式。这说明快乐体育思想还要不断完善理论体系，提升实践水平。

6. 健康体育教学思想的价值取向

健康体育思想来源于我国"健康第一"教育思想。早在20世纪50年代，我们党和政府针对当时学生健康状况不良的现象，就提出学校教育要使学生"身体好、学习好、思想好"的三好学生概念，来加快改善学生体质健康不良状况。当时毛主席也强调学校教育要"健康第一"。这就是健康第一思想的萌发时期，但由于多种原因，这一思想在学校教育中逐渐被淡忘了。到了20世纪90年代中后期，随着我国教育改革的深入发展，社会感悟到应试教育的弊病越来越严重，呼唤着素质教育的发展，于是在1999年全国第三次教育工作会议通过的《深化学校教育改革，全面推进素质教育》的决定中再次提出：学校教育要树立"健康第一"的指导思想，切实加强学校体育、卫生工作。学校体育为了落实这一思想，许多学者和体育教育部门大力推出健康体育思想，并以学校《体育课程标准》的文件形式强化落实。这一思想的提出具有较好的健康理论基础，也借鉴了国外的体育认识，反映了世界都关注人健康问题的大背景。由于人们对健康的认识已经突破了原有的生物观念，已经从生物、心理、社会等多角度来认识健康，大大提高了健康理论水平，形成了多维的健康观念，再加上在学校体育教学中出现了指导理论的多元化、模式的多样化、新问题的复杂化，在一定程度上导致实践混乱现象的出现，急需新的理论思想来指导体育教学工作。因此，健康体育思想就逐渐在学校体育教学中得以接受和传播，成为学校体育教育的主流思想。健康体育思想是指在体育教学中要以提高学生的身心健康水平为目标，根据学生的健康特点来选择教学内容、方法、手段，促进学生身体、心理、社会适应等多方面发展。它强调体育教学的三维观，学生的可持续发展，教学内容的多样化，竞技项目多元化，教学方法的娱乐化，教学形式的自主化，教学效果的健康化。显然，健康体育思想符合时代的发展要求，具有观念的多维性，对指导体育教学改革与发展具有重要指导意义。但是，这一思想的理论体系还不完善，需要在实践中不断发展。

以上几种体育教学思想，是我国学校体育教学的主流思想，对指导学校体育教育改革与发展具有重要的理论意义和实践价值。但是，它们各有优点和不完善之处，都需要加强研究和实践，总结经验，完善其理论体系，使之发挥更好的指导作用，推进我国学校体育教育的新发展。

第四节　学校体育观念碰撞的价值

学校体育教育观念来自对体育教育现象、问题、规律等的认识。认识不同，必然导致观念的不同；观念不同，就会导致态度、行为过程、效果的不同。可见，树立科学的体育教育观念，对提高体育教育效果有着重要的理论价值和现实意义。然而，在我国学校体育教育发展过程中，始终存在着体育教育观念的差异之争，明显出现多次教育观念的碰撞。我们分析这些体育观念的冲突之争，是为了提高明辨理论是非的能力，融合各家观念之长，更好地把握体育教育发展的走向，推进学校体育教育的健康发展。

1. 土洋体育之争的价值取向

近代，西方帝国主义列强对中国不断侵略扩张，清政府腐化堕落，国家内外交困，面临灭亡，处在这样的危难时期，不尚武不足以图存，主张尚武以救国，成为当时社会的迫切要求。许多有识之士极力主张发展以武术运动为主体的中华传统体育，极力反对西洋体育，以救国救民。而这一时期，西方国家乘整个西方文化的强大之威，在中国开办学校，广泛介绍西洋体育，导致西洋体育在中国广泛传播。因而，土洋体育之争就发生在 20 世纪二三十年代。这时期我国现代学校体育刚刚进步不久阶段，非常缺少理论指导。土体育是指中国的传统体育，如武术运动、健身功、保健体育等。它具有中国强身健体的思想，丰富的中华文化内涵，尤其是武术功夫的博大精深，长期影响着中国人民，被称为国粹体育。洋体育是指西方现代体育，如田径运动、球类运动、体操运动等。西洋体育具有其科学性、合理性及先进性，逐步被中国人所认识和接受。就这样，土洋体育之争在当时学校体育中展开了。主张土体育的人士，强调了传统体育的文化价值和武术运动的强身健体，保家卫国的功效，抵触西方文化的张扬性、侵略性，反对西洋体育。主张西洋体育的人士坚持洋为中用的思想，强调西洋体育的科学性、合理性、健身性、趣味性，有利于学生的发展需要，丰富学校体育内容。

土洋体育争论不休，持续了一段时间，也没有形成一个结论，最后不了了之。但事实上，西洋体育逐渐成为学校体育的主要内容，与中国传统体育融合于一体，形成我国现代学校体育内容体系，说明了现代西方体育的科学性和合理性的一面。

2. 苏联体育的本土化取向

中华人民共和国成立后,苏联对中国的影响很大,全面向苏联学习是当时的社会政治背景。在当时的学校体育中,我国没有太多的办学经验,聘请苏联体育专家来华讲学,培养研究生,翻译苏联体育教育论著等,引入苏联体育教育思想与理论,也是学校体育发展的需要。这样就迅速传播苏联社会主义体育教育,并成为我国学校体育教育的主导思想。苏联体育思想的主要特征是:强调学校体育的阶级性和工具性,明确学校体育要服从于社会、阶级的利益,要为社会主义建设服务,并以此作为确定学校体育的目的、内容和组织形式等依据;强调学校管理体育的一致性,建立国家相应的管理机构,以保证统一学校体育的工作方针和内容;强调学校体育过程各环节各统一性、衔接性、以保证每一个学生都受过统一的体育教育;有统一的教学目标、教学大纲、"劳卫制"和运动等级制等;重视体育教学过程中运动技术、技能、技巧的学习;强调教学中以教师、课堂、教材为中心,重视体育知识技能的掌握和发展学生身体素质;强调将思想品德教育贯穿体育教学过程的始终等。苏联体育教育思想对我国学校体育教学产生了广泛的影响。但在学习苏联体育教育思想过程中,许多学者和体育工作者越来越感到苏联体育思想与我国学校体育教育实际存在着较大差距,不适应的状况越来越明显;因而,学校体育工作者积极探索符合我国学校实际的体育之路,将苏联体育理论思想本土化,这符合将马克思主义基本原理与中国实际相结合的指导思想。经过十几年的努力,基本实现了"苏联模式"的本土化改造,为我国现代学校体育教育体系的发展奠定了基础。

3. 体质论与技能论之争价值取向

体质论和技能论随着我国现代学校体育教育的发展,而逐渐形成的体育教学思想,也是学校体育教学中的一对基本矛盾,从 20 世纪 50 年代萌发,到 70 年代末 80 年代初中期逐渐发展成熟,形成了相对稳定的体育思想理论体系,并始终在学校体育教学中争论不休,争论较激烈时期是在 70 年代末 80 年代中期,争论的焦点是学校体育教学以什么为主导思想。体质论者认为:学校体育教学要以全面锻炼学生身体、增强学生体质、提高健康水平为主导思想,学校的所有体育教学工作都要围绕着提高学生体质来安排。体质论者强调体育的本质功能就是增强体质的健身功能,这是体育教学与其他教学的显著区别;强调体育教学中要根据学生的身体机能特点来安排身体练习,注重运动负荷的刺激作用;强调适宜运动负荷的健身价值,重视体育课上的练习密度、心率指标的作用,以运动负荷的测试数据来指导和评价体育教学工作等。技能论者认为:学校体育教学要以传授体育基本知识、基本技术和基本技能为首要任务。技能论者强调体育教学不同于课外锻炼,教学就是要使学生学习体育知识技能,这是教学本质功能的体现,增强体质是通过课外锻炼活动来完成的,强调体育教学中按教学规律和原则来进行,注重体育教学的方法步骤,按知识技能的形成规律来设计教学过程,以学生掌握体育知识、技术、技能状态来评价体育教学工作等。显然,体质论者与技能论者,各持自己的观点,都有科学合理的依据，也有各自相对成熟的理论体系，谁也说服不了谁，反映出了体育教学的基本矛盾，争论也就没有胜负结果，只好融合。一种观点认为：体育教学要从增强学生体质，提高健康水平着眼，要从传授体育知识技术技能入手，将体育思想道德教育贯穿于教学过程始终，并以此统一两者的思想，要求在体育教学中贯彻落实。另一种观点认为：体质论与技能论互补，各有优点，用互补原理来解决这个教学矛盾，取长补短，达到体育教学的科学化、合理化要求等。

4. 真义体育与竞技体育之争价值取向

真义体育与竞技体育之争是来自20世纪80年代初期，对体育概念讨论认识的不同观念与看法。当时我国体育理论界对"体育"的认识，概念的内涵和外延等开展热烈的讨论，出现了不同观点。有的认为"体育"是来自学校教育，它的概念就应该限定在体育教育范围内，是指增强学生体质，提高健康水平的教育（称之为"真义体育"）。也有的认为：现代"体育"已经远远超出了学校体育的范围，包含学校体育、群众体育、竞技体育等内容，因此，建议提出广义体育和狭义体育之说。广义体育是指整个体育运动的范围，下面分学校体育、社会体育、竞技体育，狭义体育就是指学校体育教育。后一种观点得到大多数人的认同，成为教科书上的主流观念。

但真义体育与竞技体育之争始终存在于学校体育理论界，到20世纪90年代达到争论高峰。真义体育论者认为：体育概念来自学校教育，它的本质就是以增强学生体质，提高健康水平为目的的身体教育活动；竞技体育来自娱乐活动，不同于体育教育，它是以牺牲个人健康为代价，来提高运动技术水平，创造优异成绩为目的社会活动，学校中要禁止竞技体育开展。竞技体育论者认为：竞技体育是现代体育运动的精华，具有丰富的体育文化、技艺价值，对年轻人具有强大的吸引力、感召力、教育鼓舞作用，是年轻人喜闻乐见的运动形式，实践证明竞技运动项目是学校体育的主要内容。竞技体育也是在全面提高人体健康水平的基础上，来创造优异运动成绩，因而，坚持学校体育是竞技体育的基础，应积极发展学校竞技运动与竞赛，丰富学生课余生活。显然，真义体育和竞技体育都有自己的理论观点，有其科学合理的一面，但也存在着各自的缺陷。我们设想在学校体育中只有健身体育，而没有竞技运动，那是多么枯燥乏味的校园；如果只有竞技体育而没有健身运动，那也会影响学生的体质与健康教育。因此，在现代学校体育教育中，要融合健身体育与竞技体育，发挥各自的优点和特长，提高健身运动的价值，改造竞技运动的形式，丰富校园体育文化氛围，促进学生身心健康发展，提高社会适应性，实现学校体育教育目标。

第五节 学校体育与终身体育价值

终身体育是指个体在人生的各个时期都要接受体育教育，坚持从事体育锻炼，维护身心健康发展。这要求人们在人生的各个时期都能够将体育锻炼作为日常生活的组成部分，充分享受体育的乐趣，为终身健康打好基础。自20世纪80年代以来，国内外体育专家学者纷纷对终身体育进行研究，大力提倡终身体育教育。以终身体育为指导思想，要以增进学生身心健康为出发点和归宿，在体育教学中要重视培养学生的体育能力。学生接受体育教育是他们人生接受学校教育的重要方面。在这一阶段，强化终身体育意识，树立终身体育观点，掌握终身体育锻炼的技能，为适应社会化过程就显得尤为迫切和重要。这不仅是培养和塑造未来建设人才的需要，更是新世纪社会生活高度文明和公民身体健康的需要。

1. 学校体育与终身体育

如果我们把人生中的身体锻炼活动分成若干个环节的话，那么学校体育在终身体育整体中，刚好处在连接学前体育和社会体育的中间环节，因此学校体育对学生实施终身体育起着重要作用。而学生时代是人生的重要阶段，学生的智力、身体、思想发育都很关键，在学生时期灌输终身体育思想对学生今后形成终身体育的生活方式具有很大的影响。在这个关键阶段，如果实施科学的学校体育教学方法，就能促进他们身体朝着良好的方向发展，为一生的健康生活和工作打下良好的体质基础。

此外，学校体育还为培养学生终身体育锻炼的能力提供了实践环境与条件，并让他们认识到学校体育不仅是人生学习体育知识技能与实践体验的过程，而且是人生终身体育锻炼兴趣和习惯的培养阶段，使学生对体育的认识层次不断提高，最终形成终身体育观念和习惯，这样学生才能适应社会工作变化的需要，才会维护好自身的健康水平。

现代学校体育的观念将十分注重把增强学生体质、增进学生身心健康的阶段效益与培养终身体育兴趣、习惯和能力的长远效益结合起来，将更好地发挥学校体育对提高学生身体健康水平、心理健康水平、社会适应能力的作用，促进学生的个性发展。学生一旦养成坚持体育学习和锻炼的意识、习惯和能力，走出校门后会自觉地参与到全民健身的队伍中去，会成为全民健身的主力军，有效地促进国民健身朝全民化、终身化方向发展。也只有这样，全民健身才能更有生命力，真正成为改善人们生活方式、提高人们健康水平和生活质量的重要途径和手段。

学校体育为了适应现代社会发展对人才培养的需求，必须以终身体育思想为主导思想，立足于将学校体育的近期效应和长远效应相结合，注重培养学生的体育兴趣、意识、习惯和能力。这是推动学校体育与终身体育接轨，培养身心健康、有良好体育习惯和能力的高素质人才的发展方向，对学校体育改革、发展以及推进全民健身具有十分积极深远意义。

2.终身体育与其他体育思想的统一性

当前我国学校体育指导思想出现了多样化发展趋势，如"健康第一""素质教育""体质教育""技能教育""快乐体育""终身体育""成功体育""主动体育"等思想。其实它们是辩证统一的。我们将终身体育思想作为学校体育的指导思想，就是基于各种指导思想的统一性认识。

第一，健康第一与终身体育的关系。终身体育必须把学生身心健康作为根本目的。这是因为体育将成为提高生活质量的要素，走进人们的生活，学校体育要把握好健康与体育的本质联系，通过学校体育培养学生终身健康与终身体育的意识、习惯和能力。所以，终身体育与健康第一是相通的。同时，健康第一与终身体育也有不同之处，健康第一是针对整个学校教育中应试教育的弊病提出的，学校教育首先应强调学生的健康，而不是分数，要求学生身心健康比考试、升学或就业更重要。而终身体育则更多关注人的一生健康，注重提高人们的生活质量，提倡科学文明的生活方式，进而提升人们的生命质量。它着眼长远效应，强调为学生终身体育打基础。所以，健康第一与终身体育是辩证统一关系。

第二，素质教育与终身体育的关系。素质教育体现的是终身教育的思想，其着眼点是重视培养学生的创新精神和实践能力，为学生全面发展和终身发展奠定基础。为适应终身教育思想的要求，素质教育应尽可能好地在学校教育阶段完成人们可持续学习与发展的基础和能力培养。只有这样，终身教育的全过程才能顺利实现。终身体育思想是把人一生的身心健康问题看成一个系统，把学校体育看成人一生身心发展的子系统。终身体育把学校体育的视角从关注学生的当前扩展到关注学生的未来，甚至终生。这种思想对学校体育的整体改革有重大的推动作用。素质教育的基本特点就是强调教育的基础性、全体性、全面性，要求传授知识与学生能力培养、个性发展紧密结合起来。这与终身体育所重视的培养学生体育兴趣、意识、习惯和能力同出一辙。然而，素质教育是就整个教育中存在的应试教育现象而提出的，从体育的本质特点看，素质教育也要求终身体育，所以素质教育与终身体育是辩证统一的。

第三，体质教育与终身体育的关系。体质教育是中华人民共和国成立后相当长一段时间学校体育领域遵循的指导思想。体质教育以增强学生体质为学校体育的主要任务，它反映了学校体育的本质特点，也符合我国学校体育的实际情况。普遍增强学生体质，对我国学校体育理论与实践发展起过重要的历史作用。随着现代健康观、素质教育观、全面人才观的提出和发展，体质教育观念受到一定冲击，过去那种侧重身体角度的体育观，逐渐被生物、心理、社会的多维体育观所代替。但是体质教育观仍然具有重要价值，符合健身运动发展需要。从终身体育的角度出发，即便体质与健康不同，单从身体健康的角度看，体质教育仍然是体育重要的功能，是终身体育所需要的。

第四，技能教育与终身体育的关系。技能教育的指导思想，是指以掌握运动项目的技术、技能为指导的思想。技能教育容易导致以技术教学为中心，以"达标""通级"为目的，导致教学过程竞技化倾向。以技能教育为指导思想，会忽视兴趣培养、习惯养成的隐性目标和体育能力、价值观培养的长远目标，最终也会使学校体育的阶段目标受到影响。但是，技能教育仍然是学校体育教学的重要方面，从终身体育的形成和发展来看，在一定程度上体现了人们关注健康和提高生活质量的需要，要进行终身体育锻炼，就离不开对体育基础知识、基本技术和技能的学习、掌握和应用。因此，学校体育如果离开了体育知识与技能教学，学生进入社会后不知道用什么样的方式进行体育锻炼，从而不去锻炼，这样终身体育就失去了支撑。因此，在提倡以终身体育为指导思想时，也应该将技能教育有机结合起来。

第五，快乐体育与终身体育的关系。快乐体育的指导思想，是指在体育运动中使学生获得内在乐趣，从而促使学生自觉地、主动地参与体育的一种思想。快乐体育侧重从体育过程、体育方法上让学生体验体育的乐趣，强调一种情感体验，突出运动项目的魅力，教学生爱学体育。学生体验成功的乐趣，既是学校体育的目标，又是激励学生的手段。快乐体育与终身体育密切联系，快乐体育强调要使学生理解运动的意义和价值，培养学生运动实践的兴趣、爱好和能力，而不是只追求某一特定的运动技能和运动熟练程度，强调把保持健康贯穿于终身实践。从快乐体育的本质特点看，快乐体育是以终身体育思想为依据的，特别重视学生体育兴趣、习惯和能力的培养，所以快乐体育与终身体育是统一的。

总之，我国学校体育的指导思想是多元化的。没有任何一种指导思想可以取代另外一种指导思想，相互之间主要还是兼容、并存关系。在众多指导思想中，我们应该从系统的、科学的认识出发，树立一种指导思想，使学校体育的发展既有"主线"，又使学校体育各个方面都有指导思想的指引，优势互补，形成科学效应。通过对以上关系的分析，我们了解到，将终身体育思想确定为学校体育的指导思想，是学校体育领域具有深远意义的改革与发展取向。

3.学校实施终身体育的基本要求

体育教学是学校体育的基本组织形式，也是实现学校体育目的任务的主要途径。学校体育教学要以终身体育作为指导思想，应当注意以下几个方面的要求：其一，通过体育教学要使学生对体育有比较正确的认识和积极的态度，懂得锻炼身体的目的和意义，树立终身体育锻炼的习惯和观念。其二，要使学生对自己身体情况和体育能力做出符合实际的了解与评价。其三，具有健身方法学的知识，能够运用多种基本运动技能和健身方法进行经常性的健身锻炼。其四，要具有独立进行健身锻炼的能力。

学校体育教学要以终身体育为指导思想，要求学校体育应当努力培养学生身心自我完善的能力，提高学生对自我身体锻炼重要性的认识，使他们具有终身锻炼身体的欲望，不仅在学校学习时期，而且进入社会以后，在任何时候和任何情况下，都能自觉地、独立自主地进行身体锻炼，以保持体育教学效益的连续性。为此，学校体育教学要以增强学生体质、提高身心健康水平为出发点和归宿，将传授体育知识、技术和技能与科学锻炼身体的原则、方法有机结合起来，培养学生终身体育的观念、兴趣、爱好和能力，养成经常从事体育锻炼的习惯，从而培养学生德、智、体、美协调发展，身心和谐统一，以适应现代社会和未来发展需要。

第五章　身心健康评估

第一节　体质健康评估概述

一、体质的基本概念

1. 体质的定义

体质是人体的质量，它是在遗传性和获得性基础上表现出来的人体形态结构、生理功能和心理因素的综合的、相对稳定的特征。体育学科中的体质概念既受到传统中医理论影响，又在与西方的概念对接中形成了自己的理解。

2. 体质与健康的关系

体质是健康的物质基础，健康是体质的外在表现。二者是紧密联系、不可分割的。体质与健康是一种"特质（质量）"与"状态"之间的关系。任何物质都有质量，人体的质量就是体质。同样是健康的人，体质可能千差万别。作为"特质"的体质是相对稳定的，不易改变的；作为"状态"的健康是相对不稳定的，易改变的。

根据平衡健康观对健康的定义：健康是一种动态平衡。那么，维持这种动态平衡的能力就是"体质"。因此，从体质与健康的关系角度可以认为，体质是人体维持良好健康状态的能力。"质量"与"能力"实际上并不矛盾，只是采用的定义方法不同。"质量"所采用的是一种本质定义方法，即体质从本质上说是一种质量；而"能力"所采用的是一种功能定义方法，即体质从它所发挥的作用方面来讲是一种能力。"质量"高即"能力"强，"能力"强即"质量"高，二者是统一的，并不矛盾。

二、大学生体质健康管理的现状与策略

1. 大学生体质健康管理的现状

（1）《国家学生体质健康标准》测试。

《国家学生体质健康标准》测试是体质健康管理重要组成部分，2002年，教育部、

国家体育总局联合下发《学生体质健康标准（试行方案）》和《〈国家学生体质健康标准〉（试行方案）实施办法》。2007年，教育部、国家体育总局在总结试行工作的基础上，根据新的形势对《国家学生体质健康标准》进行了修改和完善，正式实行《国家学生体质健康标准》（简称《标准》）和《〈国家学生体质健康标准〉实施办法》（简称《标准》实施办法）。2014年4月，教育部制定了《学生体质健康监测评价办法》（简称《监测评价办法》），进一步补充和完善了体质健康管理工作，7月再次修订了《标准》。目前，《标准》《〈标准〉实施办法》《监测评价办法》这三份文件是我国大学生体质健康管理的法规性文件。

《标准》是从身体形态、身体机能、身体素质和运动能力等方面综合评定学生的体质健康水平，是促进学生体质健康发展、激励学生积极进行身体锻炼的教育手段，是学生体质健康的个体评价标准。

（2）《标准》测试实施办法。

目前，《标准》测试范围广，要求在校生人人体测，并将《标准》测试成绩作为学生毕业、升学的重要依据，同时也作为学生评选三好学生、奖学金的基础条件。各级政府还将本地各级各类学校实施《标准》情况纳入教育督导内容和评估指标体系，并作为对各级各类学校进行评优、表彰的基本依据，教育部每年都汇总各地上报数据进行综合分析并反馈学生体质健康状况。

（3）大学生体质健康管理存在的主要问题及原因。

①高校在实施《标准》过程中，学校的宣传力度不够，学生对《标准》的认识不深，往往对《标准》中测试的项目内容比较清楚，却不知其测试目的。学生年年测，思想上却不重视，应付完各项目测试了事，并不把此作为自身健康评判的依据，也没有把此作为自己锻炼的目标，完全达不到《标准》测试的效果。

②由于体质测试成绩与奖学金评定和毕业证书挂钩，为了获取体质测试高分，部分学生在测试过程中弄虚作假，故测试数据的真实性得不到保证。同时，学生体质健康测试的及格率和优秀率与高校体育工作的各项评比挂钩，导致高校上报的学生体质健康测试数据存在作假现象。测试数据的失真使我们不能够正确了解学生的体质健康状况，从而不能及时、正确地采取措施保证学生的体质健康。

③国家实施《标准》的目的在于促进学生体质健康发展，激励学生积极进行身体锻炼。然而，《标准》测试和体育课没有太多交叉，成绩相互不干涉，教师仅负责完成体质健康测试，对测试结果不负有责任。所以目前高校在实施《标准》过程中，重点放在了体质健康测试和数据整理上报方面，缺乏对学生有效的体质健康咨询指导和提高体质健康水平的干预服务。而恰恰后者是引导学生培养积极生活方式，实现学生体质健康长远发展的重要环节。

2. 大学生体质健康管理的策略

高校教育要树立"健康第一"的指导思想，切实加强体育工作，加强《标准》的宣传力度，提高大学生对《标准》的认识，促使学生树立健康观念，提高自我体质健康管理的意识和能力，建立多条宣传渠道，如实地设置宣传栏、校园网开辟宣传专题、开通微信宣传频道等，大力宣传《标准》以及《标准》测试方法；一年级新生发放《大学生体质健康测试指南》等宣传册，人手一册，对新生给予指导。做好宣传教育工作，让学生认识、理解增强体质健康的先进理念和科学方法，让学生把参加体育锻炼成为自觉的行动。学校还可以制定《大学生体质健康促进条例》等相关政策和措施，推动学校在公共体育课教学、体育赛事举办、阳光体育活动组织、体育场馆运营和体育社团组建等，营造出一个健康、积极向上的，能吸引大家参与体育锻炼的体育人文环境。

规范《标准》测试过程，提高测试数据的真实性、准确性，科学运用管理数据。制定规范的测试流程、监控流程以及数据管理流程。严格按照《标准》测试的操作方法，保证测试数据的准确性。严格监督测试的全过程，杜绝学生的作弊现象。同时，对测试数据进行科学管理，执行严格的数据管理程序，杜绝学校虚假数据的形成。

建立闭环的体质健康管理模式，有反馈有干预，才能有提高。体质健康管理是一个长期的、连续不断、周而复始的过程，高校开展学生体质健康管理应采用：学生体质健康测试—数据采集评估—指导、干预措施—再测试—再采集评估—再指导、干预的管理模式。经过指导干预后的测试力争在体质健康水平上有所提高，以此形成螺旋上升的趋势，从而达到学生体质健康水平的不断提高。其管理的最大特点就是跟踪性的干预措施，高校在进行学生体质健康管理的过程中要转变重测试、评价，轻针对性指导、干预的现象。同时，在这种管理模式下逐步让学生学会如何进行自我体质健康管理，树立"健康第一"的意识。

建立大学生体质健康管理网络服务平台。建立大学生体质健康网络管理服务平台，实现《标准》服务管理目标。通过网络平台不仅可以将大学生体质健康管理中的体质健康测试、体质健康评估、咨询与指导、健康干预四个环节有机统一起来，还可实现学生体质健康测试信息发布与预约管理、学生体质健康成绩查询、体质健康教育等服务功能，真正体现《标准》的理念与目标。

转变体育教育观念，调整体育课程内容，指导干预学生体质健康。《高等学校体育工作基本标准》指出，要将增强学生体质和促进学生健康作为学校教育的基本目标之一和重要工作内容，使学生学会至少两项终身受益的体育锻炼项目，养成良好的锻炼习惯。大学体育必须改变传统的体育技能教学单一模式，认识到运动技能学习仅是学生参与体育锻炼的形式和载体。大学公共体育课教学的重心须向培养学生运动锻炼习惯倾斜，在传授学生运动技能的同时，激发学生参与体育锻炼的内在动机，在体育课程外自觉加入到自我规划的体育锻炼中。同时，适时调整公共体育教学的内容、方法和手段，对学生普遍存在的体质健康问题采取有针对性的指导和训练。

高校开展大学生体质健康管理是一项系统工程，需要各个部门的齐抓共管，学校应调动每个大学生、广大教师（尤其体育教师）、体质测试管理者、辅导员、班主任、医务工作者、管理者以及学生社团、校团委、学生会等组织的积极性，促使他们积极投入到体质健康管理和服务中，形成全员参与管理的局面；同时，须充分整合学校资源，发挥学校公共体育部、校体委、校团委、各院系体委的主导作用，从制定学校公共政策、创造支持性环境、强化院系行动、发展个人技能以及调整公共体育服务方向等方面，整体推动和实施大学生体质健康管理和提升工程。

第二节　体质健康评价

一、国家大学生体质健康标准

大学生体质健康评价是高职学校体育工作的重要环节，也是学校教育评价体系的重要组成部分。建立全面、科学的学生体质健康的评价体系，可使学生自身、家长、学校、社会各方面及时了解学生的身体健康状况，从而促使学生调整自己的学习和锻炼目标，并为学校和教育管理部门制定和调整体育教育政策提供科学的依据。

为贯彻落实健康第一的指导思想，切实加强学校体育工作，促进学生积极参加体育锻炼，养成良好的锻炼习惯，提高体质健康水平，教育部和国家体育总局于 2002 年 7 月正式颁布了《国家学生体质健康标准（试行方案）》和实施办法。经过 5 年的试点与完善，修订后的《国家学生体质健康标准》于 2007 年在全国正式全面实施。2014 年又对《国家学生体质健康标准》进行了修订，与以前的标准相比，新颁《国家学生体质健康标准》重在激励学生积极地进行身体锻炼，而不是为了测试而测试。它采用个体评价标准，能够清晰地看出学生个体差异与自身某些方面的不足，这十分有利于通过测试促进学生积极参加体育锻炼，通过锻炼改善健康状况，弥补差距，从而促进身体健康全面发展。除特别说明之外，下面叙述中的《国家学生体质健康标准》是指《国家学生体质健康标准（2014 年修订）》，以下简称《标准》。

1.《标准》（2014 年修订）说明

为建立健全国家学生体质健康监测评价机制，激励学生积极参加身体锻炼，教育部印发《标准》（2014 年修订）要求各学校每学年开展覆盖本校各年级学生的《标准》测试工作，并根据学生学年总分评定等级。只有达到良好及以上的学生，方可参加评价。

新修订的《标准》适用于全日制普通小学、初中、普通高中、中等职业学校、普通高等学校的学生，将学生按照年级划分为不同组别，身体形态类中的身高、体重，身体机能类中的肺活量，以及身体素质类中的50米跑、坐位体前屈为各年级学生共性指标。

（1）《标准》是国家学校教育工作的基础性指导文件和教育质量基本标准，是评价学生综合素质、评估学校工作和衡量各地教育发展的重要依据，是《国家体育锻炼标准》在学校的具体实施，适用于全日制普通小学、初中、普通高中、中等职业学校、普通高等学校的学生。

（2）《标准》的修订坚持健康第一，落实《国家中长期教育改革和发展规划纲要（2010—2020年）》《国务院办公厅转发教育部等部门关于进一步加强学校体育工作若干意见的通知》（国办发〔2012〕53号）和《教育部关于印发〈学生体质健康监测评价办法〉等三个文件的通知》（教体艺〔2014〕3号）有关要求，着重提高《标准》应用的信度、效度和区分度，着重强化其教育激励、反馈调整和引导锻炼的功能，着重提高其教育监测和绩效评价的支撑能力。

（3）《标准》从身体形态、身体机能和身体素质等方面综合评定学生的体质健康水平，是促进学生体质健康发展、激励学生积极进行身体锻炼的教育手段，是国家学生发展核心素养体系和学业质量标准的重要组成部分，是学生体质健康的个体评价。

（4）《标准》将适用对象划分为以下组别：小学、初中、高中按每个年级为一组，其中小学为6组、初中为3组、高中为3组。大学一、二年级为一组，三、四年级为一组。

（5）小学、初中、高中、大学各组别的测试指标均为必测指标。其中，身体形态类中的身高、体重，身体机能类中的肺活量，以及身体素质类中的50米跑、坐位体前屈为各年级学生共性指标。

（6）《标准》的学年总分由标准分与附加分之和构成，满分为120分。标准分由各单项指标得分与权重乘积之和组成，满分为100分。附加分根据实测成绩确定，即对成绩超过100分的加分指标进行加分，满分为20分；小学的加分指标为1分钟跳绳，加分幅度为20分；初中、高中和大学的加分指标为男生引体向上和1000米跑，女生1分钟仰卧起坐和800米跑，各指标加分幅度均为10分。

（7）根据学生学年总分评定等级，90.0分及以上为优秀，80.0~89.9分为良好，60.0~79.9分为及格，59.9分及以下为不及格。

（8）每个学生每学年评定一次，记入《国家学生体质健康标准》登记卡。特殊学制的学校，在填写登记卡时可以按规定和需求相应地增减栏目。学生毕业时的成绩和等级，按毕业当年学年总分的50%与其他学年总分平均得分的50%之和进行评定。

（9）学生测试成绩评定达到良好及以上者，方可参加评优与评奖；成绩达到优秀者，方可获体育奖学分。测试成绩评定不及格者，在本学年度准予补测一次，补测仍不及格，则学年成绩评定为不及格。普通高中、中等职业学校和普通高等学校学生毕业时，《标准》

测试的成绩达不到 50 分者按结业或肄业处理。

（10）学生因病或残疾可向学校提交暂缓或免予执行《标准》的申请，经医疗单位证明，体育教学部门核准，可暂缓或免予执行《标准》，并填写免予执行《国家学生体质健康标准》申请表，存入学生档案。确实丧失运动能力，被免予执行《标准》的残疾学生，仍可参加评优与评奖，毕业时《标准》成绩需注明免测。

（11）各学校每学年开展覆盖本校各年级学生的《标准》测试工作，《标准》测试数据经当地教育行政部门按要求审核后，通过"中国学生体质健康网"上传至"国家学生体质健康标准数据管理系统"。测试和数据上传时间由教育行政部门确定。

（12）本标准由教育部负责解释。

2.《标准》（2014 年修订）项目及评价指标

2014 年新出台的《标准》，取消了选测项目，中学生和大学生必须测长跑，初中以上男生必须测引体向上。《标准》规定，学生毕业时，体育成绩和等级，按照毕业当年学年总分的 50% 加上其他学年总分均得分的 50% 之和进行评定。成绩达不到 50 分，按结业或肄业处理，也就是说，拿不到毕业证。

《标准》要求，初中、高中、大学的学生必测项目全部一致，包括 50 米跑、坐位体前屈、立定跳远、引体向上（男）、仰卧起坐（女）、1000 米跑（男）、800 米跑（女）。

另外，各个测试项目都设置了具体标准，比如，50 米短跑，大一、大二学生，男生超过 9.1 秒为不及格，女生超过 10.3 秒为不及格；大三、大四的学生，男生超过 9.0 秒为不及格，女生超过 10.2 秒为不及格。

二、学生体质健康监测评价办法

2014 年 4 月 21 日，教育部发出通知，颁布了《学生体质健康监测评价办法》等三个文件，其目的是深化学生综合素质评价、学业水平测试和考试制度改革，系统设计和整体完善学校体育工作评价机制，督促各地政府有关部门落实发展学校体育的职责，以学校体育基本制度建设为基础，全方位促进青少年身心健康、体魄强健。

《学生体质健康监测评价办法》着重强调各地以《标准》为依据，在本行政区域内统筹开展面向全体学生的体质健康测试，逐步建立健全包括学校测试上报、部门逐级审查、随机抽查复核、动态分析预测、信息反馈公示、评价结果应用等相关制度和管理措施在内的学生体质健康监测评价体系，并着力建立"六项制度"：一是实行全体学生测试制度，二是完善上报数据审查制度，三是建立数据抽查复核制度，四是建立体质健康研判制度，五是实行监测结果公示制度，六是建立测试结果应用制度。

健康评价是指通过涉及健康的危险性因素分析，得出影响健康的综合因素的评价报告。健康管理者及个人能够清楚地了解个人健康状态。

第三节　心理健康评价

目前在校大学生年龄一般在 18~24 岁。这个年龄段正是心理各要素逐渐成熟的重要时期，自我意识、独立人格、价值体系日趋完善。同时，大学生的整体心理机能尚未完全成熟，自我控制和自我调节能力还不强，所以面临现实困境，诸如学习、考试、交友、爱情等问题时，往往会不知所措，情绪波动很大，心理容易失衡。

这种不良状态如不能及时得到排解，就会引起心理体验的不适应、焦虑和紧张，长久积累容易导致心理疾病及生理病症。

一、大学生心理健康状况及特点

维护和促进大学生的心理健康，必须首先了解大学生心理健康的状况。而要了解大学生心理健康的状况，既要研究大多数正常学生心理健康的状况，也要考虑到少数不正常学生存在的问题。

1. 大学生心理健康现状

随着社会生活节奏的加快和竞争的加剧，大学生的心理负荷日益加重，在学习、生活、人际交往、自我意识和升学就业等问题上遇到的挫折越来越多，苦闷、孤独、焦虑、冷漠、抑郁等对学生困扰越来越大，甚至精神崩溃、自伤、自杀、杀人等恶性事件频频发生。数据显示，16%~25.4% 的大学生存在不同程度的心理障碍，其中对学生困扰最大的以焦虑、抑郁、强迫症、神经衰弱等症状为主；较严重的心理障碍者约占 10%，严重心理异常者约占 1%，且有逐年攀升之势。

2. 大学生心理健康的特点

（1）大学生心理健康水平符合正态分布的规律。多数人是健康的，据湖北大学等高校以心理健康的六个特征（生活态度、学习动机、自我观念、情绪状态、自控能力和人际关系）作为尺度编制问卷所进行的测试，发现接受测查的 14 个系 672 名大学生的心理健康水平，是按"中间大，两头小"的正态规律分布的，即大多数学生的心理状况是健康的，心理不健康（包括有心理问题和轻度神经病患者）的学生只是少数。

上述调查还发现，大学生心理健康水平随年级上升而提高，特别是生活态度与学习动机两项，年级越高，得分越多。只有人际关系一项在各个年级之间波动较大。这说明我国大多数大学生心理的发展是健康的。

（2）大学生心理健康的主要问题是成长和发展中的矛盾。大学时期是个人成长过程中又一次面临新的心理矛盾发生、转化而趋向成熟的时期。这个时期产生的心理矛盾，有环境适应问题，有学习问题，有人际关系问题，有自我观念问题，有恋爱和性的问题，还有进一步升学和就业的问题，这些问题是每一届大学生都会面临的。

大学生从入学开始，就面临对环境的适应。他们离开了家庭，离开了中学时熟悉的老师和同学，来到了大学这个陌生的环境。新的学校生活、新的学习秩序、新的老师和同学关系都使一年级新生感到生疏而一时难以适应，尤其是新的人际关系使他们感到难以适应。

入学后的另一个难题，是原有的自我观念面临新的挑战。在中学时，他们都是各自学校的拔尖学生，受到家庭的宠爱、学校的重视和同学们的尊重。渡过了高考难关，他们的自尊心和自信心得到加强，是"天之骄子"。然而，进入大学以后，身处强手如林的班集体中，许多学生原来的优势不再存在。原来是班级的尖子，现在不是了；原来是中学的学生干部，现在也不是了，落差很大，产生了失落感。有的学生感到自卑，开始同别人和集体疏远；有的学生为了博得新的成功和荣誉而重新努力自我完善，加入了新的竞争行列。大学生又开始了自我观念重新调整的过程，这时正是需要心理辅导的时候。

上大学以后，在学习问题上又产生了新的心理矛盾：有的学生对所报考的学校或专业不满意；有的学生则不适应大学的教与学的方法；有的对自己的专业成绩感到不满意等。

到了三、四年级，恋爱问题、择业问题等又成为引起困惑和焦虑的问题。这些问题都影响着大学生的思想和情绪，但又都是大学生成长中正常的心理问题，不属于不正常的心理障碍或心理疾病。

（3）大学生是心理障碍的高发群体。心理障碍是心理与行为失常的总称，通常所说的精神疾病、心理异常和变态异常行为都属于心理障碍。大学生常见的心理障碍包括神经病、精神病以及人格障碍等几种类型，这几种类型又可以细分为各种不同的心理疾病。

近几年来，国内许多大学应用《SCL-90症状自评量表》对大学生的心理障碍进行测查，统计发现该量表所测的10项因子中，除躯体化一项外，其他各项因子皆显著高于国内成年人的测评结果。这些测查结果都表明，大学生是心理疾病的高发群体。

心理健康。

心理健康的基本含义是指心理的各个方面及活动过程处于一种良好或正常的状态。心理健康的理想状态是保持性格完美、智力正常、认知正确、情感适当、意志合理、态度积极、行为恰当、适应良好的状态。与心理健康相对应的是心理亚健康以及心理病态。心理健康从不同的角度有不同的含义，衡量标准也有所不同。

心理健康，是现代人健康不可分割的重要方面，那么什么是人的心理健康呢？人的生理健康是有标准的，一个人的心理健康也是有标准的。不过人的心理健康标准不及人的生理健康标准具体与客观。了解与掌握心理健康的定义对于增强与维护人们的健康有很大的意义。当人们掌握了衡量人的心理健康标准，以此为依据对照自己，进行心理健康的自我诊断。发现自己的心理状况某个或某几个方面与心理健康标准有一定距离，就有针对性地加强心理锻炼，以期达到心理健康水平。如果发现自己的心理状态严重偏离心理健康标准，就要及时求医，以便及早诊断与及早治疗。

心理健康是指一种持续且积极发展的心理状态，在这种状态下，主体能做出良好的适应，并且充分发挥其身心潜能。心理健康教育是"新健康教育"的一个重要组成部分，它是以培养身心健康的社会公民为目的，通过运用健康管理的方法，以校园环境、功能环境的改善为主，人文环境的改善相配合，以老师和学生两个主体，提供科学、健康、专业的指导。"新健康教育"在学校建设了专门的健康指导室（心理咨询室），配备专业的心理咨询师长期驻校，以开设心理课程和开展课外活动等方法引导学生的健康心理发展。同时，开设"亲情聊天室"，为亲情的连接打开通道，为学生们的健康成长铺就一条畅途。

二、大学生心理健康的标准

心理是否健康一般采用量表测量，其标准不是固定不变的。心理健康标准随着时代变迁、文化背景变化而变化。大学生的普遍年龄一般在18~24岁，从心理学来看，正处于青年中期。大学生的心理具有青年中期的许多特点，但作为一个特殊群体，大学生又不能完全等同社会上的青年。根据我国大学生的实际情况，评判大学生的心理健康水平应从以下几个标准给予着重考虑。

1. 智力正常

智力，是人的观察力、注意力、记忆力、想象力、思维力、创造力及实践活动能力等的综合，包括在经验中学习或理解的能力，获得和保持知识的能力，迅速而成功地对新情境做出反应的能力，运用推理有效地解决问题的能力等。这是大学生学习、生活与工作的基本心理条件，也是适应周围环境变化所必需的心理保证。因此，衡量大学生的智力是否正常，关键在于其是否正常地、充分地发挥了自我效能，即有强烈的求知欲，乐于学习，能够积极参与学习活动。

2. 情绪健康

情绪健康的标志是情绪稳定和心情愉快，内容包括：愉快情绪多于负面情绪，乐观开朗、富有朝气、对生活充满希望；情绪较稳定，善于控制与调节自己的情绪，既能克制又能合理宣泄自己的情绪，情绪的表达既符合社会的要求又符合自身的需要，在不同的时间和场合有恰如其分的情绪表达；情绪反应与环境相适应，反应的强度与引起这种情境相符合。

3. 意志健全

意志是人在完成一种有目的的活动时进行的选择、决定与执行的心理过程。意志健全者在行动的自觉性、果断性、顽强性和自制力等方面都表现出较高的水平。意志健全的大学生在各种活动中都有自觉的目的性，能适时做出决定并运用切实有准备的方式解决所遇到的问题，在困难和挫折面前，能采取合理的反应方式，能在行动中控制情绪和言而有信，而不是行动盲目、畏惧困难、顽固执拗。

4. 人格完整

人格是个体比较稳定的心理特征的总和。心理健康的人，其人格是健全统一的，具有相对稳定性，即个人的所想、所说、所做都是协调一致的。人格完整包括人格结构的各要素完整统一；具有正确的自我意识，不产生自我同一性混乱；以积极进取的人生观作为人格的核心，并以此为中心把自己的需要、目标和行动统一起来。

5. 自我评价正确

正确的自我评价是大学生心理健康的重要条件。大学生在进行自我观察、自我认定、自我判断和自我评价时，能做到自知，恰如其分地认识自己，摆正自己的位置，既不以自己在某些方面高于别人而自傲，也不以某些方面低于别人而自卑。面对挫折与困境，能够自我悦纳，喜欢自己，接受自己，自尊、自强、自制、自爱适度，正视现实，积极进取。

6. 人际关系和谐

良好而深厚的人际关系，是事业成功与生活幸福的前提。其表现为：乐于与人交往，既有广泛而深厚的人际关系，又有知心朋友；在交往中保持独立而完整的人格，有自知之明，不卑不亢；能客观评价别人和自己，善取人之长补己之短；宽以待人，乐于助人；积极的交往态度多于消极态度，交往动机纯粹。

7. 社会适应正常

个体应与客观现实环境保持良好接触，既要进行客观观察以取得正确认识，以有效的办法应付环境中的各种困难，不退缩，又要根据环境的特点和自我意识的情况努力进行协调，或改变环境适应个体需要，或改造自我适应环境。

8. 心理行为符合大学生的年龄特征

大学生是处于特定年龄阶段的特殊群体，大学生应具有与年龄和角色相适应的心理行为特征。心理健康的大学生精力充沛、思维敏捷、情感活跃，与之相适应，行为上应该表现为朝气蓬勃、热情洋溢、生龙活虎、反应敏捷、勇于探索、勤学好问。

心理健康的标准是一种理想尺度，它既为人们提供了衡量心理是否健康的标准，也为人们指出了提高心理健康水平的努力方向。如果每个人在自己现有基础上能够付出不同程度的努力，都可追求自身心理发展的更高层次，从而不断发挥自身的潜能。大学生心理健康的基本标准,是他们能够进行有效的学习和生活。如果正常的学习和生活都难以维持,就应该及时予以调整。

人格(心理学术语)。

人格也称个性,这个概念源于希腊语Persona,原来主要是指演员在舞台上戴的面具,类似于中国京剧中的脸谱,后来心理学借用这个术语用来说明:在人生大舞台上,人也会根据社会角色的不同来换面具,这些面具就是人格的外在表现。面具后面还有一个实实在在的真我,即真实的自我,它可能和外在的面具截然不同。

第六章 体育与健康课程改革

体育与健康课程是学校教育体系的重要内容，也是学校体育教育的主要形式，是实现学校体育目标的重要途径和手段。因而，体育与健康课程的改革问题一直是学校体育研究的重点课题。我们对学校体育与健康课程的教育目标、内容、方法、组织、管理机制等内容进行理论研究，有益于体育与健康课程的科学发展，有益于促进学生身心素质的提高，可以更好地满足学校素质教育发展的需要。

第一节 高校体育教育课程的改革

随着体育教育改革的深入发展，高校体育教育的缺陷和不足日益显露。实践表明：原有的体育教育思想、教育体系、教学模式以及方式方法的改革仍然不大。这与党和政府在《关于深化教育改革，全面推进素质教育的决定》中提出的"学校教育要树立'健康第一'的指导思想"的要求仍有较大差距，与2002年教育部颁发的《全国普通高等学校体育课程教学指导纲要》的精神相差较大，也难以适应新世纪素质教育的发展和我国社会经济环境变化发展的需要。因此，我们通过调查研究，对我国高校体育教育课程改革问题进行研究，从分析高校体育教育的现状及存在的问题入手，构建体育教育的目标、内容、方法、组织、管理等课程新体系，探索高校体育教育改革的个性化发展模式，对促进高校体育教育转变思想，更新教学体系，有着重要的理论价值和现实意义。

1. 对高校体育教育思想的认识分析

有什么样的思想，就会有什么样的行为。可见，体育教育思想是影响体育教育全过程的首要因素，决定着体育教育工作的质量和效率。因此，我们先来看看当前高校体育教育思想的认识状态。调查结果表明：当前高校体育教育指导思想和观念上仍存在较大的认识差异性和多样性，这表明存在一定程度的混乱现象，必然影响体育教育改革的方向性以及成效。专家座谈认为：教育思想是对教育现象、教育规律、教育问题等的总体认识和看法；体育教育思想就是对体育教育的总体认识和看法。当前高校流行的这些体育教育思潮，应该说都有其积极意义，从不同的角度提出了体育教育改革要求；但是，作为整体观的教育思想，就要充分反映体育教育的现象、规律、问题和要求，指明其发展方向。就这些体育教育思想的内涵来看：健身教育强调的是体育教育的生物作用；全面发展反映的是体育的多功能要求,但太笼统没有体现体育教育的特殊性;终身体育强调的是离开学校后继续参与体育活动的习惯;快乐体育注重的是体育教育的心理效应;它们都没有充分认识体育教育的规律,因而不能作为总体认识的教育思想,否则,会使体育教育偏离正确的发展方向,导致实践中强调一面而忽视另一面的后果。只有"健康体育"能较好地反映体育教育现象的本质及其问题的总体认识。世界卫生组织对健康下的定义就包括了生物效应、心理效应、社会适应的要求。这说明健康体育思想涵盖了上面多种体育教育观念的内涵,也符合当今世界教育改革发展的潮流和我国要求树立的"健康第一"的教育指导思想,因而它作为体育教育思想是比较恰当的。

2. 对高校体育教育目标体系的分析与构建

明确了健康体育教育思想,我们来分析高校体育教育目标体系。访问调查认为:高校体育教育目标应不同于中小学体育教育目标,要反映大学生的特点和要求,使体育教育目标既有明确的宏观方向性,又要有微观的层次性和操作性,应起到引导和激励作用。问卷调查结果表明:原有的高校体育教育目标不太明确,实践中不好操作,改革体育教育目标重在方向性和操作性。2002 年教育部颁发的《全国普通高等学校体育课程教学指导纲要》中指出:体育课程的目标分为基本目标和发展目标,涵盖运动参与、运动技能、身体健康、心理健康、社会适应等方面的目标。据此,高校体育教育的方向性目标是:使学生掌握体育文化知识,增强体质,养成健身习惯,成为健康的社会主义祖国的建设者和接班人。基本任务是:进一步学习体育与健康的基础知识、基本技术、基本技能,提高学生的体育能力;全面锻炼学生身体,增强体质,提高健康水平;发展学生的体育个性,培养体育意识和精神;进行体育道德意志品质教育。完成体育教育目标任务的要求是:从学习提高学生的体育能力入手,从增强学生的体质和健康着眼,将培养体育意识和精神以及体育道德教育贯穿全过程。并要根据高校体育教育实际,形成学段、学年、学期、单元以及课时的体育教育具体要求,从而构成高校体育教育的目标体系。

3. 对高校体育教育内容体系的分析与构建

体育教育内容改革一直是高校体育教育改革的重点和研究的课题之一。至今,竞技体育内容体系与传统体育内容体系的不同观念,仍在讨论与碰撞中求发展。那么高校体育教育内容改革的现状如何呢?我们从调查结果了解到:当前高校体育教育内容仍以竞技项目为主体,但在认识上仍有较大差异。

我们在访问调查中发现,多数人认为竞技体育是学生喜爱的体育活动,对学生有较强的激励和教育作用,也是国际体育交流的需要,所以要以竞技体育项目作为教育的主体。有一部分人主张学校体育不同竞技体育,不能在学校体育教育中实施竞技体育。有个别人甚至认为要把竞技体育赶出校园,从而发展休闲与健身体育。还有少部分人认为,体育教育内容要多样化,什么体育都要开展,才能满足不同学生的需要。显然,当前高校对体育教育内容的选择在观念上有差异,反映出对教学素材、教材、教学内容的认识不足。而对竞技体育与传统体育或健身体育的认识差异，仍是影响体育教育内容选择的重要原因。从理论上说，竞技项目与竞技体育、传统项目与传统体育、教学内容与教学素材等是不同层次的概念。竞技体育是以极限负荷为主要特点的运动，竞技项目是竞技体育活动的形式，它可以大负荷，也可以是小负荷表现出活动方式；传统体育与传统项目也一样，可以成为极限运动，也可以作为休闲活动；它们的分界线是活动的目的不同，而不在于什么项目。教学素材是广泛的体育教学材料，教学内容是从教学素材中精选出来的，为完成一定教学任务而确定的教学材料。因此，可以认为：竞技项目、传统项目及其他体育活动都是体育教育的素材，都可以精选为体育教育内容，只要能更好地达到体育教育的目标就行。那么如何从广泛的体育素材中精选高校体育教育内容呢？我们访问调查了解到：高校体育教材不同于中小学教材，不能简单地重复中小学教学内容，要提高其深度，符合大学生的身心特点以及学校的实际条件，据此来构建高校体育与健康教育内容体系。它包括：体育健身知识与方法、体育保健知识与方法、体育康复知识与方法、心理调节与健康知识和方法、体育娱乐与休闲知识和方法、体育文化与欣赏知识和方法方面的体系内容。在具体选编教学内容时，还应从学生适应社会发展的需要出发，分层次有重点地选择经实践反复证明有较高价值的体育与健康方面内容，使之形成具有教学指导性和终身健身与保健性的工具书。

4.对高校体育教育组织和方法体系的分析与构建

体育教育的组织与方法是完成教育任务的重要途径和实施办法。当前高校体育与健康教育的组织和方法的现状如何呢？调查结果表明：目前高校体育教育的组织形式改革不大，仍然以传统授课形式为主；选修体育课设置不够，仍有一些高校无体育理论课，这不利于大学生获得应有的体育与健康知识教育；课外体育俱乐部组织有所发展，但也需进一步完善；男女生分班分专项教学比例较高，但是否分班教学，也有待进一步研究。我们从访问调查和现场观察了解到，目前高校体育教学方法仍然是以运动技能传授法和体能锻炼法为主体，创新改革很少，反映出当前体育方法研究滞后，急需深化改革高校体育教育的组织和方法，适应体育课程改革和素质教育发展的需要。现代教学理论认为：课程教学应该把显性课程和隐性课程有机结合起来，重视隐性课程的教学作用。行为科学认为：人的行为习惯来自人的兴趣爱好的培养和长期活动的体验。体育教学特点也反映出学生养成体育习惯，是一个长期的、反复的、"知、情、意、行"的过程。因此，体育教育的组织形式应把课内与课外、实践与理论结合起来，充分利用学校的体育环境和氛围，重视学生在体育活动中学习与体验。体育教育时限应该坚持课内2年、课外4年不断线，但课的组织、学时、学分安排要结合实际灵活运用；课的类型应该采取理论传教课、实践练习课、学生活动课等三种形式；课的组织应采取相对稳定班组、相对松散班组、完全自愿参与班组等三种方式；教学方法应把讲授法、练习法、环境感染法、氛围体验法、宣传诱导法、心理咨询法、自我锻炼法等有机地结合起来，形成体育与健康教育的教学组织和方法体系，在实践教学过程中形成多种多样的具体教学办法，开展丰富多彩的体育活动形式。

5. 对高校体育教育的管理与评价体系的分析与构建

体育教育管理与评价是保障体育教育工作顺利进行、提高教学质量的重要保证。目前高校体育教育管理与评价的现状如何呢？调查结果表明：目前高校体育组织管理状态仍然重视不够，随意性较大，急需加大改革力度，提高管理效益。访问调查也反映出：目前体育管理存在着严重的长官式的行政命令和人情式的管理方式。这说明高校体育管理的现状令人很不满意，难以充分发挥教师的主导作用和学生的主体作用，必然影响着体育教育质量和改革的成败，应引起高度重视，完善高校体育组织管理体系，保障体育教育目标的实现。那么如何改革呢？访问调查认为：要搞好体育工作的管理，应该建立健全组织和管理制度，选好用好管理人员，完善监督机制，才能提高管理效益。现代管理科学认为：任何事物的管理都应该以系统原理为基础，人本原理为核心，效益原理为目标，三者有机结合贯穿在管理过程的始终。因此，高校体育与健康教育的管理，首先要树立正确的管理思想，把系统观念、以人为本的思想、效益目标落实到教学管理过程的各个环节中；其次要采取科学有效的管理方法，把组织形式、管理规章、实践操作办法统一到质量评价与监测体系上来，形成一套灵活高效的管理机制。

研究表明，我国高校体育与健康教育的改革现状仍不乐观，存在的主要问题有：对体育教育思想的认识差异性较大，也较混乱，导致体育教育的目标不够明确，实践中仍以体育达标为指挥棒，体育教育内容以竞技体育为主体，体育教学组织与方法重视课内教学，忽视课外体育，管理与评价的随意性大等。针对现状，我们系统分析与构建了高校体育教育的目标、内容、组织方法以及管理评价等课程新体系，提出了高校体育教育个性化发展的思维方式和基本模式，对指导高校体育教育改革，课程建设以及校园体育文化的发展都有积极意义。

但在实践运用中应该根据各地各校的实际情况，在这个体育教育的基本模式上，建立完善个性化的体育教育体系，形成具体的课程模式和操作运转办法，推进高校体育个性化的健康发展。并在实践中进一步研究、总结经验，丰富完善高校体育教育的课程体系，更好地为祖国培养合格的高素质建设人才。

第二节 大学健康教育课程的改革

深化教育改革，全面推进素质教育是党中央、国务院面向 21 世纪对我国教育发展和人才培养提出的明确要求。大学健康教育是素质教育改革的重要内容。然而，我们清楚地认识到大学健康教育在过去的教育改革中虽取得了一定进步，但与素质教育的要求还有相当大的差距，仍然是大学教育工作的薄弱环节，影响着人才培养质量。那么，如何进一步强化大学健康教育工作呢？目前还缺少有价值的研究，导致难以有针对性地采取有效发展策略。因此，我们通过调查研究，构建大学健康教育课程体系，形成健康教育课程的目标体系、内容体系、方式方法体系，对深化我国大学健康教育改革，适应素质教育的发展，明确健康教育课程体系，提高大学生的健康素质，有着重要的理论价值和现实意义。

1. 大学健康教育课程的目标体系

健康教育课程的目标是健康教育工作的出发点和归宿，也是开展健康教育与评价工作的依据。因此，构建大学健康教育课程的目标体系，是搞好健康教育工作的首要环节。调查结果表明，当前高校对健康教育课程目标的认识，多数人群还不大清楚，其中体育教学管理者占51.3%、体育教师占62.3%、学生占53.2%的人群认为健康教育的目的是使学生掌握健康知识和方法；体育教学管理者占33.9%、体育教师占27.3%、学生占33.2%的人群认为健康教育的目的是向学生宣传卫生知识，预防疾病；体育教学管理者占14.8%、体育教师占10.4%、学生占13.6%的人群认为健康教育的目的是提高学生的健康意识，培养调节身心健康的素质和能力。这说明必须提高对健康教育的目的认识。师生座谈调查认为：健康教育课程目标应该具体化、体系化，便于实施操作，也是真正使人清楚明白，发挥应有作用。专家教授座谈认为：构建健康教育课程目标体系，应明确两个主要问题，一是健康教育课程的定位问题，二是健康教育的内涵理解问题。健康教育课程的目标定位，既要贯彻《决定》中指出的"学校教育要树立'健康第一'的指导思想"，又要从健康教育课程去理解。它是课程教育目标问题，我们应该把两者结合起来，构建大学健康教育课程目标体系。健康教育具有十分丰富的含义。健康教育不只是向学生传授卫生知识和方法，提高健康能力，还对培养正确的健康观、生活观、价值观，以及适应社会发展的能力、素质等有着重要的意义。根据世界卫生组织对"健康"的解释，就涵盖了身体、心理、社会等方面健康与适应的状态。可见健康教育是对学生进行身体健康、心理健康、社会健康的教育，这样才能理解健康教育的内涵。根据这样的认识和高校健康教育实际情况，构建大学健康教育课程的目标体系。健康教育课程的目标是：按照党的教育方针和"健康第一"的教育思想，通过一系列的健康教育活动，使学生掌握生理、心理、社会的健康知识和方法，提高自我健身保健能力，培养健康的意识和个性，养成良好的健康行为习惯。然后根据各校教育实际，形成学段、学年、学期、单元、课时等课内和课外的微观健康教育目标体系。

2. 大学健康教育课程的内容体系

健康教育的内容是实现健康教育课程目标的知识体系，也是师生健康教育教学活动的依据。调查结果表明，多数调查对象（教学管理者占57.8%，体育教师占67.7%，学生占78.1%）认为，目前我国高校健康教育的内容还不够完善，甚至有的学校还没有开设健康教育课，其他健康教育活动也不规范，多数学校的健康教育停留在卫生知识和预防疾病的宣传上，内容单一。这说明要加强高校健康教育的内容改革。师生座谈调查认为：大学健康教育的内容不是重复中小学的卫生常识，它应该进一步深化内容改革，选择符合大学生身心特点的健康教育内容，否则，就没有实际意义。专家教授座谈认为：构建大学生健康教育的内容体系，应该以上级教育指导文件为依据，从大学生适应社会发展应具有的身体、心理、交往的健康着眼，精选符合学生特点的健康教育内容，并形成教育教学内容体系。因此，在收集大家意见和建议以及查阅已出版的《大学生健康教育》教材的基础上，从实现健康教育课程的目标出发，根据教育部关于健康教育的指导文件和现代课程理论，构建大学健康教育课程的内容体系。它是从大学生应具有健康生活、健康学习、健康工作以及健康发展的需要出发，选择人体健康与性教育、心理健康与调节、社会交往健康与调节、环境健康与调节、体育健身与终身保健、饮食营养健康与调节、常见病防治与康复、健康教育管理与自我健康评价等方面来精选实用性的健康知识和方法，形成健康教育课程的内容体系。

3. 实施健康教育课程的途径与方法体系

健康教育课程的实施途径和方法是实现健康教育目标的桥梁和纽带，是培养合格人才的重要方面。我们调查结果了解到，只有少数调查对象认为当前高校组织实施健康教育的现状较好，占多数调查人群认为学校还没有设置健康教育课程，课外健康教育活动的组织也没有做到经常性和规范性，健康教育的手段和方法单一，健康环境和氛围的影响也重视不够，影响着学生健康素质的培养。这反映出目前高校组织实施健康教育的现状很不乐观。因此，构建大学健康教育课程的途径和方法体系是十分重要的。那么如何构建大学健康教育课程的途径和方法体系呢？访问调查认为：要落实健康教育工作，必须从健康教育的显性课程和隐性课程两方面着手，完善各种健康教育组织措施。专家教授座谈指出，落实学校健康教育工作，一要加强健康课程建设，二要强化校园健康环境的优化，把两者有机结合起来，渗透到学校教育教学全过程之中，形成一种健康文明的教育氛围，才能达到健康教育的目标，培养合格的高素质的健康人才。据此，我们以课程教育的方法论为指导，构建大学健康教育课程的方法体系。它由显性课程和隐性课程两方面构成，从课内教学到课外的多种健康活动，从校园健康文明规范到学生个体健康行为等多种途径来形成具体有效的健康教育方式方法体系。

通过调查研究，目前我国高校实施健康教育的现状很不乐观，存在的主要问题：一是对健康教育目的的认识不足；二是缺乏健康教育的课程建设；三是实施健康教育的组织措施和方式方法不够重视。针对现状和问题，构建了大学健康教育课程的目标体系、内容体系、途径和方法体系，形成健康教育课程建设的全新思路和基本结构，对指导高校健康教育课程建设具有重要的实际意义。在实施过程中，各学校要结合本校的实际情况，进一步形成具有学校特色的健康教育实践体系。学校要牢固树立"健康第一"的教育指导思想，积极落实健康教育的各项工作，更好地为促进素质教育改革，培养高素质合格人才服务。

第三节 体育校本课程个性化改革

个性化是当代社会发展的新思路，社会各个领域都强调个性化发展，如人的个性化、产品的个性化、管理的个性化、教育的个性化等。个性化学习也就成为学生适应素质教育发展的必然。个性化学习是以促进每个学生身心全面、充分、和谐发展为目标，而制定的适应学生个体差异为特点的学习方式。每个学生的个体差异较大，有个体的发展需求，接受能力，原有水平等不同，安排统一的学习是不能适应学生个性发展需要的，因此，个性化学习就成为现代教育理论所倡导的新理念，受到国内外教育界的普遍认同。

关于个性化研究，在许多学科理论中都有涉及。在哲学意义上，主要是指事物的个性或特殊性的发展变化，形成事物的特有性质或状态。在社会学上探讨个性化，主要是指在社会结构中的社会现象的典型性发展变化，如群体、个体等典型性显现或特色发展。在心理学上研究人的个性倾向性发展，心理过程依赖个性心理特征，使人以不同的态度和不同程度的积极性组织自己的行动，有目的、有选择地对客观现实进行反应。在教育学上探讨人的个性化发展，可以将个性化教育理解为一种教育思想，即强调尊重人的个性、提倡个性潜能的发掘和良好个性优势的发展，主张培养良好个性和谐发展的人，弘扬教育教学的特色化。

我们研究学生的个性化学习也是教育个性化发展的主要内容。我国学者对个性化学习有多种解释，一般认为个性化学习是确定主体学习意识、培养独立人格、发展个性才能的教育。个性化学习还可作为一种教育方式来理解，要求教师要分析每一个学生的爱好和性格特点，应当使学校所教内容和所提要求尽可能符合学生个人的需要。

高校体育课程面对的是全体学生，使大学生人人享有体育教育的权利，使得个性充分发展和人格健全，是学校实施素质教育的基本要求，也是学生个性化体育学习的目标要求。长期以来，我国学校实施的体育课程是以国家课程为主，按国家制定的体育教学大纲进行教学，不适应学生学习的状况十分明显。因而，校本课程地位在国家课程改革中得到确立，并倡导实施三级课程管理体制（即国家、地方、学校三级课程管理），校本课程建设由此受到学校教育的广泛重视。体育校本课程是指学校在保证国家和地方课程的基本质量的前提下，通过对本校学生的体育需求进行科学评估，充分利用当地社区和学校的体育课程资源而开发的多样性的、可供学生选择的体育课程。体育校本课程是反映学校体育特色的课程，也是学生个性化学习的体育课程。因此，我们基于个性化学习的背景来研究高校体育校本课程体系问题。就是要建设适应高校学生个性化学习的体育课程新体系，促进每个学生身心健康发展，具有重要的理论价值和实际意义。

1. 体育校本课程个性化学习的目标体系分析

目的性是人类从事实践活动的固有特性，人类活动都是有目的、有意愿的。体育课程学习活动是人类教育特有活动，也是有目的有意愿的活动。我们研究体育校本课程学习目标对明确体育教学方向，激励学生学习，指导体育教学工作，评价体育教学效果，促进体育课程改革发展等具有重要意义。然而，在以往的体育课程目标制定中仍存在目标结构单一，目标内容抽象模糊，学习针对性不强，实践中不好操作、不好检测等问题，影响着体育课程学习效果；需要加强体育校本课程目标的有效性，促进学生体育课程个性化学习。

体育校本课程目标开发依据：一是要提高体育课程功能的认识；二是要依据体育课程的价值取向；三是要服务于学生个性化体育学习。体育课程功能是体育课程活动所固有的作用。研究表明，体育课程具有本质功能和衍生功能。体育课程的本质功能有：健身作用，教育作用，娱乐作用，休闲作用；体育课程的衍生功能具有多样性，包含：经济功能、政治功能、文化功能、促进体育发展功能等。作为体育校本课程学习功能主要反映在体育课程的本质功能上，它是确定体育校本课程目标的基础。体育课程价值是指体育课程功能被人们选择应用的取向，它反映了一定社会要求和体育教育的需要，是确定体育校本课程目标的重要依据。服务于学生个性化体育学习是确定体育校本课程目标的针对性要求。

个性化学习的体育校本课程目标，是在充分了解学生个性特点的基础上，制定符合每个学生体育学习的目标。这个目标是由学校、教师、学生来制定的目标体系。一是学校要依据上级教育要求和本校实际条件，确定本校体育课程总目标和年级学期分解目标；二是体育教师要依据学校体育目标要求确定学期、单元、课时教学目标；三是学生要依据学校教师的体育教学目标，确定自己在学年、学期、单元、课时的体育学习目标。这样就形成多层次、多元化的目标体系。这个目标体系由纵向的目标时间系列，横向的目标内容要素组成。这个目标的纵向系列由学校目标、学年目标、学期目标、单元目标、课时目标构成；横向系列由运动参与、运动技能、身体健康、心理健身、社会适应等领域目标要素构成，在此基础上，进一步形成学生个性化学习的体育校本课程目标体系。

2. 体育校本课程个性化学习的类型设置分析

体育课程类型是指学校体育教学的组织方式或设计的课程种类。以往学校体育课程设置的种类有：普通体育课程、运动专项提高课程、体育保健课程等类型。体育教学实践证明，这样设置的体育课程类型仍然不能满足学生学习的需要。因此，加强学生个性化学习的体育课程类型适应性研究，就显得十分必要。现代课程理论认为：课程设置是影响学生学习，培养学生质量的重要因素，开发课程种类，优化课程结构，是发挥体育课程功能，实现体育课程目标的重要路径。学生学习兴趣，是从选择课程开始的，不同学生有不同的兴趣，也有不同的课程选择，这就要求设计适合学生个性化需要的体育课程，来促进学生身心健康发展。

体育校本课程类型设计，首先要调查分析学生个性需求，课程种类设置就要尽量适应学生要求。其次要充分利用学校的体育教学条件和社区体育环境进行开发体育课程种类。据此我们设计体育校本课程种类的思路是。可按学生性别设置为男生课、女生课、男女混合课；可按学生身体素质设置为力量、速度、耐力、灵敏、柔术等课；可按学生运动水平设置为基本技术、中等技术、较高技术水平等课；可按学生运动兴趣设置为篮球、排球、足球、田径、体操、武术等课；可按学生学习目标设置为健身、健美、保健、休闲娱乐等课；可按学生人数设置为小班、中班、大班等课；还可以交叠开发设置更多个性化的体育课程类型。

3. 体育校本课程个性化学习的内容体系分析

体育课程内容是根据学生发展需要和教学条件进行选择加工的，在体育课程教学环境下传授给学生的体育健康知识、运动技术和体育锻炼方法等。体育课程内容是体育教学活动的载体，也是师生活动依据，选择适合学生个性化学习的体育课程内容，对激发学生体育学习动机，培养体育学习热情，养成体育健身习惯，促进学生身心健康发展有重要意义。

体育校本课程内容是以学校师生为主体，在具体实施国家课程内容和地方课程内容的前提下，通过对本校学生的特点和需要进行科学评估，充分利用当地社区和学校的体育资源，依据学校办学思想而开发的多样性、可供学生选择的体育课程教学内容。因此，开发体育校本课程内容，首先要学习研究国家课程和地方课程的要求，领会上级课程精神，采用国家课程和地方课程的体育教育精华，有益于促进学生健康发展。国家课程毕竟是经过专家团队选择和体育实践证明了对学生身心健康有积极作用的教学内容，在全国有普遍意义的课程内容，因而忽视国家课程和地方课程的教育价值。其次要深入了解分析本校学生体育学习特点，根据学生的实际需要进行选择和加工体育课程内容。再次要调查了解本地社区体育课程资源，并充分开发利用学校体育课程资源，来丰富体育课程教学内容。根据这个思路，我们构建个性化学习的体育校本课程内容体系。在体育基本知识中选择加工适应学生学习的内容体系；在健康知识中选择加工适应学生学习的内容体系；在竞技运动项目中进行教材化开发适应学生学习的内容体系；在传统体育项目中开发适应学生学习的内容体系；在运动竞赛活动中进行教材化开发适应学生学习的内容体系；在体育休闲娱乐活动中开发适应学生学习的内容体系；在学校特色的体育活动中进行教材化改革，形成适应学生学习的内容体系；在地方社区活动中选择适应学生学习的内容体系；在充分利用自然环境条件中开发适应学生学习的内容体系等；形成学生个性化学习的体育校本课程内容体系。

4.体育校本课程个性化学习的教学方法体系分析

体育课程教学方法是指师生为了实现教学目的，完成教学任务，而采取的不同层次，教与学相互作用的活动方式的总称。体育教学方法是教学过程的重要因素，知识的传授、技能的学习、健康的教育、习惯的培养、目标的达成等都要依靠科学合理地选择适宜的教学方法。体育教学方法十分丰富，有以语言传递信息为主的方法，如讲解法、讨论法、问答法等；有以直观感知为主的方法，如动作示范法、演示法、纠正错误法等；有以身体练习为主的方法，如分解练习法、完整练习法、领会教学法、循环练习法等；有以情景和竞赛活动为主的方法，如游戏法、竞赛法、情景教学法等；有以探究活动为主的方法，如发现法、小群体教学法等。并且随着体育教学改革研究的发展，许多新的体育教学方法会不断出现，将更加推动体育课程改革发展。但是，不同教学方法各有不同优缺点，最优的、万能的教学方法是没有的，学无定法，贵在得法。因而，在体育教学实践中，体育教师能否正确地、有针对性地选择适合的教学方法是教学方法发挥最大作用的前提，成为影响体育教学质量的关键问题。

虽然体育教学方法的概念、分类等理论认识还有不同的观点（在此我们不作分析），但是，如何选择运用教学方法才是体育教学实践中急需研究的重要问题。为此我们探讨个性化学习的体育教学方法问题，就是要推进体育教学方法选用的科学性、针对性，促进体育教学改革深入发展。个性化学习是教学方法发展的一个重大进步，对传统班级教学统一性的改革，强调针对学生个体差异进行教学，有益于学生个性充分彰显。这个教学方法选用的思路是：首先从学生个性特点出发，调查了解学生的特点，有针对性选用教学方法，其次从教师个性特点、教学水平、教学风格选用教学方法；再次从教学目标、内容、条件、环境等特点选用教学方法；最后是分析教学方法优缺点，综合运用。根据这个思路对各类体育教学方法进行个性化设计，并形成个性化学习的体育课程教学方法体系。

5.体育校本课程个性化学习的组织管理体系分析

体育课程组织管理是指教师为了保证体育教学秩序和效益，对体育课堂教学过程的教学环境、人际关系、教学纪律、教学反馈等方面进行组织调控活动。体育课是以动态的身体练习为主的教学活动，教学好坏，在很大程度上取决于课的组织管理水平，要把学生从无序的课前状态，变为有序的课内教学活动，就得依靠教师的教学组织管理能力。可见，加强体育课的组织管理研究，对提高教师的组织管理能力，促进体育教学改革等有重要意义。

体育校本课程组织管理的内容有许多，概括起来有九个主要方面的组织管理：一是教学纪律的个性化管理。一堂课的纪律很重要，是保障教学顺利进行的前提，师生协调配合的基础。如何进行课堂纪律管理？我们认为教师应建立科学的课前、课中、课后常规，对教学过程进行规范，并严格执行，有利于教学纪律管理。二是体育课结构的个性化设计安排。课的结构是指体育课教学组成部分，以及学生课上活动安排；它对教学质量影响较大，需要进行科学设计与安排。课的结构设计重点不是大体结构，而是微细结构的活动安排，需要体育教师在积累教学经验基础上，认真设计与安排，保障教学过程有序进行。三是体育课堂教学活动的个性化组织。体育课是以实践活动为主，需要把学生组织起来进行有序的教学活动，就要依靠有效地组织工作。四是体育课基本矛盾的人性化处理。体育教学的基本矛盾有：讲解与练习的矛盾，约束与自主的矛盾，师生关系的矛盾，成功与挫折的矛盾等。这些矛盾的合理解决，是上好体育课重要基础。这就需要体育教师在解决这些矛盾过程中形成个性化的教学方式，提高教学效果。五是体育课身心负荷的个性化调控。学生在体育教学活动中需要承担一定的身体负荷和心理负荷，才能有效地完成学习任务，达到身心健康发展的目的，关键是要针对学生特点来科学安排体育课负荷，有效促进学生健康发展。六是体育教学评价个性化。体育教学状态需要进行及时的反馈，激励、督导，促进学生的体育学习，这就需要有客观合理的个性化评价。七是体育教学突发事件的正当处理。体育课上往往会出现一些意想不到的突发问题，如学生违纪行为、运动损伤、交往争斗等，需要体育教师恰当的个性化处理。八是体育教学环境的个性化管理。体育教学都是在特定环境中进行的活动，这就需要体育教师安排好教学环境，避免或排除干扰，利用环境进行有效教学活动。九是体育教学设施、器材的管理。体育教学活动都需要一定的教学设施、器材条件，如果安排不当，影响教学活动和质量，也就需要体育教师进行合理地管理安排，促进体育教学顺利进行。以上九个方面的教学组织管理活动，都需要体育教师进行科学安排，针对学生的特点，以及不同的教学目标、内容、方法、条件等，进行具体组织方式的设计，形成个性化学习的体育教学组织管理体系，促进体育教学的有效发展。

6. 体育校本课程个性化学习的评价体系分析

体育课程教学评价是依据教学目标和教学原则，对体育教学过程及其结果所进行的价值判断和测评工作。认识体育教学评价，一是要理解判断教学活动的价值和优缺点的过程：体育教学活动的价值反映在学生身心教育影响上，开展的各项体育教学活动对学生的知识技能掌握，身心健康起到什么作用，以及教学活动有哪些优缺点等进行判断。二是理解判断的依据是体育教学目标及教学原则：体育教学目标是教学的预期结果，也是教学活动的出发点和归宿；教学原则是教学规律的反映，也是教学活动的基本原理和要求，评价就要以教学目标和原则为依据。三是理解通过系统的测量与调查手段来收集教与学信息材料，进行评定和调整的过程：体育教学评价必须通过科学测量和系统调查，获得客观实践信息，保持评价的科学性、真实性，评价又是通过反馈机制来评定和调整教学活动的方法和方向，促进体育教学进入评定—调整—再评定—再调整的不断发展的教学过程，体育教学质量就会不断提高。因此，搞好体育教学评价工作对获得教学状态信息的反馈，强化学生的体育学习，考察与评定师生教学活动水平、优缺点，促进教学改革提高等具有非常重要的意义。

体育教学评价种类和方式有许多，如：综合评价与单项评价，学生评价与教师评价，内部评价与外部评价，主观评价与客观评价，相对评价与绝对评价，诊断性评价、形成性评价和终结性评价等；各种评价都有优缺点，在教学评价实践中必须有针对性的综合运用。因此，我们以个性化学习为背景来分析综合运用体育课程教学评价体系。首先，评价理念的个性化、人文化。体育课评价要以学生人文关怀为本，以促进每个学生健康成长为己任；要有益于深化素质教学改革，确立体育课教学在素质教育中作用；要明确体育课教学目标与评价目标的一致性，建立科学的个性化评价体系。其次，评价内容的多元化、扩展化。体育课教学效果是多方面的、综合的，这就要求评价内容体系应不断扩展，从学生的参与活动状态、体育知识技能掌握、身心健康发展、社会交往互动等多个学习领域来考查学生学习效果。再次，评价方法方式的针对性、综合性。评价的具体方式方法有许多，各有优缺点，就需要综合应用评价方法；学生学习个性化明显，个体差异较大，就需要建立针对学生学习性的评价方法体系。

7. 体育校本课程个性化学习的环境条件优化分析

体育校本课程环境条件是指体育教学活动需要的各种场地、器材、时空等物质条件和体育风气、教学心理、管理制度等人文环境的总和。体育课教学活动都是在一个特定的教学环境中进行的，没有教学环境是没法开展体育教学活动，所以说教学环境是体育教学过程的重要因素，它既影响着教，也影响着学。优化教学环境对陶冶学生的情操，净化学生的心灵，培养他们的审美情趣；激发学生体育学习的热情和动机，保障学生身心健康发展，养成体育健身习惯等有着重要作用。体育课教学环境是一个复杂系统，由多要素构成，有物质的，也有人文的；有显性的，也有隐性的；有动态的，也有静态的；有室内的，也有室外的等。这就需要我们优化设计，科学合理地充分利用课程资源，创造好教学环境，促进体育课教学工作顺利进行。

个性化学习的体育课程教学环境的优化。首先对体育课程物质环境优化。体育教学的物质环境有：体育场地、器材和设施，教学时间空间，校园绿化、自然条件等。科学合理地设计与安排好体育教学物质环境，应从学生的个性特点和学校实际条件出发，挖掘学校体育课程物质资源，对体育教学场所优化，教学器材利用优化，教学信息运用优化，班级教学分组优化，教学时间空间的充分利用，自然环境的利用等方面进行个性化设计与安排，以利于体育课教学过程的优化，更好地培养学生体育活动能力和运动素质。其次对体育课程人文环境优化。体育教学人文环境有：学校体育传统和风气，体育课堂氛围，体育教学的人际关系，体育信息传递，体育教师人格、行为、领导方式等。体育教学人文环境是一种无形的环境，似乎看不见摸不着，但又客观存在教学中，对体育教学顺利进行，对师生心理健康发展等，发挥着不可忽视的重要影响。因此，要加强体育教学人文环境优化设计，提出体育人文环境建设方案。对学校体育传统、校风、学风建设,体育课堂规范建设,师生心理氛围培养,人际交往互动优化,体育教师仪态设计等,都要进行精心设计与培养,形成有益于学生个性化学习的体育课环境。

8.体育校本隐性课程个性化改革分析

第一,体育校本隐性课程建设要有目的、有计划、有组织地进行。体育隐性课程与显性课程关系是非常密切的,伴随着显性课程而存在。虽然隐性课程一时看不见、摸不着,但它实实在在地存在于学校体育工作中,影响着体育教育的健康发展。因而,体育隐性课程建设就要有目的、有计划、有组织地进行,充分发挥隐性课程的潜移默化教育作用。

第二,体育隐性课程建设要以校园文化建设相结合。体育隐性课程的表现形式多以校园文化现象显现出来,学校体育文化具有多样性,对学生身心健康具有重要影响,加强校园体育文化建设就能促进体育隐性课程建设。

第三,体育隐性课程建设要以体育活动氛围为重点。体育活动氛围具有很大的影响力,对学生参与体育活动,培养体育兴趣,养成健身习惯等都有潜移默化的影响。因而,应加强校园体育氛围的塑造,促进体育隐性课程建设。

第四,体育隐性课程建设要与显性课程结合进行。隐性课程与显性课程是相辅相成、相互依存、相互促进的。因此,在建设显性课程时要加强隐性课程建设,两方面结合起来,促进学校体育健康发展。

第五,体育隐性课程建设要从日常体育工作做起。体育隐性课程建设要从细小的工作开始,尤其是日常体育活动、日常教学活动、日常课外活动、日常管理活动等方面要渗透体育隐性课程建设意识,营造体育文化氛围,促进学生身心健康发展。

现代社会发展进入高科技经济时代,对人的现代化提出更高的要求,对知识与创新特别重视,对学校教育就格外倡导素质教育,强调创新能力的培养,促进个性化的发展;因而,素质教育、创新教育、个性教育三者是统一的。个性化学习是以素质、创新、个性教育为指导思想,以促进每个学生身心全面、充分、和谐发展为目标,而制定的适应学生个体差异为特点的主体学习方式。它是当代教育发展的新理念。在体育校本课程教学过程中要以个性化学习为指导,构建适应学生个体学习的体育课程新体系。这个体系由体育校本课程的目标体系、内容体系、方法体系、课的类型体系、组织管理体系、评价体系、环境优化体系等组成,形成适应学生主体学习需要的体育课程新体系。它综合了学生个性化学习,教师个性化教学,学校体育课程特色化建设等要求,对促进体育课程改革发展,培养学生身心健康素质有着重要的理论价值和实践意义。

第四节 学校体育与健康课程改革

我国现代学校体育教学经历了军国民主义体育、自然主义体育到全面学习苏联体育教育的影响，形成了传统的体育教学思想和模式。进入改革开放时代，学校体育工作者在学习与引进国外体育教学思想的同时，不断探索和审视着我们的体育教学思想、教学模式、教学内容和方法。多年改革实践证明，我们的体育教学观念具有传统教学思想的局限性，教学模式具有军操式的机械性，教学内容和方法具有苏联的竞技性等，难以适应新世纪教育发展的需要。党和国家高度重视教育改革，在《关于深化教育改革，全面推进素质教育的决定》中指出：学校教育要树立"健康第一"的指导思想；教育部体卫司针对学校体育如何贯彻"健康第一"的教育指导思想，作了积极部署，并对体育课程改革予以重点关注，将体育课正式改为《体育与健康》课。这为学校深化体育教学改革指明了方向。然而，面对新的课程体系，如何进行改革实践，目前还缺少研究。因此，我们构建学校《体育与健康》课程教学体系，对新课程的教学目标、教学内容、教学方法、教学组织管理等方面进行研究，对促进学校体育教学改革，转变教学思想，更新教学模式，培养学生适应新世纪发展所需要的健身与卫生保健意识和行为习惯等有着重要的现实意义。

1.体育与健康课程的教学目标分析

课程目标是体育教学工作的方向，也是体育教学的归宿。它决定着学校体育教学改革的走向和过程，也是评估体育教学工作的根本依据，对体育教学工作的开展起着导向和激励作用。长期以来，学校体育理论界对原有体育教学目标进行过不少讨论，提出过一些改进意见，文字上进行过一些修改，但始终没有摆脱原有的目标框架，仍然存在着教学思想不够明确、课程目标定位不够准确、教学实践不好操作的相脱离现象。究其原因，主要是传统思维方式的局限性所致，仍停留在"体质论"与"技能论"相碰撞中，加上现在引进了不少国外体育教学新思潮，使教学实践工作中更乱了阵脚，摸不着方向。那么如何确定《体育与健康》课程的教学目标呢？在总结已有研究成果和观察调研的基础上认为：首先必须明确教学思想。体育教学的价值在于学生可持续发展的需要，表现在学生身体和心理发展的本位价值与社会价值的融合，也就是现今提倡的科学主义和人文主义价值的体现，反映在体育教学培养学生的生命性、未来性、社会性的三维体育观上。其次要准确把握教学目标的定位。体育课程目标作为一门课程的教学目标，与学校体育目标属于不同层次。现代教学理论认为，课程教学就是要让学生在已有的文化成果的基础上发展和创新，这样《体育与健康》课程的教学目标应定位于让学生在主要掌握体育和健康的文明成果的基础上发展身心素质和创新个性，这与三维体育观的教学思想相一致，再次要符合《体育与健康》课程的教学特点。体育与健康知识、技能、意识的形成是一个"知、情、意、行"的过程，又是一个多种感受下长期实践体验的过程。因此，课程教学目标既要有宏观的方向性，又要有微观的层次性和操作性，才能真正达到目。这样《体育与健康》课程的教学目标可确定为：让学生掌握体育健身和健康生活的基本知识与方法，培养学生适应社会所必需的体育与健康调理的意识和能力，发展学生的体育素质和创新个性。这个目标定位准确，方向明确，内容一致，合乎逻辑，便于在实践教学中形成学段、学期、学年以及课时等层次教学目标体系。

2.体育与健康课程的教学内容分析

课程内容是教师进行实践教学的重要依据，也是学生获得体育与健康知识和方法的主要来源。自改革开放以来，我国学校体育教育内容改革仍然存在两种观念的碰撞：一是重竞技项目轻传统项目；二是重传统项目轻竞技项目。我们在现场观察与调查中也了解到，不少学校的体育教学内容选择受"竞技与传统观念"之争的影响。其原因主要是缺乏辩证思维所致，在理论认识上混淆了"竞技、传统、项目、内容"等不同概念的含义，忽视了任何项目都可以用来竞技，也可以用来健身的本质。那么作为新型的《体育与健康》课程的内容体系，如何从丰富的体育与健康素材中精选教学内容？不少学者提出了一些有建设性的意见：有的认为体育教学内容应该根据教学目标来选择有健身价值、实用性强的体育素材，使学生熟练掌握，能够终生练习健身；也有的认为各项体育活动都有健身价值，教学内容就应该广泛些，让学生去选择适合自己的健身方法。因此，在总结经验和征求大家的建议的基础上，基于两点考虑来构建新的《体育与健康》课程内容体系：一是现代课程理论认为，教学内容应该是具有时代特点，又有实践运用价值的知识结构体系，二是现代体育教学思想和教学目标的要求，即培养学生可持续发展所需要的自我健身保健知识、方法、能力、意识。它包括体育健身理论与方法、体育保健理论与方法、体育康复理论与方法、心理调节与卫生方法、体育娱乐与休假方法、体育文化与欣赏等方面的内容。在具体选编教学内容时，还应从学生适应社会发展的需要出发，分层次有重点地选择经实践反复证明有较高价值的体育与健康方面内容，使之形成具有指导性和终身健身与保健的工具书。

3.体育与健康课程的教学组织与方法分析

课程的教学组织与方法是完成教学任务的重要途径和具体办法。以往学校体育教学中在课的类型上以实践课为主，理论课为辅；在教学组织上主要是课内教学，课外放羊；在教学方法上主要是技能教学的形式。这对于新课程的教学要求是远远不够的，也难以适应新时代教学改革与发展的要求。那么《体育与健康》课程的教学组织与方法如何选择呢？现代教学理论认为课程教学应该把显性课程和隐性课程有机结合起来，重视隐性课程的教学作用。行为科学认为人的行为习惯来自人的兴趣爱好的培养和长期活动的体验。体育教学特点也反映出是一个长期的"知、情、意、行"过程。因此，课程教学组织形式应把课内与课外、实践与理论结合起来，重视学生在健身活动的氛围中学习与体验。课的教学时限应该从低年级到高年级四年不断线，但课的组织、学时、学分安排要结合实际灵活运用；课的类型应该是采取理论传教课、实践练习课、学生活动课三种形式；课的组织应采取相对固定班组、相对松散班组、完全自愿参与班组三种方式；教学方法应把环境感染法、氛围体验法、讲授法、练习法、宣传诱导法、心理咨询法、自我锻炼法等有机地结合起来，形成《体育与健康》课程的教学组织和方法体系。在实践教学过程中形成多种多样的具体教学办法。

4.体育与健康课程的教学管理与评价

课程教学管理与评价是保证教学工作顺利进行，提高教学质量的重要途径。以往的教学管理与评价大多是长官式的行政命令和人情式的管理方法，难以充分发挥教师的主导作用和学生的主体作用，最终影响着教学质量的提高。现代管理科学认为：任何事物的管理都应该以系统原理为先导，人本原理为核心，效益原理为目标；三者有机结合贯穿在管理过程的始终。因此，《体育与健康》课程的教学管理，首先要树立正确的管理思想，把系统观念、以人为本的思想、效益目标落实到教学管理过程的各个环节中去；其次要采取科学有效的管理方法，把组织形式、管理规章、实践操作办法统一到质量评价与监测体系上来，形成一套灵活高效的管理机制。

通过研究，构建了普通学校《体育与健康》课程的教学体系，对课程的目标体系、内容体系、组织方法体系以及管理评价体系等方面的建设，提出了全新的思维方式和有价值的基本框架，对指导高校体育教学改革、课程建设以及校园体育文化的发展都有积极的意义。但在实践运用中应该根据各地各校的实际情况，建立各校具体的课程体系和操作运转办法，并在实践中进一步研究，丰富完善课程体系，更好地服务于教学实践需要。

第五节　体育教育专业的课程改革

自 20 世纪 50 年代以来，我国体育教育专业受传统教育思想和体育思想的影响，走过了全面学习苏联的体育教育，到逐步结合我国实际摸索社会主义的体育教育，形成了相对稳定的以培养中等学校体育师资为目标的体育教育专业人才模式。进入改革开放以后，各学校在实践中积极探索体育教育专业的改造，积累了不少专业教育改革经验，无疑推动了体育教育专业的发展。但是，由于传统的教育观念、意识积淀太深，体育教育专业培养人才的思想和模式仍然变化不大，导致学生素质不高，能力不强，难以适应新世纪社会发展和我国加入 WTO 后市场环境变化的需要。并且随着高校体育专业扩大招生，体育教师的岗位又相对有限，学生就业越来越难，业内人士称之为"狼来了"，这迫使我们必须大力推进体育教育专业的改造。中共中央、国务院《关于深化教育改革，全面推进素质教育发展的决定》中，指明了我国学校素质教育改革的发展方向和培养人才的要求，体育教育专业如何贯彻《决定》精神，适应新世纪素质教育发展的需要。目前有创新的研究还不多。为此，我们在通过调查研究和总结我国体育教育专业改革经验的基础上，对体育教育专业适应新世纪素质教育发展问题进行研究，探索体育教育专业的办学思路，更新培养人才观念，改革教育内容体系，优化实践教育环节，以及教育进程等，对深化我国体育教育专业改造，培养适应新世纪社会发展的高素质体育教育人才有着重要的理论价值和现实意义。

1. 更新体育教育专业的人才观

"人才观"是人们在一定社会和时代的教育实践活动中直接或间接形成的对教育培养人的认识或看法。它集中反映在培养什么样素质的人的问题上，对教育目标及其教育过程有着非常重要的影响。回顾我国多年来的专业教育，由于其受专业分化和学科分化以及社会用人制度的影响，培养人才的专业面过窄，专业互通性不强，导致学生适应社会发展的素质和能力较差。而且，现代社会的发展对人才素质的要求越来越高，岗位竞争激烈，职业选择与流动越来越多样化。我们体育教育专业就必须改变原来针对中学体育教师岗位培养人才的观念和模式，拓宽培养体育人才的思路，使学生既能胜任各级学校体育教师的岗位，也具有从事其他社会工作的能力，尤其是提高学生适应社会发展能力。国外高等教育实践也表明，淡化专业，重视基础，理、工、文科交叉渗透兼修，这样培养出的人才适应社会能力较强。从我校十几年来体育教育专业毕业生就业方向可以看出：一是现代社会对体育人才需求的多样性，反映出各级各类学校需要体育教育人才，不同社会单位也需要体育人才，说明体育人才就业市场在不断拓宽。二是学生选择职业的多样性，并且随着社会发展，这种职业选择和流动的社会发展必然趋势将会加快，一个人一生在一个单位从事同种工作的情况将会越来越少，使体育人才向社会各方面渗透已是必然趋势。因此，我们必须转变体育教育专业培养人才的观念，树立牢固的素质教育思想，重新构建体育教育专业人才质量结构，使学生基础扎实、知识面宽、能力强、素质高，能更好地适应新世纪社会发展和我国加入WTO的新环境中求生存、求发展的需要。

2. 体育教育专业教育内容体系的设计

教育内容是指给学生传授的知识和技能，灌输的思想和观点，培养能力和行为习惯的总和。教育内容中最根本的问题是课程设置，搞好课程设置是专业教育内容体系的核心问题，关系到学生素质能否提高和培养目标能否实现。长期以来，我们体育教育专业的课程设置局限在体育运动学科内，使学科分布单一，教育内容覆盖面过窄，内容也显陈旧，重复过多，脱离实际等，这与现代科学技术的飞速发展、知识更新加快和新成果层出不穷的矛盾越来越突出，影响着学生综合素质的培养。调查结果表明：体育教育专业的教学内容（课程）选择意向，大多数人认为应该以突出综合基础，扩大知识面，提高综合适应社会发展的能力。调查对象的认同率分别为：体育教学管理者占53.1%，体育教师占58.3%，学生占49.3%。其他两项调查选择认同率较低。这说明体育教育专业的课程设置应从淡化专业、强化综合基础、拓宽学生的知识面、提高适应社会发展的综合能力出发。为此，根据现代综合课程理论，从跨学科领域中精选教学科目，重新构建体育教育专业的教育内容体系。但课程设计的总量应控制在2500学时（四年制本科）左右，周学时在22左右，在有限的学时内扩大学生的知识面，提高综合适应能力，防止课程量盲目性增多，影响学生个性和自学能力的发展，按照培养目标有层次地搞好课程比例关系。在课程设置时还应根据知识体系的结构，可灵活设置单学科和综合性学科以及专题讲座等。再要优化专业实践教育环节的安排，培养学生实际运用知识的工作能力。体育教育专业的实践环节应该从三方面落实：一是强化学科教学实验；二是加强课外实践操作活动；三是重视集中实践教育环节。三者有机结合，形成学生实际能力培养体系，这样有利于学生知识结构、能力结构、素质结构的培养。

3.科学安排体育教育专业的教育进程及方式

教育进程是对学生教育教学过程及课程科目的具体安排；教育方式是指对学生教育教学的组织安排的实施形式。科学合理有效地安排教育进程和方式是提高教育质量，实现教育目标的重要保证。调查结果表明，我国32所学校体育教育专业教学安排采用主辅修制的学校有8所，占25%；重视学生的综合基础、强化计算机和外语教学的学校有21所，占65.6%；大量开设多种类型的选修课的学校有16所，占50%；采用学分制的学校有30所，占93.8%。这说明我国高校体育教育专业教学安排方式改革，已经引起广泛关注，形成了基本的教学安排模式。它采取的主要方式和教学安排是主—辅修制和学分制：体育教育为主修，其他方向为辅修，按学习累积学分达到专业教育规定学分（170）为毕业。具体教育形式采取1、2年级主修，3、4年级辅修，实践教育四年不断线：计算机运用不断线、外语学习不断线、运动技术课外训练不断线等。其次是课程教学进程的安排以学科之间知识结构的系统性、逻辑性以及前后基础关系进行科学安排，以确保骨干学科、重点学科的教学，同时兼顾一般学科的学习，分为必修课、限选课、任选课三种类型，确保必修课的教学，扩大和放开任选课的范围和灵活性。但调查中还发现，有不少学校实施的力度和持续性还不够。因此，应加强科学管理，克服实践中的形式主义，同时进一步结合学校自身条件规范各环节的教学管理，使之更好地为培养综合性体育教育人才服务。

通过研究，体育教育专业的改造必须更新体育教育人才观念，牢固树立素质教育思想，从强化学生的综合基础、扩大知识面、提高适应能力和素质出发，走培养高素质综合性体育教育人才的办学思路。课程设置要跨学科、跨专业选择，扩大知识覆盖面，避免重复性，可设置单学科、综合课、讲座课等；优化实践环节的教育，形成素质教育内容体系。教育方式要灵活采取主辅修制，全学分制；教育进程可采用1、2年级主修，3、4年级辅修来发展专业方向，并注重学科教学的基础性、关联性、内在逻辑性，确保骨干学科、重点学科的教学，扩大选修课程的面和量，计算机、外语、运动技术课余训练等要四年不断线；但学时总量应控制在2500左右，学分量控制在170左右，使之有利于培养学生的综合素质，实现专业教育目标。

各学校在体育教育专业改造中，应根据实际情况确定自己学校的发展方向和特色，形成我国各具特色的体育教育专业的人才培养模式和特色，推动我国体育教育人才全面和多方位发展，从而改变过去单一体育教育人才的培养模式和规格。这对发展体育教育事业，提高学生适应社会求生存、求发展的能力都有十分重要的意义。

第七章 体育与健康模式研究

体育教学模式是为完成教学任务而采取的体育教学方略及其方法、手段、措施、办法等的教学组合。体育教学模式一旦形成就有相对稳定性，对体育教学实践有较大的影响。现代体育教育思想的发展，对原有的体育教学程序和方法提出了许多改进意见，冲击着原有的体育教学模式，引起了广大体育教育工作者的关注和思考。因而，我们深入研究体育与健康教学模式，就是为了发现问题，分析原因，改革创新体育教学工作，促进学生身心素质和谐发展。

第一节 学校体育与健康教学模式

体育与健康教学过程是实现教学目的、任务的基本程序，是学生在教师有目的、有计划的指导下，通过一定的媒介方式、方法，掌握体育教学大纲所规定的教材内容，锻炼身体，增强体质，培养良好的个性和思想品德的过程。体育教学过程由以下几个基本要素构成：一是体育教师，即教学的组织者与管理者；二是学生，即教育的对象，学习的主体，教材的选择、教学方法的制定均指向学生；三是传播媒介，即教学过程中将教材内容传递至学生的各种方法、形式或工具；四是体育教材。可见，这四个要素构成了体育教学过程的基本因素，他们相互作用形成体育教学的各种矛盾，解决和处理好这些矛盾是提高体育与健康教学质量的关键。优化体育教学过程就是要科学合理地处理好教学过程的基本矛盾，形成最佳的教学模式。

1. 改革传统的教学模式以适应素质教育发展的需要

传统的模式不适应现代青少年心理和生理的发展需要，传统的教学模式在应试教育的教学过程中发挥了重要作用，尤其是对20世纪七八十年代的青少年，形成了一定的效应。但是，我们的教学对象是随着时代而不断地变化进步的。现实中，我们面对的是在优越条件下成长起来的学生，他们好奇心强，对新鲜事物易产生兴趣，思维敏捷，活泼好动，爱上体育课，却不愿意参加剧烈或难度较大的活动，更不愿意在活动中受到太多的约束。再加上班级人数多，肥胖儿多，克服困难的意志品质弱，给我们的体育教学带来了很多困难。我们本来可以利用这些因素有针对性地加以突破，但是传统教学模式的条条框框，无形中影响了教师的创造性，使课的形式单调，同时也把学生的主动性和创造性限制住，影响了学生个性的发展。

　　传统的授课模式不能和素质教育所要求的教学目标相适应。现代教育注重学生的个性发展，我们的任务不仅是要让学生的身体好，更重要的是面向全体学生，把学习和锻炼的方法教授给他们，通过正确的身心教育培养良好的道德品质，养成良好的行为规范，发展人际关系，学生认识事物的能力，掌握对美的认识和理解。而传统的教学是在应试教育的理论与实践中生长并形成的一种固定模式，片面强调身体锻炼，忽视了对学生的全面培养和教育，不能以大多数学生为主要教学对象，这与时代所赋予教育的历史任务是不相符的。现在，素质教育是教育改革的主旋律。体育是素质教育的重要内容，又是素质教育的重要手段，体育课堂教学更是实施素质教育的关键环节之一，因此要全面推进素质教育，必须转变观念，改革传统的教学模式，要在实践中充分利用体育教育自身的优势，转化限制条件为有利条件，正视自己，解放思想，拓宽思路，大胆突破，既尊重传统，又不要被传统所拘束；既学习国内外先进的教学方法，又要创造适合本校实际的方法，优化体育课堂教学过程，使每节课都做到教法新颖，措施有力。

　　2. 体育课教学过程中存在的几个问题

　　第一，继承体育传统与改革创新不能有机结合的问题。优化课堂教学，既要打破传统，又要继承传统，在继承传统的基础上有所创新。就是说既要打破传统教学中不利于学生生动活泼发展的教学方法和模式，又要继承传统教学中优良的教学形式并大胆改革探索创新，力求做到最优化教学。比如传统的体育教学顺序一般是在准备活动后进行新教材的教学，要优化课堂教学，充分调动学生的积极性，就应该打破这种固定不变的教材安排顺序，根据教材的难易、气温的高低等因素来安排新旧教材的先后，主要是看是否能够尽快使学生进入角色。又如课堂开始部分的学生站位问题，有些教师就让学生站成弧形或干脆围绕教师散点站位，看似充分尊重学生主体地位，实质呢？如弧形站位，整队向右看齐，看谁呢？如果不进行整队和队列队形练习，又谈何培养学生的组织纪律性呢？显然，仍以几列横队站位为佳，这就是继承传统教学中合理的教学形式。

　　第二，体育教育的目的功利化问题。由于现在的学生毕业升学要进行体育考试，于是有些学校体育教学就走入另一种"优化"的误区，认为训练出学生的体育成绩就是优化了教学。为了考试得高分，他们置体育教学大纲的教学计划于不顾，"考什么，教什么，练什么"，一节体育课就成了"强迫强化训练"的驯兽式活动。不是立定跳远，就是掷铅球，再不就是50米跑，三者轮换进行。谈什么身心全面发展？又谈重视学生主体地位？何谈优化教学？现在实施素质教育，应克服这种应试体育教学思想。

　　第三，放羊式的"学生中心论"问题。优化课堂教学，要重视学生主体地位，但并不是一切由学生说了算。重学轻教，进行"放羊式"的体育教学，还美其名曰"纯开放式"教学，这是不对的。教学应该着眼于发展学生的能力，让学生得以生动活泼地发展。只有教师开动脑筋，更好地发挥主导作用，才能把学生引上正轨，实现课堂教学的最优化。

第四，现代化教学手段的装饰性问题。体育教学中运用现代化教学技术手段，如图片、投影、摄像、计算机等多媒体，既是媒体，又是桥梁，不能只图花架子，摆得热闹，要力求实用。试想如果一节课大部分时间用来操作计算机和摄像放映去了，学生实际学习和锻炼时间就太少了，整个课堂教学效果就不理想。这些问题，需要深化改革，提高认识，优化体育教学过程模式。

3. 优化体育课教学模式的策略

第一，树立正确的师生观，充分发挥学生的主体作用优化体育课教学过程。体育教学是教师教与学生学共同参与的交互活动过程。在这方面，"教为主导，学为主体"。然而，目前体育教学是，大多数是以教师为中心，学生处于被动从属地位，"教者发令，学者强应"，由此造成学生厌烦体育课的现象。要优化体育课教学过程，全面推进素质教育，必须要有正确的教学指导思想。唯物辩证法认为，外因是变化的条件，内因是变化的根据，外因通过内因起作用。在体育教学中，教师教是学生学习的外因，学生本身则是学习的内因。并且在教与学的矛盾中，矛盾的主要方面在于学，而不是教，因为教学过程的存在和发展，主要的不是因教师的教而是因学生学而存在和发展。因此，体育教学要适应素质教育的要求，培养21世纪所需的身心全面发展的人才，在教学中就必须强调学生的主体地位，重视调动学生学习的主动性和积极性，树立学生主体性教学思想，真正落实"教为主导，学为主体"，来优化体育课教学过程。

第二，优化体育教学内容，优选教学组织形式，在遵循体育教学大纲的前提下，尽量把每一节课的教学搭配得合理、有趣或编设各种不同的方式方法。从体育课的基本组织形式来看，采用的大都是班级授课制，有不分组教学和分组教学两大类。后者又分为不同组教学轮换和不轮换几种形式。课的组织形式是根据课的任务和部分教材的特点和条件确立的。教学中如不从具体情况出发，简单地采用单一班级授课模式，往往造成片面强调教学内容和要求，却忽视了学生体能及体育基础、特长爱好上的差异，使教学形式和手段表现为较强的强制性，而把学生局限在封闭式的小组中活动，这样必然导致学生"吃不了"或者"吃不饱"的现象发生。试想连续两周满堂课的长跑，学生的兴趣何在？因此，在教学中我们应根据不同性质的教材和训练内容、不同单元及课时目标、不同学生的身心特点等因素进行优化分组，如体能分组，分层次训练、伙伴分组，能力训练和兴趣分组，强化训练等，此为分组教学。还可以采取如游戏、组织竞赛等方式，克服单一运动技术教学，向运动技能迁移运用方面转变，让学生有新鲜感，这样就容易调动学生学习、锻炼的积极性。

第三，以启发式教学为主导，多种教学方法综合运用与相互配合。早在2000多年前，大教育家孔子就提出了"学思结合，启发诱导"的教学思想。近代教育家蔡元培先生强调，教育应激发学生的学习兴趣以引导学生独立探索与自学。毛泽东在《体育之研究》一文中指出："欲图体育之有效，非动其主观，促其对体育之自觉不可。"因此，要优化体育课堂教学，必须废除填鸭式教学，进行启发式教学，同时综合运用多种教学方法如语言法、直观法、完整与分解法、练习法、游戏和比赛法、预防纠正错误法等，让学生在教学过程中真正处于活跃状态，充分发挥其积极性，不但知其然，更知其所以然，改变教师死板教，学生被动学的尴尬局面。

第四，多种教学模式的综合运用。20世纪80年代中期至今，我国出现了多种教学模式的研究和实验，如成功体育教学模式、快乐体育教学模式、情感体育教学模式等。要优化体育课教学，应注意多种教学模式和方法的综合运用和相互配合，因为各种教学模式都有其优点和不足之处，只有集各家所长，结合自己和学生的实际情况，创造一种有个性特色的教学方法，才能更有利于调动学生学习的积极性，使学生迅速进入角色，全身心投入学习活动中去，提高体育教学效果。

第五，高度重视现代化教学媒体的研究开发和使用。在近几十年中，西方发达国家把先进的科学技术引入教学领域，从照相、幻灯、录音、投影到摄像机，从电影、电视到计算机，这些现代教学媒体的使用，把有声与无声、有像与无像，声像有机结合在一起，使抽象的概念外化、物化，降低了学生认知上的难度，并容易激发学生的学习兴趣。体育教学也可以利用现代化教学媒体来优化课堂教学。组织学生观看动画或者电影，从视觉角度欣赏运动员力量和技术之美，从而提高运动自觉性，自觉进行锻炼。从互联网上查阅运动史、运动技术等所需要吸收的资料，扩大视野，充实自己，为终身体育打好基础。

第六，改善体育课堂教学氛围。学生是有生命、有好恶、有主观意识的人，在教学中如果时时处于被动、压抑状态，谈何主动性和能动性，更谈不上创新精神。因此在体育教学中，教师要尊重学生的人格与权利，与学生建立民主平等的师生关系，形成健康、美好、愉快的气氛与情调，使学生在和谐、融洽、宽松的环境下学习锻炼，并不失时机地对学生在教学过程中显现出来的审美意向和创造性，进行形成性和激励性评价，加以鼓励赞扬，使学生获得心理满足，激发学习的积极主动性。

第七，积极引进美育教育机制。要优化体育教学，还应在体育教学中适时进行美育教育，用体育中各种美的现象去激发学生体育动机，调动其积极性，使其倾心投入。体育教学中引进美育机制促进课堂教学优化，可以从如下几个方面着手：一是讲究教师的仪表和教态美，示范动作和语言艺术美。二是讲究场地器材布置美，场地干净、清洁舒适、粉线清晰、运动器材放置有序等。

总之，优化体育与健康课教学模式是一个复杂的问题，每位体育教师都应对此做出积极的努力，投身到教学改革的大潮中去，积极探索体育课教学中如何有效地组织好教学活动，充分调动学生学习的积极性，激发教学过程中师生双边活动的共同参与性，重视课堂教学过程的优化，把课堂教学创造得丰富多彩、生动活泼，使学生愿学、乐学、会学。这样才能真正深化体育教学改革，全面推进素质教育的发展。

第二节　高校体育与健康教育模式

改革开放以来，我国高校体育教育工作者在不断学习探索适合中国国情的体育教育改革的新路子，积累了许多有益的经验，取得了可喜的进步，促进了高校体育教育的发展。但是，由于传统的教育思想积淀太深，高校体育教育的实践表明，原有的体育教育思想、教育体系、教学模式以及方式方法的改革力度仍然不大。这与党和政府在《关于深化教育改革，全面推进素质教育的决定》中指出的"学校教育要树立'健康第一'的指导思想"的要求仍有较大的差距，也难以适应新世纪素质教育的发展和我国加入WTO后社会环境变化的需要。因此，我们通过广泛调查研究，对高校体育与健康教育模式进行改革探讨，从分析高校体育教育的现状及存在的主要问题入手，构建体育与健康教学的目标、内容、方法、组织管理等模式，对深化高校体育与健康教育改革，转变体育教育思想，更新教学模式，有着重要的理论价值和现实意义。

1. 体育与健康教育目标分析

体育与健康教育的目标是体育教育工作的方向和归宿。它决定着高校体育教育改革的实施过程，也是评估体育教育工作的根本依据，对整个体育教育工作的开展起着导向和激励作用。长期以来，体育教育目标一直是学校体育理论界研究与讨论的重要课题之一。不少学者对原有的体育教育目标提出了一些积极的改革观点，对修正体育教育目标起了积极作用。但是，体育教育现状表明：原有的体育教育目标几经修改完善，力求包括方方面面的内容，导致理论表述繁杂，含义多样，方向性仍不太明确，工作中不好操作，实践中仍以体育达标作为体育教学和锻炼活动的指挥棒，理论脱离实际的现象仍然存在。究其原因，体育教育专家认为：仍然是体育教育思想的认识差异，不同人有不同的认识水平，从而主张不同的体育教育观念，使体育教育目标的定位和内涵不能反映实践的需要。可见，明确体育教育思想是确定目标的前提。我们来看看当前高校体育教育思想的认识状态。调查结果表明：22.8%的体育教学管理者、26.1%的体育教师、28.0%的学生认为体育教育要以健身教育为指导思想；25.2%的体育教学管理者、17.8%的体育教师、17.2%的学生认为体育教育要以全面发展为指导思想；37.5%的体育教学管理者、44.3%的体育教师、30.2%的学生认为体育教育要以终身体育为指导思想；4.3%的体育教学管理者、4.8%体育教师、16.4%的学生认为体育教育要以快乐体育为指导思想；只有10.2%的体育教育管理者、6.7%的体育教师、7.3%的学生认为体育教育要以健康体育为指导思想等。这说明当前高校体育教育指导思想和观念上仍存在较大的差异和认识的多样性，出现了一定程度的混乱现象，必然影响体育教育目标的确定性和改革的方向性以及成效。专家座谈认为：教育思想是对教育现象、教育规律、教育问题等的总体认识和看法；体育教育思想就是对体育教育的总体认识和看法。当前高校流行的这些体育教育思潮，应该说都有其积极意义，从不同的角度提出了体育教育改革要求，但是，作为整体观的教育思想，就要充分反映体育教育的现象、规律、问题和要求，指明其发展方向。健身教育强调的是体育教育的生物作用；全面发展反映的是体育的多功能要求，但太笼统没有体现体育教育的特殊性；终身体育强调的是离开学校后继续参与体育活动的习惯；快乐体育注重的是体育教育的心理效应；它们都没有充分认识体育教育的整体现象和规律，因而不能作为总体认识的教育思想，否则，会使体育教育偏离正确的发展方向，导致实践中强调一面而忽视另一面的结果。只有健康体育能较好地反映体育教育现象的本质极其问题的总体认识。世界卫生组织对健康下的定义就包括了生物效应、心理效应、社会适应的要求。这说明健康体育思想涵盖了上面多种体育教育观念的内涵，也符合当今世界教育改革发展的潮流和我国要求树立的"健康第一"教育指导思想，因而它作为体育教育思想是比较恰当的。

明确了健康体育教育思想，那么如何确定高校体育与健康教育目标呢？访问调查认为：高校体育与健康教育目标应不同于中小学体育教育目标，要反映大学生的特点和要求，使体育教育目标具有明确的宏观方向性，又要有微观的层次性和操作性，真正起到引导和激励作用。据此，高校体育教育的目标是：使学生掌握体育文化知识，增强体质，养成健身习惯，成为健康的社会主义祖国的建设者和接班人。其基本任务是：①进一步学习体育与健康的基本知识、技术、技能，提高学生的体育能力；②全面锻炼学生身体，增强体质，提高健康水平；③发展学生的体育个性，培养体育意识和精神；④进行体育道德意志品质教育。完成体育教育目标任务的要求是：从学习提高学生的体育能力入手，从增强学生的体质和健康着眼，将培养体育意识和精神以及体育道德教育贯穿全过程。根据高校体育教育实际，形成学段、学年、学期、单元以及课时的体育与健康教育的具体要求，从而构成高校体育与健康教育的目标体系。

2. 改革高校体育与健康教育的内容体系

体育教育内容是教师进行实践教学的重要依据，也是学生获得体育与健康知识和技能的主要来源。自改革开放以来，体育教育内容改革一直是高校体育教育改革的重点和研究的课题之一，至今，竞技体育内容体系与传统体育内容体系的不同观念，仍在讨论与碰撞中求发展。那么高校体育教育内容改革的现状如何呢？我们从调查结果了解到：61.2%的高校认同仍然是以现代竞技运动项目为主体，来设计安排体育教育内容体系；22.4%的高校认同是以传统体育项目和一般性健身活动为主体，来组织体育教育内容体系；16.4%的高校认同是以竞技项目与传统项目各半的比率，来安排体育教育内容体系。由此看出，当前高校体育教育内容仍以竞技项目为主体，但在认识上仍有差异。我们在访问调查中发现，多数人认为：竞技体育是学生喜爱的体育活动，对学生有较大的激励和教育作用，也是国际体育交流的需要，所以要以竞技体育项目作为教育的主体。有一部分人群主张学校体育不同于竞技体育，不能在学校体育教育中搞竞技体育，有个别人甚至认为要把竞技体育赶出校园，从而发展休闲与健身体育。还有少部分人认为，体育教育内容要多样化，什么体育都要开展，才能满足不同学生的需要。显然，当前高校对体育教育内容的选择在观念上有差异，反映出对教学素材、教材、教学内容的认识不足，对竞技体育与传统体育或健身体育的认识差异，仍是影响体育教育内容选择的重要原因。从理论上说，竞技项目与竞技体育、传统项目与传统体育、教学内容与教学素材等是不同层次的概念：竞技体育是以极限负荷为主要特点的运动，竞技项目是竞技体育活动的形式，它可以大负荷，也可以是小负荷表现出活动方式；传统体育与传统项目也一样，可以成为极限运动，也可以作为休闲活动；它们的分界线是活动的目的不同，而不在于什么项目。教学素材是广泛的体育教学材料，教学内容是从教学素材中精选出来的，为完成一定教学任务而确定的教学材料。因此，可以认为：竞技项目、传统项目及其他体育活动都是体育教育的素材，都可以精选为体育教育内容，只要能更好地达到体育教育的目标就行。那么如何从广泛的体育素材中精选高校体育教育内容呢？我们从师生访问调查了解到：高校体育教材不同于中小学教材，不能简单地重复中小学教学内容，要提高其深度，符合大学生的身心特点，以及学校的实际条件，据此来构建高校体育与健康教育内容体系。它包括体育健身理论与方法、体育保健理论与方法、体育康复理论与方法、心理调节与卫生方法、体育娱乐与休假方法、体育文化与欣赏等方面的内容。在具体选编教学内容时，还应从学生适应社会发展的需要出发，分层次有重点地选择经实践反复证明有较高价值的体育与健康方面内容，使之形成具有教学指导性和终身健身与保健性的工具书。

3. 改革高校体育与健康教育的组织和方法体系

体育教育的组织与方法是完成教育任务的重要途径和实施办法。当前高校体育与健康教育的组织和方法的现状如何呢？调查结果表明：高校一般都开设两年体育课，只有25.6%高校第三学年开设选修体育课；采取班组授课的高校占98.2%，打破班组上课的高校占1.8%；分男女分专项班上课的高校占83.5%，不分男女和专项班上课的高校占16.5%；课外采取俱乐部制的高校占21.6%，没有采取俱乐部制的高校占78.4%；开设体育理论课的高校占74.1%，没有体育理论课的高校占25.9%。这说明目前高校体育教育的组织形式改革不大，仍然以传统授课形式为主；选修体育课设置不够，仍有一些高校无体育理论课，这不利于大学生获得应有的体育与健康知识教育；课外体育俱乐部组织有所发展，但需要进一步完善；男女生分班分专项教学比例较高，但是否分班教学，也有待进一步研究。我们从访问调查和现场观察了解到，目前高校体育教学方法，仍然是以运动技能传授法和体能锻炼法为主体，创新改革很少，反映出当前体育方法研究滞后，急需深化改革高校体育与健康教育的组织和方法，适应体育课程改革和素质教育发展的需要。那么如何改革呢？

现代教学理论认为：课程教学应该把显性课程和隐性课程有机结合起来，重视隐性课程的教学作用。行为科学认为：人的行为习惯来自人的兴趣爱好的培养和长期活动的体验。体育教学特点也反映出学生养成体育习惯，是一个长期的、反复的"知、情、意、行"的过程。因此，体育教育的组织形式应把课内与课外、实践与理论结合起来，充分利用学校的体育环境和氛围，重视学生在体育活动中的学习与体验。体育教育时限应该坚持课内2年、课外4年不断线，但课的组织、学时、学分安排要结合实际灵活运用；课的类型应该采取理论传教课、实践练习课、学生活动课等三种形式；课的组织应采取相对稳定班组、相对松散班组、完全自愿参与班组等三种方式；教学方法应把讲授法、练习法、环境感染法、氛围体验法、宣传诱导法、心理咨询法、自我锻炼法等有机地结合起来，形成体育与健康教育的教学组织和方法体系，在实践教学过程中形成多种多样的具体教学办法。

4. 完善高校体育与健康教育的管理与评价体系

教育管理与评价是保障体育教育工作顺利进行，提高教学质量的重要保证。目前高校体育教育管理与评价的现状如何呢？调查结果表明：52.4%的高校认同，体育管理组织机构健全，他们从校级到系部教师和学生形成了体育组织体系，并有负责体育工作的人员；47.6%的高校认同，他们的体育组织不够健全，系统化不够，或只有简单的体育机构。35.2%高校认同，他们的体育管理制度完善并严格执行；64.8%的高校认同，他们的体育制度不够完善或执行不好。46.4%的高校认同，他们对体育教师工作质量定期严格考核；55.6%的高校认同，他们不定期考核或领导随意考核。36.7%高校认同，他们对大学生体育合格标准严格实施；63.3%的高校认同，他们实施体育合格标准不够严格或不实施。访问调查也反映出：目前体育管理存在着严重的长官式的行政命令和人情式的管理方式。这说明高校体育管理的现状令人很不满意，难以充分发挥教师的主导作用和学生的主体作用，必然影响着体育教育质量和改革的成败，应引起高度重视，完善高校体育组织管理体系，保障体育与健康教育目标的实现。那么如何改革呢？调查访问认为：要搞好体育工作的管理，应该建立健全组织和管理制度，选好用好管理人员，完善监督机制，才能提高管理效益。现代管理科学认为：任何事物的管理都应该以系统原理为先导，人本原理为核心，效益原理为目标；三者有机结合贯穿在管理过程的始终。因此，高校体育与健康教育的管理，首先要树立正确的管理思想，把系统观念、以人为本的思想、效益目标落实到教学管理过程的各个环节中去；其次要采取科学有效的管理方法，把组织形式、管理规章、实践操作办法统一到质量评价与监测体系上来，形成一套灵活高效的管理机制。

通过调查研究表明，我国高校体育与健康教育的改革现状仍不乐观，存在的主要问题有：对体育与健康教育的概念认识不够准确，体育教育思想的认识差异性较大，导致体育教育仍以体育达标为指挥棒，体育教育内容以竞技体育为主体，体育教学组织与方法重视课内教学，忽视课外体育，管理与评价的随意性大等问题。针对现状，我们系分析了高校体育与健康教育的概念、目标、内容、组织方法以及管理评价等问题的改革策略，进而构建了高校体育与健康教育的新体系，提出了改革体育与健康教育个性化发展的思维方式和基本模式，对指导高校体育教育改革，课程建设以及校园体育文化的发展都有积极意义。

但在实践运用中，应该根据各地各校的实际情况，在这个体育与健康教育的基本模式上，建立完善个性化的体育与健康教育体系，形成具体的课程模式和操作运转办法，推进高校体育个性化的健康发展。并在实践中进一步研究、总结经验，丰富完善课程体系，更好地为祖国培养合格的高素质建设人才服务。

第三节　学校快乐体育的教学模式

体育教学模式是为完成教学任务而采取的教学方法的组合，是根据一定的教学思想而设计的教学程序。快乐体育教学模式就是以快乐体育思想为指导而进行设计的教学方略与程序。因此，我们研究学校快乐体育教学模式，对推进学校体育教学改革，提高学生身心素质，培养学生体育健身意识和习惯等具有积极意义。

1. 学校快乐体育教学改革思路

体育教学活动原本是件快乐有趣的师生活动。然而，我国学校体育课程教学自执行全国统编教学大纲以来，以"三基"为教学目标，以竞技体育项目为主要教学内容，以技术传授为主要教学手段，形成了体育课程教学"讲解—示范—分组练习—巡回指导—终结评价"的机械性教学形式。这种教学形式以教材为中心，将教材比作"图纸"，力求将学生加工成"标准件"，其教学过程以教师为中心——"教者发令，学者强应，身顺而心违"。它存在着教学目标单一、组织教学僵化、忽视学习方法、学生处于被动状态等不足，使不少学生讨厌这种缺少主体乐趣、枯燥乏味的教学活动。并与素质教育的基本特征——教学目标的全面性（多元性）、教学内容的基础性（非体育专业性）、学生个体发展的动态性、教学过程的主体性（学生参与）、教学方法的多样性、教学对象的主体性相差甚远。这在大力推进素质教育发展的今天，充分发挥学生主体作用的快乐体育教学改革就显得非常必要。

美国学者罗杰斯认为："当学生自己选择学习方向，参与发现自己的学习资源，阐述自己的问题，决定自己的行动路线，自己承担选择的后果时，就能在最大程度上从事意义学习。实践表明，这类参与学习的主动性比消极被动的学习有效得多。当学生以自我批评和自我评价为依据，把他人评价放在次要地位时，独立性、创造性和自主性就会得到促进。"可见，选择性是自主性存在的条件，自我评价是自主性发挥的动力，这提供我们体育教学改革的基本思考依据。

绝大多数的体育项目（作为教学手段）都可以促进学生身体的全面发展，使身体不断向良好的方向发展，满足基础教育对体育学科的要求。在基础教育的学科门类中，体育是为数不多的可以允许学生选择教学内容的学科之一。

长期以来，我国基础教育体育教学大纲选定的教材，包括必选教材（国家选择）、限选教材（地区、学校规定时数限制选择）、任选教材（学校利用限选时数选择的传统项目或乡土教材）三类。基本上实施的是国家、学校两级选择或国家、地区、学校三级选择。其中，学校选择是通过体育教师或体育教研室制订的学年教学计划实施的。这种选择制体现了体育教学大纲的统一性和灵活性，有利于发挥地区和学校的积极性，有利于结合学校体育教学条件的实际，有利于形成学校的体育特色。但是这种选择制，作为教学对象的学生，对教学内容没有选择权。

目前，我国学校体育尚不具备供学生选择教学内容的条件。体育运动项目可以作为练习手段供学生选择的教学内容有上百种，而通过国家选择——体育教学大纲选定的教材只有田径、体操、球类、韵律体操与舞蹈和民族传统体育中的极少项目。仅就这五类教材需要的教学条件而言，高校稍好一些，尤其是中小学校在体育场地、设备、器材三方面，能达到教学大纲对教材条件要求的学校只有极少数。以北京市城近郊区（经济发达地区）为例，根据有关部门的统计，体育场地达不到基本标准要求的中学占学校总数的51%，小学占学校总数的55%；体育器材达不到基本标准的中学占学校总数的50%，小学占学校总数的76%。学校对中小学生体育经费的投入人均仅为8.60元（含竞技运动投入）。基本不具备学生选择教学内容的条件，造成体育教学系统选择制"流产"。因此，在课堂教学过程中实现学生选择是对体育教学选择制的完善。

在课堂教学这一特定过程中，为学生提供自己选择练习手段、练习难度、练习伙伴，可以转变练习的机制，创设自主练习的氛围；设计不同层次的学生自我评价标准，实现形成性评价，使课堂教学体现素质教育的发展性、全面性、全体性和主体性，实现主导性与主体性相结合的快乐体育教学理念的转变。

2. 学校快乐体育教学模式分析

教学模式是按照一定的原理设计的一种具有相应结构和功能的教学活动的模型或策略，教学模式是教学系统—教学过程与教学形式—教学方法的中介和桥梁。因此，体育教学模式是在体育教学原则和体育教学方法的基础上，通过教师分析教材，对教材进行再创造。在教学过程中，针对课堂练习的组织、教法、学法而设计的相对稳定且具体的教学活动结构。它包括学生自己适应选择、自主实施练习、自我评价与调控三个相对独立而又相互交叉、相互制约、相互促进的动态的教学过程。

学生自己适应选择学习是指同一教学内容，学生练习时，可根据个体的实际，对练习手段、练习难度、练习伙伴进行选择。学生自主实施练习是指通过自己适宜的选择，把课堂练习的机制，由原来按教师指令练习，转变为学生有一定自主权的自主行为练习。

自我评价与调控是指依据教师设计的评价标准,参与教学大纲的终结性评价(考试标准),对技术水平、运动能力、学习效果进行教学过程中的形成性评价。这种由学生"自己适应选择、自主实施练习、自我评价与调控"的教学模式,具有三因素互为因果、形成结构完整的程序化教学过程。它有利于教师的主导作用的发挥,具体表现在学生自己选择的切入点是否合理,设计的自我评价标准是否恰当,以及在学生自主练习时如何发挥指导作用。

3. 运用快乐体育教学模式的原则与要求

原则是有效地指导教学实践科学进行的依据和保证。因此,运用适应素质教育改革的体育教学模式也就要遵循如下原则,有利于我们理解和应用它。

首先是价值性原则:树立素质教育的价值观,重新审视教材,根据体育教学以体验为主的认知规律,改革按技术环节分析教材的方法。根据教材的性质处理教材,实现教材显性内涵(技术)与隐性内涵(素质、原理、战术、规则、心理)的组合,构建适应学校素质教育改革的体育教学模式,使之有效培养学生体育意识和锻炼习惯。

其次是个性化原则:在体育教学中要承认学生个体差异,充分发挥学生个体作用,通过个体选择将课的教学目标分层次处理,成为不同层次个体(群体)的学习目标,来调动学生个体学习的积极性、自觉性,达到提高教学效果的目的。

再次是综合优化原则:体育教学是由教师、学生、教学内容、组织方法、场地器材、环境等诸因素互相影响的教学过程。核心是发挥教与学两方面的积极性,为学生创设"自主练习"的空间和时间,实现教师主导下的主体全面参与,优化课堂教学的各因素,综合实现体育教学目标,达到素质教育良好的综合效应。

最后是分层递进原则:体育教学程序的组织实施过程应该逐步完成、逐渐提高。在设计"自我评价"标准时应力求简单易行(量化的或直观的),是学生在运动中可以掌握的;使之在单元教学中应该是一个与教学进度递进的变量,逐步提高要求,最终达到体育教学改革的意愿和目标。

第四节 学校健康教育的实践模式

长期以来,学校教育受应试教育的影响,健康教育往往被忽视,导致对学校健康教育的认识不足,实践中缺乏科学理论的指导,停留在卫生宣传的水平上,成为素质教育的薄弱环节,影响着人才培养质量。因此,我们通过调查研究,对学校健康教育模式进行研究,构建学校健康教育的目标体系、内容体系、方式方法体系以及管理机制,对深化我国学校健康教育改革,明确健康教育目标及其理论体系,适应素质教育发展的需要,促进学生健康素质的提高,具有重要的理论和实践意义。

1. 学校健康教育的认识分析

正确理解健康教育是开展健康教育工作的首要问题，对构建学校健康教育新体系有着重要的指导意义。我们拟从目前我国学校对健康教育概念及意义的认识状态来分析，调查结果表明：35.2%的教学管理者、37.1%的教师、38.1%的学生认为健康教育是对学生宣传卫生知识，预防疾病的教育活动；50.5%的教学管理者、52.4%的教师、52.9%的学生认为健康教育是对学生传授健康知识和培养健康能力的一门课程教育；14.3%的教学管理者、10.5%的教师、9.0%的学生认为健康教育是一种新的教育思想，对学校素质教育改革提出的教育新要求。这说明当前我国学校对健康教育的认识存在较大的差异，大多数人群仍处在一门课程和健康宣传教育活动上，认识较为肤浅，与"健康第一"的学校教育指导思想的要求有较大差距。究其原因：一是学校教育受传统教育思想影响太深，不重视学生的健康教育所致。二是对中共中央、国务院《关于深化教育改革，全面推进素质教育的决定》的学习和宣传不够，很多人都不知道"健康第一"的教育指导思想，或者理解上有偏差所致。因此，我们从国家素质教育改革文件和有关专家学者的论著来分析健康教育的概念有广义和狭义的含义。从广义上来说，健康教育是一种新的教育思想，把培养健康人才作为教育的目标，要求学校的各项教育教学活动都要有益于学生的身心健康和适应社会可持续发展的能力来开展。在这一点上需要加强宣传学习，提高学校教育工作者的认识。从狭义上来理解，在一些《健康教育》课本中类似的解释为：健康教育是一种有目的、有计划、有组织的传授卫生知识、预防疾病、培养卫生意识和行为习惯的教育活动。这种表达基本正确，但还不完整，没有准确反映"健康"和"教育"的真正含义。根据世界卫生组织对"健康"的解释和教育理论对"教育本质"的认识，我们认为较准确的定义是：健康教育是学校通过一系列健康教育活动，使学生掌握身心健康知识，培养健康观念，发展健康个性，提高适应社会发展能力的健康教育活动。

2. 学校健康教育体系的建构

我们拟从学校健康教育的现状来构建健康教育的新体系，调查结果表明：当前学校健康教育的现状很不乐观，63.5%的管理者、65%的教师、69.4%的学生认为学校健康教育的目标不太明确；66.3%的管理者、72.7%的教师、74.8%的学生认为健康教育的内容不够完善，只是一些卫生常识；79.5%的管理者、79%的教师、95.3%的学生认为健康教育的活动不经常化，不多样化，随意性大；80.8%的管理者、76.2%的教师、92.4%的学生认为健康教育的组织措施不到位；80.1%的管理者、85.3%的教师、80.6%的学生认为健康教育的环境和氛围不够好；78.5%的管理者、82.5%的教师、73%的学生认为健康教育的效果不太满意。这说明多数人群认为高校对健康教育不够重视，缺乏健康教育工作的建设，无疑影响着学生健康素质的提高。座谈调查也了解到：多数管理者认为健康教育说起来也重要，做起来就显得次要，工作中仍停留在健康的宣传教育上。可见，针对目前高校健康教育的现状，构建大学健康教育的目标、内容、方式方法体系，对指导学校健康教育的改革有着重要的现实意义,并且是当务之急。专家认为:发展大学健康教育,明确目标是关键,优化内容是核心,科学的方式方法是桥梁,有效的组织措施是保证。

首先,明确学校健康教育的目标。专家教授认为:构建健康教育的目标体系,应明确两个主要问题,一是健康教育的定位问题,二是健康教育的内涵理解问题。师生座谈调查认为:健康教育的目标应该具体化、体系化,使人清楚明白,便于实施操作。关于健康教育的目标定位,既要贯彻《决定》指出的"学校教育要树立'健康第一'的指导思想",又要符合学校健康教育的实际,不同于其他教育工作。关于健康教育内涵的理解问题,它具有十分丰富的含义。健康教育不只是向学生传授卫生知识和方法,提高健康能力,还对培养正确的健康观、生活观、价值观,以及适应社会发展的能力、素质等有着重要的意义。根据世界卫生组织对"健康"的解释,就涵盖了身体、心理、社会等方面健康与适应的状态。可见健康教育是对学生进行身体健康、心理健康、社会健康的教育;这样才能理解健康教育的内涵。据此,学校健康教育的目标应是:按照党的教育方针和"健康第一"的教育思想,通过一系列的健康教育活动,使学生掌握生理、心理、社会的健康知识和方法,提高自我健身保健能力,培养健康的意识和个性,养成良好的健康行为习惯。然后根据各校教育实际,形成学段、学年、学期、单元、课时等课内和课外的微观健康教育目标体系。

其次,优化学校健康教育的内容体系。目前我国学校健康教育的内容还不够完善,多数学校的健康教育停留在卫生知识和预防疾病的宣传教育上,内容单一。师生座谈认为:学校健康教育的内容不应重复学习卫生常识,它应进一步深化内容改革,选择符合不同学生身心特点的健康教育内容,否则,就没有实际意义。专家教授座谈认为:构建学生健康教育的内容体系,应该以上级教育指导文件为依据,从学生适应社会发展应具有的身体、心理、交往的健康着眼,精选符合学生特点的健康教育内容,并形成教育教学内容体系。据此,从实现健康教育的目标出发,根据国家教育部有关健康教育的指导文件和现代课程理论,来构建学校健康教育的内容体系。它是从学生应具有的健康生活、健康学习、健康工作以及健康发展的需要出发,选择人体健康与性教育、心理健康与调节、社会交往健康与调节、环境健康与调节、体育健身与终身保健、饮食营养健康与调节、常见病防治与康复、健康教育管理与自我健康评价等方面来精选实用性的健康知识和方法,形成健康教育内容体系。

第三,科学组合健康教育的有效途径和方法。访问调查认为:多数教育工作者提出,要落实健康教育工作,必须从健康教育的显性课程和隐性课程两方面着手,完善各种健康教育组织措施。专家教授指出,落实学校健康教育工作,一要加强健康课程建设,二要强化校园健康环境的优化,把两者有机地结合起来,渗透到学校教育教学全过程之中,形成一种健康文明的教育氛围,才能达到健康教育的目标,培养合格的高素质的健康人才。据此,我们以课程教育的方法论为指导,来构建学校健康教育课程的途径和方法体系。它是由显性课程和隐性课程两方面构成,从课内教学到课外的多种健康活动,从校园健康文明规范到学生个体健康行为等多种途径,来形成具体有效的健康教育方式方法体系。

3. 学校健康教育的管理运行机制分析

管理机制是指工作管理的组织及其制度的体系,恰当的组织和有效的制度是推进学校健康教育工作的保证。然而,我们调查了解到:当前学校健康教育工作都由学校卫生部门管理,似乎各学校都有卫生组织,也有一定的卫生管理条例,但实施健康教育工作很不到位。多数学校只是开展一些卫生宣传教育活动和不定期的健康检查工作,健康教育工作的效果让人担忧,影响着学生健康素质的提高。这反映出当前学校健康教育工作的组织和制度的建立还很不完善,需要进一步优化组织结构,完善制度体系,形成有效运行机制。专家认为:健康教育工作是培养人的工作,在管理上应该纳入学校教务部门管理,卫生部门参与管理。教师认为:健康教育工作应该纳入教学计划,各部门协同管理。学生认为:健康教育应该把课内与课外两方面统一起来安排组织教育。这说明改革学校健康教育的管理方式,形成有效的运行机制是大家的共识。因此,我们在调查的基础上,根据大家的建议和现代管理理论,来构建学校健康教育的管理体系:它由管理组织、管理法规制度、学生健康监测与评价标准三方面构成。健康教育的管理组织应以校教务、医院、系部、学生组织等形成校、系、学生的三级组织,分工负责目标明确,协同配合统一工作;健康教育的管理制度应把教育部门的法规和文件要求,形成学校健康教育管理的各项制度,如健康教学规定、课外健康教育活动规定、文明卫生管理规定、健康检查规定等等;健康监测与评价应把健康教育工作与学生的健康状态统一到培养合格人才上来,形成健康教育质量的测评体系。这样才能有效地激发各方面的工作热情,充分发挥工作潜能,推进健康教育工作的发展,提高学生的健康教育素质,达到国家倡导的"健康第一"的教育要求。

调查研究表明,目前我国学校实施健康教育的现状很不乐观,存在的主要问题:一是对健康教育的认识不足;二是缺乏健康教育的课程建设;三是实施健康教育的组织措施和方式方法不够好。针对现状和问题,构建了学校健康教育的目标体系、内容体系、途径和方法体系,以及管理机制,提出了发展健康教育的全新思路和基本结构,对指导学校健康教育工作建设具有重要的实际意义。

在学校健康教育实施过程中,各学校要结合本校的实际情况,进一步细分健康教育目标,形成各阶段各部门工作的职责,根据健康教育内容结构选编健康教育教材,努力抓好健康教育的课程建设,把显性课程与隐性课程结合起来,形成学校特色的健康教育实践体系。同时,学校要牢固树立"健康第一"的教育指导思想,积极组织落实健康教育的各项工作,结合其他教育活动,保持学校健康教育多年不断线,使之更好地养成健康观念和健康行为习惯,实现健康教育的目标,培养高素质合格人才。

第五节　个性化体育学习教学模式

个性化学习是以促进每个学生身心全面、充分、和谐发展为目标，而制定的适应学生个体差异为特点的学习方式。每个学生的个体差异较大，有个体的发展需求、接受能力、原有水平等不同，安排统一的学习是不能适应学生个性发展需要的，因此，个性化学习就成为现代教育理论所倡导的新理念，受到国内外教育界的普遍认同。

关于个性化研究，在许多学科理论中都有涉及。在哲学意义上，主要是指事物的个性或特殊性的发展变化，形成事物的特有性质或状态。在社会学上探讨个性化，主要是指在社会结构中的社会现象的典型性发展变化，如群体、个体等典型性显现或特色发展。在心理学上研究人的个性倾向性发展，心理过程依赖个性心理特征，使人以不同的态度和不同程度的积极性组织自己的行动，有目的、有选择地对客观现实进行反应。在教育学上探讨人的个性化发展，可以将个性化教育理解为一种教育思想，即强调尊重人和人的个性、提倡个性潜能的发掘和良好个性优势的发挥，主张培养良好个性和谐发展的人，弘扬教育教学的特色化。

我们研究学生的个性化学习也是教育个性化发展的主要内容。一般认为个性化学习是确定主体学习意识、培养独立人格、发展个性才能的教育。个性化学习还可作为一种教育方式来理解，要求教师要分析每一个学生的爱好和性格特点，应当使学校所教内容和所提要求尽可能符合学生个人的需要。

高校体育课程面对的是全体学生，使大学生人人享有体育教育的权利，得到个性充分发展和人格健全，是学校实施素质教育的基本要求，也是学生个性化体育学习的目标要求。长期以来，我国学校实施的体育课程是以国家课程为主，按国家制定的体育教学大纲进行教学，不适应学生学习的状况十分明显。因而，校本课程地位在国家课程改革中得到确立，并倡导实施三级课程管理体制（即国家、地方、学校三级课程管理）。校本课程建设由此受到学校教育的广泛重视。体育校本课程是指学校在保证国家和地方课程的基本质量的前提下，通过对本校学生的体育需求进行科学评估，充分利用当地社区和学校的体育课程资源而开发的多样性的、可供学生选择的体育课程。体育校本课程是反映学校体育特色的课程，也是学生个性化学习的体育课程。因此，我们研究高校体育个性化学习模式问题，就是要建设适应高校学生个性化学习的体育课程新体系，促进每个学生身心健康发展，具有重要的理论价值和实际意义。

1. 个性化体育学习模式的目标体系

目的性是人类从事实践活动的固有特性，人类活动都是有目的、有意愿要求的。体育课程学习活动是人类教育特有活动，也是有目的有意愿的活动。我们研究个性化体育学习模式目标对明确体育教学方向，激励学生学习，指导体育教学工作，评价体育教学效果，促进体育课程改革发展等具有重要意义。然而，在以往的体育课程目标制定中仍存在目标结构单一，目标内容抽象模糊，学习针对性不强，实践中不好操作、不好检测等问题，影响着体育课程学习效果；需要加强体育校本课程目标的有效性，促进学生体育课程个性化学习。

个性化体育学习模式目标开发依据：一是要提高体育课程功能的认识；二是要依据体育课程的价值取向；三是要服务于学生个性化体育学习。体育课程功能是体育课程活动所固有的作用。研究表明，体育课程具有本质功能和衍生功能；体育课程的本质功能有：健身作用，教育作用，娱乐作用，休闲作用；体育课程的衍生功能具有多样性：经济功能、政治功能、文化功能、促进体育发展功能等。作为体育校本课程学习功能主要反映在体育课程的本质功能上，它是确定体育校本课程目标的基础。体育课程价值是指体育课程功能被人们选择应用的取向，它反映了一定社会要求和体育教育的需要，是确定体育校本课程目标的重要依据。服务于学生个性化体育学习是确定体育校本课程目标的针对性要求。

个性化学习模式的体育校本课程目标，是在充分了解学生个性特点基础上，制定符合每个学生体育学习的目标。这个目标是由学校、教师、学生来制定的目标体系。一是学校要依据上级教育要求和本校实际条件，确定本校体育课程总目标和年级学期分解目标。二是体育教师要依据学校体育目标要求确定学期、单元、课时教学目标。三是学生要依据学校教师的体育教学目标，确定自己在学年、学期、单元、课时的体育学习目标。这样就形成多层次、多元化的目标体系。这个目标体系由纵向的目标时间系列，横向的目标内容要素组成。这个目标的纵向系列由学校、学年目标、学期目标、单元目标、课时目标构成；横向系列由运动参与、运动技能、身体健康、心理健身、社会适应等领域目标要素构成，在此基础上，进一步形成学生个性化学习的体育校本课程目标体系。

2. 个性化体育学习模式的课程类型设置

体育课程类型是指学校体育教学的组织方式或设计的课程种类。以往学校体育课程设置的种类有普通体育课程、运动专项提高课程、体育保健课程等类型。体育教学实践表明，这样设置的体育课程类型仍然不能满足学生学习的需要。因此，加强学生个性化学习的体育课程类型适应性研究，就显得十分必要。现代课程理论认为：课程设置是影响学生学习，培养学生质量的重要因素，开发课程种类，优化课程结构，是发挥体育课程功能，实现体育课程目标的重要路径。学生学习兴趣，是从选择课程开始的，不同学生有不同的兴趣，也有不同的课程选择，这就要求设计适合学生个性化需要的体育课程，来促进学生身心健康发展。

体育校本课程类型设计，首先要调查分析学生个性需求，课程种类设置就要尽量适应学生要求。其次要充分利用学校的体育教学条件和社区体育环境进行开发体育课程种类。据此我们设计体育校本课程种类的思路是。可按学生性别设置为：男生课、女生课、男女混合课；可按学生身体素质设置为力量、速度、耐力、灵敏、柔术等课；可按学生运动水平设置为基本技术、中等技术、较高技术水平等等；可按学生运动兴趣设置为：篮球、排球、足球、田径、体操、武术等课；可按学生学习目标设置为健身、健美、保健、休闲娱乐等课；可按学生人数设置为小班、中班、大班等课；还可以交叠开发设置更多个性化的体育课程类型。

3. 个性化体育学习模式的课程内容体系

体育课程内容是根据学生发展需要和教学条件进行选择加工的，在体育课程教学环境下传授给学生的体育健康知识、运动技术、和体育锻炼方法等。体育课程内容是体育教学活动的载体，也是师生活动依据，选择加工适合学生个性化学习的体育课程内容，对激发学生体育学习动机，培养体育学习热情，养成体育健身习惯，促进学生身心健康发展有重要意义。

体育校本课程内容是以学校师生为主体，在具体实施国家课程内容和地方课程内容的前提下，通过对本校学生的特点和需要进行科学评估，充分利用当地社区和学校的体育资源，依据学校办学思想而开发的多样性、可供学生选择的体育课程教学内容。因此，开发体育校本课程内容，首先要学习研究国家课程和地方课程的要求，领会上级文件精神，采用国家课程和地方课程的体育教育精华，有益于促进学生健康发展。国家课程毕竟是经过专家团队选择和体育实践证明了对学生身心健康有积极作用的教学内容，在全国有普遍意义的课程内容，因而不可否认或忽视国家课程和地方课程的教育价值。其次要深入了解分析本校学生体育学习特点，根据学生的实际需要进行选择和加工体育课程内容。再次要调查了解本地社区体育课程资源，并充分开发利用学校体育课程资源，来丰富体育课程教学内容。根据这个思路，我们构建个性化学习的体育校本课程内容体系。在体育基本知识中选择加工适应学生学习的内容体系；在健康知识中选择加工适应学生学习的内容体系；在竞技运动项目中进行教材化开发适应学生学习的内容体系；在传统体育项目中开发适应学生学习的内容体系；在运动竞赛活动中进行教材化开发适应学生学习的内容体系；在体育休闲娱乐活动中开发适应学生学习的内容体系；在学校特色的体育活动中进行教材化改革，形成适应学生学习的内容体系；在地方社区活动中选择适应学生学习的内容体系；在充分利用自然环境条件中开发适应学生学习的内容体系等；形成学生个性化学习的体育校本课程内容体系。

4. 个性化体育学习模式的课程教学方法体系

体育课程教学方法是指师生为了实现教学目的，完成教学任务，而采取的不同层次，教与学相互作用的活动方式的总称。体育教学方法是教学过程的重要因素，知识的传授、技能的学习、健康的教育、习惯的培养、目标的达成等都要依靠科学合理地选择适宜的教学方法。体育教学方法十分丰富，有以语言传递信息为主的方法，如讲解法、讨论法、问答法等；有以直观感知为主的方法，如动作示范法、演示法、纠正错误法等；有以身体练习为主方法，如分解练习法、完整练习法、领会教学法、循环练习法等；有以情景和竞赛活动为主的方法，如游戏法、竞赛法、情景教学法等；有以探究活动为主的方法，如发现法、小群体教学法等。并且随着体育教学改革研究的发展，许多新的体育教学方法会不断出现，将更加推动体育课程改革发展。但是，不同教学方法各有不同优缺点，最优的、万能的教学方法是没有的，学无定法，贵在得法。因而，在体育教学实践中，体育教师能否正确地、有针对性地选择适合的教学方法是教学方法发挥最大作用的前提，成为影响体育教学质量的关键问题。

虽然体育教学方法的概念、分类等理论认识还有不同的观点，但是，如何选择运用教学方法才是体育教学实践中急需研究的重要问题。为此我们探讨个性化学习的体育教学方法问题，就是要推进体育教学方法选用的科学性、针对性，促进体育教学改革深入发展。个性化学习是教学方法发展的一个重大进步，对传统班级教学统一性的改革，强调针对学生个体差异进行教学，有益于学生个性充分发展。这个教学方法选用的思路是：首先从学生个性特点出发，调查了解学生的特点，有针对性选用教学方法；其次从教师个性特点、教学水平、教学风格选用教学方法；再次从教学目标、内容、条件、环境等特点选用教学方法；最后是分析教学方法优缺点，综合运用。根据这个思路对各类体育教学方法进行个性化设计，并形成个性化学习的体育课程教学方法体系。

5.个性化体育学习模式的课程组织管理体系

体育课程组织管理是指教师为了保证体育教学秩序和效益，对体育课堂教学过程的教学环境、人际关系、教学纪律、教学反馈等方面进行组织调控活动。体育课是以动态的身体练习为主的教学活动，教学好坏，在很大程度上取决于课的组织管理水平；要把学生从无序的课前状态，变为有序的课内教学活动，就得依靠教师的教学组织管理能力。可见，加强体育课的组织管理研究，对提高教师的组织管理能力，促进体育教学改革等有重要意义。

体育校本课程组织管理的内容有许多，概括起来有九个方面的组织管理：一是教学纪律的个性化管理。一堂课的纪律很重要，是保障教学顺利进行的前提，师生协调配合的基础。如何进行课堂纪律管理？我们认为：教师应建立科学的课前、课中、课后常规，对教学过程进行规范，并严格执行，有利于教学纪律管理。二是体育课结构的个性化设计安排。课的结构是指体育课教学组成部分，以及学生课上活动安排，它对教学质量影响较大，需要进行科学设计与安排。课的结构设计重点不是大体结构，而是微细结构的活动安排，需要体育教师在积累教学经验的基础上，认真设计与安排，保障教学过程有序进行。三是体育课堂教学活动的个性化组织。体育课是以实践活动为主，需要把学生组织起来进行有序的教学活动，就要依靠有效地组织工作。四是体育课基本矛盾的人性化处理。体育教学的基本矛盾有讲解与练习的矛盾，约束与自主的矛盾，师生关系的矛盾，成功与挫折的矛盾等。这些矛盾的合理解决，是上好体育课的基础。这就需要体育教师在解决这些矛盾过程中形成个性化的教学方式，提高教学效果。五是体育课身心负荷的个性化调控。学生在体育教学活动中需要承担一定的身体负荷和心理负荷，才能有效完成学习任务，达到身心健康发展的目的，关键是要针对学生特点来科学安排体育课负荷，有效地促进学生健康发展。六是体育教学评价个性化。体育教学状态需要进行及时的反馈、激励、督导，促进学生的体育学习，这就需要有客观合理的个性化评价。七是体育教学突发事件的正当处理。体育课上往往会出现一些意想不到的突发问题，如学生违纪行为、运动损伤、交往争斗等，需要体育教师进行恰当的个性化处理。八是体育教学环境的个性化管理。体育教学都是在特定环境中进行的活动，这就需要体育教师安排好教学环境，避免或排除干扰，利用环境进行有效教学活动。九是体育教学设施、器材的管理。体育教学活动都要一定的教学设施、器材条件，如果安排不当，影响教学活动和质量，也就需要体育教师进行合理的管理安排，促进体育教学顺利进行。以上九个方面的教学组织管理活动，都需要体育教师进行科学安排，针对学生的特点，以及不同的教学目标、内容、方法、条件等，进行具体组织方式的设计，形成个性化学习的体育教学组织管理体系，促进体育教学的有效发展。

6. 个性化体育学习模式的课程评价体系

体育课程教学评价是依据教学目标和教学原则，对体育教学过程及其结果所进行的价值判断和测评工作。认识体育教学评价，一是要理解判断教学活动的价值和优缺点的过程：体育教学活动的价值反映在学生身心教育影响上，开展的各项体育教学活动对学生的知识技能掌握，身心健康起到什么作用，以及教学活动有哪些优缺点等进行判断。二是理解判断的依据是体育教学目标及教学原则：体育教学目标是教学的预期结果，也是教学活动的出发点和归宿；教学原则是教学规律的反映，也是教学活动的基本原理和要求，评价就要以教学目标和原则为依据。三是理解通过系统的测量与调查手段来收集教与学信息材料，进行评定和调整的过程：体育教学评价必须通过科学测量和系统调查，获得客观实践信息，保持评价的科学性、真实性；评价又是通过反馈机制来评定和调整教学活动的方法和方向，促进体育教学进入评定—调整—再评定—再调整的不断发展的教学过程，体育教学质量就会不断提高。因此，搞好体育教学评价工作对获得教学状态信息的反馈，强化学生的体育学习，考察与评定师生教学活动水平、优缺点，促进教学改革提高等具有非常重要的意义。

体育教学评价种类和方式有许多，如综合评价与单项评价，学生评价与教师评价，内部评价与外部评价，主观评价与客观评价，相对评价与绝对评价，诊断性评价、形成性评价和终结性评价等。各种评价都有优缺点，在教学评价实践中必须有针对性地综合运用。因此，我们以个性化学习为背景来分析综合运用体育课程教学评价体系。首先，评价理念的个性化、人文化。体育课评价要以学生人文关怀为本，以促进每个学生健康成长为己任；要有益于深化素质教学改革，确立体育课教学在素质教育中作用；要明确体育课教学目标与评价目标的一致性，建立科学的个性化评价体系。其次，评价内容的多元化、扩展化。体育课教学效果是多方面的、综合的，这就要求评价内容体系应不断扩展，从学生的参与活动状态、体育知识技能掌握、身心健康发展、社会交往互动等多个学习领域来考查学生学习效果。再次，评价方法方式的针对性、综合性。评价的具体方式方法有许多，各有优缺点，就需要综合应用评价方法；学生学习个性化明显，个体差异较大，就需要建立针对学生学习性的评价方法体系。

7.个性化体育学习模式的课程环境条件优化

体育校本课程环境条件是指体育教学活动需要的各种场地、器材、时空等物质条件和体育风气、教学心理、管理制度等人文环境的总和。体育课教学活动都是在一个特定的教学环境中进行的，没有教学环境是没法开展体育教学活动，所以说教学环境是体育教学过程的重要因素，它既影响着教，也影响着学。优化教学环境对陶冶学生的情操，净化学生的心灵，培养他们的审美情趣；激发学生体育学习的热情，保障学生身心健康发展，养成体育健身习惯等有着重要作用。体育课教学环境是一个复杂系统，由多要素构成，有物质的，也有人文的；有显性的，也有隐性的；有动态的，也有静态的；有室内的，也有室外的等。这就需要我们优化设计，科学合理地充分利用课程资源，创造良好的教学环境，促进体育课教学工作顺利进行。

个性化学习的体育课程教学环境的优化。首先对体育课程物质环境优化。体育教学的物质环境有：体育场地、器材和设施，教学时间空间，校园绿化、自然条件等。科学合理地设计与安排好体育教学物质环境，应从学生的个性特点和学校实际条件出发，挖掘学校体育课程物质资源，对体育教学场所优化，教学器材利用优化，教学信息运用优化，班级教学分组优化，教学时间空间的充分利用，自然环境的利用等方面进行个性化设计与安排，以利于体育课教学过程的优化，更好培养学生体育活动能力和运动素质。其次对体育课程人文环境优化。体育教学人文环境有：学校体育传统和风气，体育课堂氛围，体育教学的人际关系，体育信息传递，体育教师人格、行为、领导方式等。体育教学人文环境是一种无形的环境，似乎看不见摸不着，但又客观存在教学中，对体育教学顺利进行，对师生心理健康发展等，发挥着不可忽视的重要影响。因此，要加强体育教学人文环境优化设计，提出体育人文环境建设方案。对学校体育传统、校风、学风建设，体育课堂规范建设，师生心理氛围培养，人际交往互动优化，体育教师仪态设计等，都要进行精心设计与培养，形成有益于学生个性化学习的体育课环境。

8.个性化体育隐性课程改革策略

第一，体育隐性课程建设要有目的、有计划、有组织地进行。体育隐性课程与显性课程关系是非常密切的，伴随着显性课程而存在。虽然隐性课程一时看不见、摸不着，但它实实在在地存在于学校体育工作中，影响着体育教育的健康发展。因而，体育隐性课程建设就要有目的、有计划、有组织地进行，充分发挥隐性课程的潜移默化教育作用。

第二，体育隐性课程建设要以校园文化建设相结合。体育隐性课程的表现形式多以校园文化现象显现出来，学校体育文化具有多样性，对学生身心健康具有重要影响，加强校园体育文化建设就能促进体育隐性课程建设。

第三，体育隐性课程建设要以体育活动氛围为重点。体育活动氛围具有很大的影响力，对学生参与体育活动，培养体育兴趣，养成健身习惯等都有潜移默化的影响。因而，应加强校园体育氛围的塑造，促进体育隐性课程建设。

第四，体育隐性课程建设要与显性课程结合进行。隐性课程与显性课程是相辅相成、相互依存、相互促进的。因此，在建设显性课程时要加强隐性课程建设，两方面结合起来，促进学校体育健康发展。

第五，体育隐性课程建设要从日常体育环节工作做起。体育隐性课程建设要从细小的工作开始，尤其是日常体育活动、日常教学活动、日常课外活动、日常管理活动等方面要渗透体育隐性课程建设意识，强化体育文化氛围，促进学生身心健康发展。

现代社会发展进入高科技经济时代，对人的现代化提出更高的要求，对知识与创新特别重视，对学校教育就格外倡导素质教育，强调创新能力的培养，促进个性化的发展；因而，素质教育、创新教育、个性教育三者是统一的。个性化学习是以素质、创新、个性教育为指导思想，以促进每个学生身心全面、充分、和谐发展为目标，而制定的适应学生个体差异为特点的主体学习方式。它是当代教育发展的新理念。在体育校本课程教学过程中要以个性化学习为指导，构建适应学生个体学习的体育课程新体系。这个体系由体育校本课程的目标体系、内容体系、方法体系、课的类型体系、组织管理体系、评价体系、环境优化体系等组成，形成适应学生主体学习需要的体育课程新模式。它综合了学生个性化学习，教师个性化教学，学校体育课程特色化建设等要求，对促进体育课程改革发展，培养学生身心健康素质有着重要的理论价值和实践意义。

第八章 体育与健康教学评价

学校体育与健康教育是培养学生素质的重要方面，其教育效果是通过一定时间的体育教育实践后，所取得的体育教育工作改进、提高，以及学生身心发展进步程度等来反映。体育教育评价是依据一定的体育教育目标及有关标准，对整个体育教学过程进行系统调查，并评定其价值和优缺点以求改进的过程。体育教育效果与评价具有信息反馈、动机强化、考察鉴定等功用，对总结体育教育经验，指导改进工作，调动体育教育工作者的积极性，提高实践效益，以及了解考察体育教育水平等都有重要意义。

第一节　高校新体育课程实施效果

体育课程在我国近代学校教育中从无到有，走过了百年的发展历程：从体操课到体育课，从新民主主义体育教育到社会主义体育教育，从计划经济体育教育到市场经济体育教育等；经受过军国民主义体育思想、自然主义体育思想、人文主义体育思想、苏联体育思想的影响，逐渐形成我国本土化的体育技能教学论、体质教学论等指导的体育教学体系，不断推动着学校体育教育的发展和进步。然而，自我国改革开放以来，许多新的教育思潮不断出现，使我们不断反思原有的体育教育思想和教学模式。实践证明，不适应时代发展要求的情况仍不断突现，与学校素质教育的要求相差甚远，深化高校体育教育改革的要求日益迫切。中共中央、国务院《关于深化教育改革，全面推进素质教育的决定》中明确提出："学校教育要树立'健康第一'的指导思想，切实加强学校体育工作。"为了适应时代的发展和贯彻中央的《决定》，教育部在调查和实验研究的基础上，于2002年颁布了新修订的《普通高校体育教学大纲》，至今，已经实施十多年了。为了深入了解我国高校体育教学改革现状，我们对新《体育教学大纲》的课程标准实施效果进行研究，为进一步推进我国高校体育与健康教育的改革与发展，更好适应素质教育发展的需要，具有重要理论价值和实际意义。

1. 普通高校贯彻新体育课程标准改革认识分析

认识是形成观念和行为的先导，对体育课程改革的认识状态必然影响新体育课程实施效果。我们拟从学校贯彻体育教育新课程标准改革的重要性、课程目标、课程内容与组织方法以及对体育教师的能力要求等方面改革的认识现状来分析。我们从调查结果了解到，多数的学校体育教学管理者、体育教师以及部分学生对新体育课程改革的重要性认识比较好；他们认为新体育课程是深化学校体育教学改革，全面推进素质教育的重要体现，是国家对学生体质与健康关心的重要体现。他们认为新体育课程在教学目标上提出了更高的要求，明确提出了体育教学要使学生在参与性、认知性、适应性、发展性等方面的具体要求，这比以前的体育课程大纲提出的教学目标要更具体，也更明确。新课程的教学内容也做了较大的改进，坚持了改革创新，继承与发展，理论与实践的结合，体育与健康的知识、技能是以学生自我学习锻炼，自我调控和自我评价为实践的主线，对建立新的课程教材体系有较高要求。他们认为新课程标准比较符合学生实际，对激发学生体育兴趣，提高积极性，提高学生参与体育的意识和能力有重要作用。新体育课程对体育教师的智能结构、自我调控能力提出了更高的要求，需要全体教师提高认识，转变观念，投入到体育课程改革中，适应新体育课程改革的需要。然而，调查中也有少部分体育教师和学生对新体育课程的认识不够好，认为新体育课程把体育与健康混为一谈，以身体活动为主要特征的体育课程，应该坚持体育活动为课程主要形式，不应该把体育课理论化，否则会影响体育教育的作用，难以达到体育教育目标。他们认为新体育课程的目标与内容也没有较大的变化，仍然是原来体育教学目标和内容在文字编辑上的变化，体育教学实践中也不好操作，不知应该怎样改革体育教学活动。对教师的要求提高了，体育教师应该怎样努力来提高体育教学效果，仍然较模糊，因而，影响着体育教学效果及其改革效益。

由此，我们认为高校对新体育课程改革的认识总体上是好的，多数人持积极主动的态度，认识水平有较大的提高，不断适应新体育课程改革的要求。同时，也有少部分人对新体育课程改革的认识不够好，需要认真学习，不断提高认识，更新观念，适应时代发展的需要，为学校素质教育改革服务。

2.普通高校实施新体育课程标准改革的效果分析

我们拟从高校体育的显性课程和隐性课程的现状来分析高校实施新体育课程标准的改革效果。

首先，在体育显性课程方面。我们了解到，大多数体育教学管理者、体育教师和学生认为学校根据新体育课程标准，已经修订了体育教学大纲，体育课程的类型多样化。体育教学内容作了明显改进，调整了原来以竞技运动项目为主的比例，增加了体育健身与休闲养生的教学内容的比例，教学内容安排的灵活性也加大，以适应不同学生的需要。体育教学组织与方法也进行了较大的改革，不断改变原来的技术标准化教学方式，采取了灵活的教与学的方法，体现了愉快的体育健身教学思想，重视课堂的体育氛围，激发了学生的体育热情。课外体育活动内容与方法丰富多样，不断形成体育协会组织、体育俱乐部，推动了学生体育活动的顺利进行，课内外体育活动衔接较好。考核内容与方法也进行了改革，转变原来的绝对考核标准，采取灵活的相对考核制度，提高了学生参与体育活动的积极性和主动性，体育教学效果明显提高。同时，也有少数管理者、体育教师和学生认为学校没有进行适当的体育教学大纲修订工作，甚至有的教师都不知道有新的体育教学大纲，体育教学内容也没有多大变化，教学组织与方法还是原来技能教学模式，多年没有变化。课外体育活动一般是学生自愿进行，没有进行有计划、有组织的实施。体育教师多数是管理教学，不管课外体育活动。

其次，在高校体育隐性课程方面。我们了解到，多数管理者、教师和学生认为：近几年来学校重视隐性课程建设，学校体育活动氛围好，学生参与体育活动的热情较高，课外活动活跃，学校体育设施有较大改善，校园体育与健康文化和环境建设也有较大进步。同时，也有少部分管理者和师生认为：学校的体育活动氛围还不够好，多数学生的体育热情不够高，学校体育设施建设与大学生数量的增加不相适应，校园体育与健康文化建设还有待提高。

由此，我们认为当前高校实施新体育课程标准改革的主流是好的，多数高校在积极主动的实施体育课程改革，深化体育显性课程改革，重视体育隐性课程建设，优化校园体育文化与健康环境，推进学校素质教育的发展。同时，也有少部分高校对体育课程改革力度不够大，信心不足，不能积极适应素质教育的发展，不能主动进行新体育课程改革，促进大学生身心素质的提高。需要加强新体育课程改革的学习，转变观念，树立信心，提高贯彻实施新体育课程标准的自觉性和责任心，并进行必要的检查督导工作，促进新体育课程贯彻实施。

3.大学生获得新体育课程教育的效果分析

我们拟从大学生参与体育与健康教育的积极性，学生获得体育与健康教育的认知效果、适应性效果、发展性效果等方面来分析。调查结果表明，多数学校体育管理者、教师和学生认为：通过近几年来的体育课程教学改革实践，大学生参与体育健身的热情高涨，体育场馆内学生体育活动的人数明显增多，有的运动场地晚上还有学生进行体育活动。他们认为新体育课程教学加强了大学生体育与健康文化知识的学习，使学生获得了较好的体育认知效果，掌握了较好的体育与健康知识和技能，提高了学生的体育兴趣，促进了学生体育意识的提高。他们认为新体育课程强调了学生参与体育活动的体验和经验积累，在体育活动中加强了师生交往和多方面互动，使学生获得了较好的体育适应性发展效果。他们认为通过新体育课程的教学实践，学生的体育素质，身体机能水平，运动能力，以及身体健康和心理健康都有明显增强，学生通过体质与健康监测标准的合格率明显提高。这说明通过新体育课程的改革实践，大学生参与体育活动的积极性、主动性有明显提高，体育意识有明显增强，获得体育认识效果、适应性效果、身心发展效果等显著提高。同时，我们调查中也发现有少数管理者、教师和学生认为：大学生参与体育活动的积极性还不够，常去运动场地锻炼身体的学生还不多，部分学生参与体育活动是不爱学习所至；现在的学生懂得多了，也爱玩耍，也关心体育知识，但体育意识还不高，学生的体质与健康水平的提高还难以简单地判定，需要进一步研究。

由此，我们认为通过新体育课程改革实践，多数人认为学生获得体育与健康教育效果是明显的，学生的身体素质、心理素质和社会适应性都有较大提高；但也要进一步加大新体育课程改革力度，全面落实新体育课程标准要求，促进学生身心素质全面提高，适应素质教育改革发展和全面建设小康社会对高校体育的要求。

研究表明，我国普通高校贯彻实施新体育课程标准改革状态良好，多数学校在积极主动地深化体育与健康教育改革，对新体育课程有较好的认识。多数学校认为新体育课程标准的推行是深化素质教育改革，强化学校体育教育工作的重要体现，新体育课程的教学目标、教学内容以及教学要求等都比原有的体育教学大纲做了较大改进，适应我国加入WTO对培养高素质人才发展的需要，具有较高的体育教育指导意义。多数学校已经进行新体育课程改革实践，修改了体育教学大纲，调整了体育教育内容与组织方法，强化了课外体育和校园体育与健康文化建设，显性体育课程更加规范，隐性课程得到较大发展。学生获得新体育课程教育的认知效果、适应性能力、身心发展状态等都有较好的变化，表明体育课程改革效果良好。但是，我们也了解到，也有部分学校体育课程改革认识不够好，忽视了新体育课程改革的重要性，对体育课程改革的目标、内容、组织方法的要求认识不够，实施新体育课程改革力度不够，没有积极修订体育教学计划和大纲，表现出教学观念落后，教学内容陈旧，体育显性课程改革不够，隐性课程重视不够，因而影响着学生获得应有的体育教育效果。急待加强学习，提高认识，深化体育课程改革，适应素质教育发展的需要。

在贯彻落实体育课程改革过程中，首先应该从提高体育教师、学生、管理者的认识入手，不断学习研究体育改革与发展的文件，了解当前学校体育改革状态和发展趋势，与时俱进，结合学校实际情况，构建具有本校特色的体育课程改革体系，稳步推进学校体育课程改革，适应时代发展的需要。其次应该从提高学生的身心素质着眼，身心素质是学生发展的核心问题，是体育教育改革的目标和方向。任何体育教育改革都不能偏离这个方向，使之成为体育教育改革效果评价的基准。最后应该抓好体育课程改革实施工作，把工作落实在细节上，使体育课程改革的目标、内容、组织方法、管理评价等形成良性的工作机制，推进高校体育课程改革的可持续发展，适应全面建设小康社会对体育发展的需要。

第二节　体育教学互动特征与评价

体育教学是在一定时间和空间范围内展现教师和学生的相互活动关系（简称互动），教学过程的诸因素都是通过师生互动关系的有机组合来实现的，可见师生互动的效应决定着体育教学效果。以往对体育教学质量的研究和评定局限在静态的、平面的教学因素分析上，诸如对教案、教学任务、教学内容、教学组织与方法等的评判，因而评价的准确性、实效性较差，影响着体育教学活动的主导性和主体性的发挥，且至今也缺乏有关师生互动对教学诸因素有机组合效应的研究。为此，我们在长期从事大学体育教学实践观察的认识基础上，采用文献资料研究法，把体育教学引入多学科研究，以动态、立体的观点分析体育教学的诸因素，把握师生互动效益特征来评判体育教学质量，对转变体育教学质量观念，改革体育教学模式和评价体系，充分发挥教与学的积极性，不断提高体育教学质量，促进素质教育改革等都有十分重要指导意义。

1. 体育教学中师生互动的信息效应特征与评价

信息交互活动是体育教学活动的一个重要特征，师生间必须依靠信息的互动来实施体育教学活动的控制过程，传达着教师的教和学生的学，实现体育教学任务。没有信息流动的教学活动是不存在的，教与学的效果体现在信息交互活动的效应上。体育教学的信息互动形式主要表现在语言信息交互活动、动作信息交互活动、暗示信息交互活动、实物信息交互活动等方面。语言信息互动是师生间通过语言传递教与学的信息活动，如教师的讲解、要求，学生的提问、表达学习感受等；动作信息互动是师生间通过动作来表达教与学的信息活动，如教师的示范动作、学生的身体练习等；暗示信息互动是师生间通过无声的语言来表达教与学的信息活动，如教学中的眼神、姿态、标志、比画等；实物信息是师生通过教具和电教媒体进行直观教学的信息活动，如多媒体、画板、挂图、小人等。体育教学的质量就体现在信息互动的效果上，因此，我们应分析和把握体育教学的信息互动效应特征，来评价和督导体育教学工作。我们在长期的体育教学实践中观察到，体育教学的信息互动效应表现在：语言信息互动的效果，在于口头传递要有启发性、简明扼要、易懂、及时，有效的标志是引起师生立即响应；动作信息互动的效果，在于动作表达要准确、到位、及时，有效的标志是引起师生立即行动；暗示信息互动的效果，在于暗示传达使师生心领神会，有效的标志是引起师生立即注意；实物信息互动的效果，在于教具媒体运用要直观、清晰、易懂、快慢适中，有效的标志是能引起学生立即想象。体育教学中信息互动效应就体现在这些特征上，它贯穿整个教学过程中，是教学质量的重要体现方面，可用来评价和督导体育教学工作。

2. 体育教学中师生互动的心理效应特征与评价

师生心理互动是体育教学活动的重要特征之一，通过师生的心理交换来获得教学效果。我们在长期体育教学实践中观察到，心理互动的内容主要包括教学中师生的认知交换、个性倾向的影响以及师生感情、教学的心态共鸣等，可见心理互动是影响体育教学质量的重要方面。体育教学中师生心理互动的效应体现在：认知互动的主导与主体结合的形式上，表现在教师教学的广度和深度以及学生掌握的程度；其效应特征体现在教师积极启发学生的学习思维，学生获得体育知识的数量和提高的能力。师生个性心理互动的影响形式表现在教与学过程的力度上，教师施教的要求反映教师的个性，学生学习的要求反映学生的个性，其效应特征体现在教学中严格而不死板、活泼而不散乱，师生专注、课堂活泼适中。师生情绪互动的感染形式表现在教学中教与学的态度，教师的教学态度和学生的学习态度，其效应特征体现在教学中师生积极主动，课堂教学融洽协调。师生的教学心态互动形式表现在教学中师生所处的心境状态，其效应特征体现在教学中课堂气氛稳定，教学活动节奏分明。我们把体育教师与学生心理互动的有效特征，有利于评价体育教学质量。

3. 体育教学中师生互动的行为效应特征与评价

体育教学是以身体活动为显著特点，教学中师生的行为活动是完成体育教学任务的根本条件，没有行为活动的教学是不存在的，可见抓住师生的教学行为互动是评价教学质量的重要因素。我们从长期体育教学实践观察到，体育教学中师生的行为互动表现在：教师的组织、指挥行为，动作示范行为，思想教育行为等；学生的身体练习行为等。师生的行为互动的效应表现在：教师对课上的队形队列的变换能立即引起学生响应，组织学生练习及布局变换能够做到放得开而立刻收得拢；教师的课上行动路线等组织指挥的行为能够引起学生反应；教师的动作示范行为能够引起学生效仿；思想教育行为表现处理课堂突发事件即时有效；学生的练习行为尽收在教师眼中；使整个教学活动行为体现出：课上井井有条，教学活动能放能收，师生行为互动积极响应，节奏分明融洽一体化。

4. 体育教学中师生互动的过程特征与评价

体育教学是在一定时间序列中完成教学空间因素的有机组合过程，在这个过程中展现师生互动的时间和空间关系，反映出体育教学的完整性，既可以从一学年或一学期或一阶段或一课时的教学过程来评价体育教学质量，可见师生互动的过程因素是评价的重要方面。师生教学互动的过程从时间系列可分为教学准备过程、课堂教学过程、课后辅导过程。从空间因素来分析，我们在长期的教学实践中观察到，教学准备过程体现在师生课前的身心准备工作，包括：教师钻研教材教法，了解学生，教案编写，课前器材和身心准备；学生预先学习和身心准备等。其效应反映在教学目标明确，方案设计合理，场地器材和身心准备到位。主要教学过程是课堂施教过程，包括教学活动的各种要素的实施过程。其效应表现在课堂教学活动的内容、形式和方法等恰到好处，符合学生实际要求，课堂效果好。课后辅导过程包括教师的辅导和解答疑难、指导学生健身活动等。其效应表现在课后师生经常接触，及时帮助指导学生体育健身活动，得到学生好评。

5. 体育教学中师生互动的效果特征与评价

体育教学中师生互动效果是经过体育教学师生相互活动所取得的教学成果，它是教学的目标和归宿。师生互动的结果体现在教学任务完成的效果，学生获得的身心效益；是评价体育教学质量的重要方面。我们在长期的教学实践中观察到，师生互动的效果表现在：学生在体育和卫生知识方面的掌握程度，体育健身方法方面的运用程度，健身水平方面的提高状态，心理素质的培养状态，体育意识与健身习惯培养等。其效应特征：反映在学生能否理解和熟练运用体育健身知识与方法，身体练习对学生健康的良好影响，运动素质提高的程度快，体育心理适应状态好，参与体育健身的意识状态积极，以及体育健身的行为习惯良好等。因此，在评价体育教学质量时，应抓住师生互动的效果特征，把握学生在体育与卫生知识、方法掌握，身体练习的健身影响，以及心理素质的培养等要素，使之科学合理有效，反映出实际的体育教学水平。

总之，在体育教学中师生互动效应表现在信息互动、心理互动、行为互动、过程互动、互动效果等方面，为我们把握师生互动效应特征，评价体育教学效果，提供了动态和科学地评价体育课程的理论依据，对转变体育教学质量评价观念，推动体育教学改革，提高体育教学质量有着重要现实意义。

第九章 体育与健康文化探索

体育文化是在增强体质、增进健康、提高人民生活质量的过程中创造和形成的一切物质和精神的财富，包括与之相适应的社会组织和规范体育活动的各种思想、制度、伦理道德、审美观念，以及体育改革举措和成果。校园体育文化是学校范围内的体育文化现象，包括体育物质文化、精神文化、制度文化等方面。可见，发展校园体育文化是深化体育教育改革，培养学生素质的重要方面。因此，我们探索体育与健康教育文化的塑造，旨在促进学校体育文化的发展，培养学生综合素质，提高适应社会发展能力。

第一节 体育文化与学生综合素质

学校素质教育的实质是要把学生培养成适应社会发展所需要的人，也就是具有良好的人文素质的可持续发展的人。这是教育学、心理学、社会学、文化人类学等所研究的重要课题之一。各国政府都很重视青少年学生的适应社会发展（社会化）问题，都在从不同角度探究学生的教育和培养过程。我国政府正在大力推行素质教育改革，探索培养适应新时代发展的高素质的建设者和接班人。校园体育文化是人类体育运动文化的有机成分，是学校范围内体育运动开展的物质文明和精神文明的总和，大体包括师生的体育认识过程、体育价值判断、体育情感体验、体育理想追求、体育道德水准、体育管理制度和体育的物质条件等，具有丰富的素质教育内涵，对学生人格化培养有深远影响。可是，长期以来学校教育受"应试教育"的影响，忽视学校体育文化的作用和建设，妨碍学生人格化素质的发展。因此，我们主要通过文献资料和体育教育实践观察，来探讨校园体育文化培养学生适应社会发展的综合素质问题，进一步认识校园体育文化对学生素质教育的影响有着积极的意义，旨在为促进学校体育文化建设，培养青少年学生适应社会发展的人文素质，提供有益的指导。

1. 体育文化与学生社会角色的自我意识

人类社会好比一个天然舞台，人们在社会上的种种活动，犹如一出社会剧，每个人都在其中扮演着自己的角色。适应社会（社会化）的目的是为社会培养一个符合社会要求的社会成员，能胜任多种社会角色的人。因此，一个人要符合社会的要求，取得社会成员的资格，他就必须不断地进行角色学习。角色义务、角色权利、角色行为规范是角色构成的基本要素，也是角色学习的主要内容。而体育文化恰好是学生早期扮演社会角色，发展自我意识的有效尝试。通常学生逐步综合有关自己对自己以及他人对自己的知觉认识，确认个人与周围世界的关系，进而形成自我意识阶段。精神分析派心理学家埃里克森（E.Erikson）将学生早期的这一心理过程称为"建立自我同一感阶段"，认为这是整个个体人格发展过程八阶段中至关重要的一环，而这种"自我同一感"——个人实现对自己综合把握的体验的完善与否，是影响个体社会适应性发展的关键。人格学派社会心理学家库利（C.H.Cooley）从社会互动的角度探讨了建立自我意识的方式和原理，认为学生扮演各种各样的社会角色的过程，是自我意识发展的媒介，进而提出"他人为镜"——"关于我在别人看来是怎样的，他人是如何评价我的能力的，由此而产生的一种类似自豪或自卑的自我感觉"，这一自我意识形成的机制，对学生个体社会适应性有着重要意义。学生在参与体育活动中扮演相应活动或游戏角色过程中也有十分形象的体现。实践证明，任何一种体育活动或游戏角色，特别是集体项目的活动或游戏，都是由一定的活动或游戏角色，以及角色之间的相互作用构成的，这些角色除了游戏本身特定的意义外，还有某种社会角色的符号或模拟意义。如篮球运动有前锋、中锋、后卫以及主力队员与非主力队员、裁判员和教练员之分，场上每一成员都有各自不同的角色规定，如身份、地位、职责、工作目标及任务等。成功地承担角色任务，要求角色的扮演者准确地把握这一角色同其他一角色的区别和关系，将自己的行为置于特定角色的价值标准中，并受到一定的角色团体的评判。因此，每个人都可能因为自己的努力，完成了集体对自己所扮演的角色的期望或集体有意义的任务而受到称赞和表扬。反之，也可能因为自己的过失和疏忽，给游戏活动带来损害而受到批评和指责，从而得到一种鲜明的情感体验和道德认识。学生通过体育活动和游戏伙伴这面"镜子"，看到了自己的形象，萌发了自己对自己以及自己与集体和社会`关系的意识，进而得到进一步的自我意识肯定和确认。因此，学生在各种校园体育文化中得到自我社会意识的培养，是有益于学生人格的社会适应性发展。

2.体育文化与学生社会活动的文明规范

学生个体社会适应性发展成为社会所能接受的程度，与其道德认识和社会适应的发展密切相关，而个体道德认识又来自社会传统文明和道德行为的教育和熏陶。体育作为人类社会几千年积累来的精神文化财富，本是一种有着丰富的精神内涵的社会活动。体育运动把全世界青少年聚集在奥林匹克五环旗下的力量，并非仅仅是体育或奥运盛会为青少年提供了锻炼身体和创造人体运动纪录的机会，而更重要的是奥林匹克精神以及体育所代表的人类和平意愿和人类共同活动准则的感召。事实上，体育活动中的公正竞赛原则，本是人类理想的人际关系和社会公德的反映，而那些为使各项活动有章可循的体育规则和裁判方法，更是社会法规和人类共同活动规范的模拟和缩影。青少年学生在参与体育活动过程中，认为和遵循体育活动特定的规则和公平竞争原则，违反规则受罚，创造成绩受奖，本是对社会契约精神及其文明生活方式的了解和模仿过程。在学校体育教学、班组体育活动以及体育竞赛等集体活动中，学生感受到集体活动对个人行为的要求，以及完成特定的练习任务或取得良好运动成绩所需的意志努力或精神与身体两方面的自我控制过程，进而可有效地增进学生遵守社会活动规范与纪律的行为习惯。这是学生适应社会生活的文明规范要求。因此，发展校园体育文化，有益于学生参与到体育活动中并获得良好的社会文明规范的适应性学习。

3. 体育文化与学生追求社会生活的目标

学生社会适应性发展状态在很大程度上取决于他们生活目标的选择和确定过程，只有不断地向学生提供适应未来社会发展的新的学习宗旨，通过各种健康积极的社会活动，诱导和激发学生进取奋发的生活态度，才能帮助学生确立和追求顺应历史发展的走向、具有社会意义的生活目标。实践表明，一些学生之所以面对社会生活条件的差异以及理想和现实的矛盾而茫然失措、自卑自弃、将自己的愿望和追求停留在一种肤浅的欲望满足之中，这除了个人认识障碍或人生观教育问题外，更大的原因在于他们长期处在一种消极而低沉的情绪体验之中。实际上，通过各种集体和社会活动，使他们经常获得一种健康积极的情感体验的活动，有助于他们克服和摒弃自卑自弃的心态。在这种意义上，体育文化作为一种具有丰富强烈的情感体验的活动，也是帮助学生获得进取奋发的生活态度的有效手段。体育运动的竞争性有助于发展学生行为的积极性。任何一种体育竞赛对参与者，尤其是学生的行为，是一种他人促进和社会助长因素，即竞争目标或同伴和对手的竞争行为对自己构成一种心理压力，从而也刺激和强化了自己的行为。体育运动所要求的追求胜利和成绩的精神有助于激发学生的进取心和自尊心。任何一种比赛，参与者都可能不知不觉地受到竞赛特有规律和气氛的感染，当发现自己处于不利地位时，那种渴望胜利和荣誉的心理以及为改善处境所做的努力过程，无疑有助于增强个人自尊心和追求生活的勇气。如果一个学生经常处在一种积极的心理状态之中，并将它移植到其他活动当中去，他必定会自觉地克服自己一切懈怠的行为和散漫的作风，最终是有所作为的。因此，发展学校体育文化对学生的生活态度和追求积极的社会生活目标是有着重要的促进作用。

4. 体育文化与学生人际交往的社会适应性

人际交往是现代人适应社会生活的重要内容。参与社会群体及其活动是学生社会适应性的根本途径和实践形式。校园体育文化活动是学生一种基本的学习、生活、娱乐形式。体育活动中的人群有多样性（不同个体、不同班组、不同年级、不同男女、不同师生等），又有复杂性（性格气质差异、文化知识差异、社会经验差异等），增加了学生在体育活动人群中的交往，扩大了学生交往的范围及其周围活动的联系，进而也增大了个人从外界获得各种有利于自己有意义的信息和机会，这无疑有助于人格的全面发展。体育群体活动能够使学生直接克服个人独立于家庭之外，步入社会的焦虑和不安全感。体育群体活动也有陶冶学生性格的作用，活泼欢快的集体游戏本着明显的心理保健和情绪调节功能，也是避免人格偏差、增进学生对集体生活适应性的良好手段，从而让学生得到各种交往的情感体验，建立良好的人际关系，提高了社会适应性。

5. 体育文化与学生的创造性心理特征

创造性心理特征是人们适应社会生活，发展自我潜力成功服务于社会的重要品质。体育运动本身就是一种更新和创造精神，这是体育运动几千年来赖以生存和发展的根本所在，也是进而迎接新的挑战的一个重要特征。例如：比赛的金牌和成绩，象征着青少年在体质和精神上的每一步成长。对任何一种新纪录的褒奖，实际上都是对青少年创造性特征或能力的确认和鼓励，而竞技规则（社会既定行为的规范）的一再修改，实际上也是对青少年竞技行为符合现代道德观的创造性突破的肯定。追求优异成绩的刻苦训练过程，本是一个不断谋求技术上的突破和新的设计的过程。设想完成复杂而艰难的技术动作没有青少年大胆的想象和丰富的创造力是根本不可能的。例如，体操运动中，追求以技术的难、新、美作为取胜和命名的前提。同样，在校园这一个业余层次的比赛或一般群众性体育活动中的获胜者，也是在自身技术水平上不断提高和创新的结果。因此，体育运动的特征与青少年的创造性特征是相通相契的，对青年少年学生构成无穷的魅力。发展校园体育文化，开展各种体育活动，为学生提供一个良好的创造性发展环境和气氛具有十分重要的意义。

6. 体育文化与学生自我调控能力

培养学生适应社会的自我调控能力，是个体最终社会化的重要方面。随着科学技术、知识经济的飞速发展，社会的生活节奏越来越快，社会责任义务的压力越来越大，这对学生适应社会发展的要求和能力越来越高。学校就要培养学生的自我调控能力，使学生具有不断自我学习、自我健身锻炼、自我心理调节等能力，才能适应社会发展的需要。体育文化是一种很好的培养学生自我调控能力的途径，对学生的身心调理有着十分重要的意义。首先是体育文化能够提高学生的认知能力；其次是体育实践锻炼能够培养学生的生活规律和良好习惯；再次是体育文化能够熏陶和陶冶学生的情操，养成积极的生活态度。因此，大力发展校园体育文化，开展积极有益的体育活动，促进学生的社会化进程是素质教育的目的所在，也是人文素质提高的体现。

第二节　校园体育文化结构与形态

校园体育文化是指有关学校体育运动的物质文明与精神文明的总和。它是学校教育文化的有机组成部分，承担着培养全面发展人才任务的重要任务。然而，"应试教育"的影响根深蒂固，"主次教育"层次分明，校园体育文化的建设仍然认识不够，投入不足。在新世纪大力推进"素质教育"发展的今天，树立"健康第一"的教育思想，对发展校园体育文化，促进培养学生适应社会发展的综合素质，有着十分重要的作用。为此，研究校园体育文化的结构、形态以及发展机制等问题，旨在为优化校园体育文化的建设，发挥学校体育的功能，促进学生身心素质全面发展进行积极的指导。

1. 校园体育文化的结构分析

校园体育文化是在学校范围内体育现象的全面展现。它与德、智、美、劳相结合、相促进，在培养学生素质和社会化过程中发挥着重要作用。研究校园体育文化的结构，从它的时间过程和空间因素以及学校教育文化关系来考察：一是表现在时间系列上的准体育文化特征、传统体育文化特征、现代体育文化特征。准文化特征是那些早期体育文化，相对而言是不成熟、不完善的校园体育文化，但已具有体育文化的一些性质，如体育游戏、趣味活动等；传统体育文化是在一定历史时期下产生的具有较大影响力的校园体育文化，如传统的体育教学思想、教学模式、教学方法等；现代体育文化是在现代科学技术文化与社会进步的基础上形成的校园体育文化，如现代体育教育思想、教育改革模式以及体育方式方法等。二是表现在空间结构的体育文化特征：体育静态文化、体育动态文化。体育静态文化是相对稳定的体育文化，如体育场馆、设施、器材、校园体育环境等；体育动态文化是活动中的体育文化，如体育教学活动、课外体育活动等。三是表现在体育文化与学校教育文化的统一特征：物态的融洽性、精神意识的合一性、管理运行的协调性。物态融洽性是体育的物质文化与学校的整体物质文化的融合统一，反映出校园体育物质文化的合理布局；精神意识的合一性是体育文化的精神意识作用与学校教育文化的要求一致性，反映在教育对象的学风、校风与健身的意识，校园体育氛围等的合一性；管理运行的协调性是校园体育文化的管理与学校教育管理机制的统一性，如体育组织管理、制度、方式方法等，应符合学校教育管理的要求统一。因此，我们对校园体育文化进行纵向和横向的综合性建构，它应包括三个有机层面：校园体育文化的物质层面、心理精神层面、物质与心理结合层面。物质层面是体育的物化文化，处在外层起着基础作用，如校园体育环境、体育设施、器材以及体育活动等；心理层面是在内层（核心层），它是改革与发展进步的关键层，如校园体育氛围、体育精神、体育思维、体育价值以及学生体育认识、体育意识和心态等；物质与心理结合层面是校园体育组织管理机制、管理制度、管理方式方法以及参与活动中的社会关系等，它具有较好的理论基础，对体育文化发展起着巨大的推动作用。它们三者相互联系相互促进，构成一个有机的整体，并且由内层向外层表现出强烈的制约作用，推动校园体育文化的改革与发展，展现社会时代的特点和教育的作用。

2. 校园体育文化的形态分析

校园体育文化形态是体育文化结构的进一步展现。我们研究其形态是为了把握校园体育文化的内涵，使之更好地为学校培养高素质人才服务。我国现代校园体育文化经历了军国民主义教育、自然主义教育、劳卫制体育、劳动代替体育以及改革开放的体育教育发展过程，其发展道路曲折，形成了当今校园体育文化的发展形态，反映出了校园体育文化的社会价值，以及学校体育在教育中的重要地位。现在的校园体育文化形态表现出体育行为形态、体育环境形态、体育知识形态、体育组织管理形态、体育意识精神形态。体育行为形态是体育活动形态，包括体育教学活动、课外体育活动、课余运动训练以及其他体育活动行为。体育环境形态是校园的体育物质条件及其设置，包括体育设施、器材以及体育雕塑和美化等。体育知识形态是体育文化的理论认识程度，包括体育教学中体育科学理论的传授、体育宣传教育、体育刊物以及体育传媒等。体育组织管理形态是校园体育文化的操纵运行的方式方法，包括体育组织机构、组织管理制度、体育组织活动的形式和办法等。体育意识和精神形态是校园体育文化的一种心理状态和氛围，包括学校领导、教师以及学生对体育的价值认识，体育的观念理想、体育的情趣、体育行为的倾向、体育道德以及校园体育文化的精神风貌等。它们之间的关系是相互联系、相互依赖、相互促进，但又有各自的特点和功能，共同展现着校园体育文化的有机整体形态，并发挥着影响和教育学生的作用。

3. 校园体育文化的运行策略分析

校园体育文化的运行既是文化本身的发展，又是其功能的充分利用的过程。因此，一方面，作为文化本身的发展，总是伴随着由历时性（纵向）的传统文化与反传统文化之争，共时性（横向）的民族地域文化与国际化之争，呈现出一种两极运动的规律，从而推动文化向前发展。校园体育文化也是如此，在不同时代背景下出现的体育新思潮，教育新思想，教学新理论、新模式、新方法等之争，西洋体育与东方体育差异的比较和交流等，都是从之争走向融合，丰富发展着校园体育文化。另一方面，作为某一时期的校园体育文化的运行，总是要在实践中检验和应用，才具有时代文化功能的意义。这就是我们构建校园体育文化，更好地为学校培养高素质人才服务的目的所在。

在实践中丰富和发展校园体育文化，我们应从以下两方面运作：一是要充分利用现有的条件构建校园体育文化，使之在培养学生综合素质中发挥积极作用。这一运作程序是：建立校园体育文化的目标体系，丰富体育内容体系，发展方法体系，形成组织管理的良性机制，使校园体育文化的功能在实践中得到充分发挥。二是要发展创新校园体育文化，不能墨守成规老套行事，应该不断吸收国内外的先进体育文化成果，结合学校实际，在实践中加大体育教育改革的力度，创造性地发展校园体育文化，更好地为学校培养适应新世纪社会发展的高素质人才服务。

通过研究，我们认为校园体育文化的结构由体育物化文化、体育心理意识文化、体育管理文化三层面构成。物质文化处在外化层，是常见的易变化的体育文化现象；心理文化处在内层，也是核心层，对体育文化发展起着决定作用；中间是管理文化，它具有推动或制约作用。校园体育文化的形态表现出体育精神与意识形态、体育管理方法形态、体育设施与环境形态、体育活动行为形态等。校园体育文化的运行策略应从分析实际情况，确定发展目标，选择发展内容和项目，采取针对性方式方法，建立管理与检查督导办法等环节进行思考，形成机制保障和促进校园体育文化的发展。同时要以学校教育文化融合，形成学校素质教育的体系化，对学生积极健康的文化影响，成为新世纪全面发展的建设者和接班人。

第三节　体育显性文化与隐性文化

学校体育文化改革与发展是现代体育教育研究的重要课题之一。近年来，国内外不少学者对体育文化的显性和隐性问题进行了积极研究，推进了学校体育教育的改革。但是，由于思维方式的局限，不少学者把显性文化与隐性文化的关系对立起来，强调一方面，而又忽视另一方面，显然是错误的，是缺乏辩证思维的反映。人们对体育显性文化的理解比较明确，它是指正式列入学校教学计划中的教学活动，是有形的、具体的、看得见的教学活动，如教师的讲解示范、学生的练习等。而对体育隐性文化的理解还没有一致的看法，有的认为隐性文化是潜在的、无形的、看不见的影响文化；有的认为隐性文化是教学计划之外的，不通过教学活动进行，存在于学校和班级的情境中，产生潜移默化的影响课程文化。我们认为体育隐性文化既存在于学校的教学环境和氛围之中，如教学设备、体育场馆、校园体育文化等，也存在于学校的教学过程之中，伴随着显性课程文化的无形影响，比如师生关系、同学关系、学风、情绪和仪表等。可见，显性文化和隐性文化是学校体育文化的两方面，相互依存，相互促进，缺一不可；任何显性文化活动必然反映出特定的隐性文化的内涵。因此，我们进一步分析体育显性文化与隐性文化的关系，是学校课程理论研究的基本问题之一；提高体育显性与隐性课程文化的认识，这在深化体育教育改革的今天，明确体育改革的指导思想，构建新的"体育与健康"课程体系，有极其重要的现实意义。

1. 体育显性文化与隐性文化在教育目标上的辩证统一性

体育教育目标是体育教育工作的方向和归宿，又是师生教育活动的依据和评价教育质量的标准。现代体育教育思想认为：体育教育的目标应以科学主义和人文主义为指导，充分利用体育的生物效能、心理效能和社会效能，促进学生的体格、体能、心理、适应社会能力的全面发展。这说明体育教育的各种教育因素和过程都要服务于学生的全面发展，提高学生的理性能力和非理性能力，把体育显性文化和隐性文化的目标方向统一起来。作为体育显性文化，理应完成这个目标的要求，组织好教学过程的诸因素，提高学生的理性能力。体育隐性文化，它也要按照这个目标方向的要求，通过优化学校体育物质环境、树立体育传统、风气和氛围，以及发挥教学过程的行为方式、人际关系等良好影响，来发展学生的非智力因素。可见，体育教育目标的实现，应是体育显性文化和隐性文化的有机统一性。因此，我们在"体育与健康"课程教育改革过程中，应该充分利用显性和隐性文化的教育作用，为培养全面发展的学生服务。

2. 体育显性文化与隐性文化在教育内容上的辩证统一性

体育教育内容是师生教育活动的主要依据，它是从体育素材中精选的教育材料，它既有丰富的外显性，也有深刻的内隐性。如篮球教材，通过教学活动它一方面使学生掌握篮球的基本知识和技能，此外又使学生在教学活动中得到良好的心理素质、健全人格的培养。任何一种体育教材，它具有丰富的认知性和非认知性的特点，其作用的效果决定于体育教师和学生的活动方式。可见，体育教育内容是体育显性文化和隐性文化的载体，没有一定的教学内容，两性课程文化不可能存在。所以说体育显性文化与隐性文化在教学内容上具有统一性特点。但是不同的教材，所含的隐性教育作用有所不同。这就要求体育教育改革中，应精选好体育教学内容，开展丰富多彩的体育活动，培养学生的体育与健康意识，促进身心全面发展。

3. 体育显性文化与隐性文化在教学过程上的辩证统一性

体育教学过程是教学活动的步骤和程序。它是在特定的时间和空间范围内展现教学活动的诸因素，如教学目标、教学内容、教学组织方法、师生关系以及教学条件和环境等，使学生得到认识和发展。体育显性文化是使学生掌握体育基本知识，形成技能，增强体质，提高体育认识的过程；体育隐性文化是培养学生体育意识，体育感情，促进学生心理发展的过程；两者统一于体育教学过程中。体育的知识和技能是前人积累下来的精神财富，需要通过体育教学过程来使学生认识和利用，体育显性文化应该遵循学生的认识规律，提高学生的体育认识水平；体育思想和价值以及体育内含也具有重要的教育和感染作用，也需要通过体育隐性文化来使学生感悟，得到心理的发展。因此，在体育教学改革中应充分利用体育显性和隐性文化的作用，组织好两性课程文化的教学过程，提高体育教育效果。

4. 体育显性文化与隐性文化在教学组织与方法上的辩证统一性

体育教学组织与方法是实现教学任务的途径和办法。体育显性文化的教学组织与方法主要是教学活动的组织、学生练习的活动方式以及变换形成等，它仅仅为了使学生获得体育认知，掌握动作技能和健身方法，提高身体的体质和健康水平来安排的。体育隐性文化的教学组织和方法，没有特定的外形，它蕴藏在体育显性课程文化的教学组织和方法之中，反映在教师的教学意识和学生的练习之中，但具有非常大的教育作用。如教学中队形队列的组织和方法，从外形来看它是体育显性课程文化的方面，从内涵来看它又反映出教师的用意和学生受到教育的影响有所不同。可见，任何一种组织方法都有显性和隐性的两方面，体现出辩证统一性。因此，在体育教育教学组织和方法应用中，应充分发挥两性体育课程文化的作用，提高体育教育的效益。

5.体育显性文化与隐性文化在教学管理与评价上的辩证统一性

体育教学管理与评价是指遵循体育教学规律,对教学活动过程进行组织、指挥、检查、评定的工作过程。它对保证体育课程教学的顺利进行,不断提高体育教学质量有着重要意义。体育课程管理与评价的各环节工作,体现出体育显性和隐性课程文化的统一性,例如:在体育教学计划中就要考虑显性课程文化的科学安排,又要体现隐性课程文化的教育影响;在组织教学中要合理安排显性课程文化的教学工作,又要充分利用隐性课程文化的教育作用;在指挥调控教学中要保证显性课程文化教学的有效性,又要发挥隐性课程文化潜移默化的影响作用;在体育教学的检查与评价中要做到显性课程文化的客观事实性,又要体现隐性课程文化实事求是的激励性。因此,在体育教学管理与评价中既要对显性课程文化进行合理有效的管理和评价,也要积极有效地把握体育隐性课程文化的教育作用,将两者辩证统一起来,激发师生提高体育教学的积极性,推进体育教育健康发展,更好地为培养身心全面发展的高素质人才服务。

总之,通过研究分析,体育显性文化和隐性文化是体育课程教学的两个方面,一个是外显性,一个是内显性,两者的有机结合构成体育课程文化的整体,它们是相互依存、相互影响、相互区别、辩证统一的关系。表现在课程教学目标上为培养学生身心全面发展的统一性;课程教学内容上的载体性;课程教学组织与方法上的同一性;课程教学过程上的合一性;课程教学管理与评价上的全面性。因此,在学校体育教育改革中,应全面理解课程文化的含义,充分利用体育显性课程文化和隐性课程文化的教育作用,在确定体育教育目标,选择体育教育内容和方法,组织教学过程,以及评价体育教育工作中都要科学合理地处理显性和隐性课程文化的关系,使之更好地为培养学生的身心素质服务。

第四节 学校体育教学问题的分析

在新世纪大力推进素质教育改革的今天,体育教学为培养学生综合素质所发挥的作用,越来越为人们所认识。因而,中共中央、国务院《关于深化教育改革,全面推进素质教育的决定》明确指出:"学校教育要树立'健康第一'的指导思想,切实加强学校体育工作。"这为体育教学改革指明了方向。然而,在体育教学改革实践中仍然存在不少问题,影响着体育教学改革的正确思路和方式方法,需要不断提高认识,采取有效策略,深化体育教学改革。为此,对影响体育教学改革成效的几个主要关系问题进行探讨,帮助广大体育教育工作者进一步提高认识,明确工作的思路,和谐塑造体育教学文化,积极推进体育教学改革,更好地为祖国培养各级各类高素质人才服务。

1.体育教学中应处理好传授知识与培养能力的关系

终身体育教育思想表明,体育知识、运动技术与方法、体育健身能力是三位一体的目标，对学生终身体育意识和行为习惯的培养有着重要意义。因此，在体育教学中如何把体育知识、运动技术和方法的传授与对学生健身能力的培养有机结合起来，这是当今体育教学中值得研究的问题。

目前的实际教学状况是，大多数教师重视体育知识技术的传授，而忽视对学生体育能力的培养。诚然，没有体育知识、技术的传授，体育教学就失去了它真正的内涵，体育魅力也就不复存在。但如果只注重体育知识、技术的传授，而忽视对学生能力的培养，体育知识、技术也就成了空中楼阁，因为体育知识、技术是通过学生能力的提高而具体现出来的。所以，知识、技术与能力，三者互相依存，互为因果。在体育教学中，我们既要重视体育知识、技术的传授，更要重视对学生健身能力的培养。例如，教蹲踞式起跑。当发出"各就位"口令时，教师让学生把腿和手如何放好；当发出"预备"口令时，学生的身体应变成怎样的前倾姿势；当发出"跑"口令时，上下肢如何蹬摆配合等等。围绕起跑技术，学生一堂课跑上几次30米左右的距离。试问，就这项田径教材而言，掌握起跑技术与发展奔跑能力，究竟哪个是教学重点？笔者认为是后者而不是前者。进一步讲，即使学生对起跑掌握得正确，如果跑不快，甚至连国家规定的基本锻炼标准都达不到，那么这种技术又有多大的实用价值呢？因此，在体育教学中（特别是田径教学）应突出对学生能力的培养，在提高能力的同时，逐步地完善技术，只有提高了能力，才能真正提高技术。

2. 体育教学中应处理好学生身体发展与心理发展的关系

20世纪70年代后期至80年代初，在"体质教育"指导思想的影响下，体育教学在一定程度上形成了以学生的体质是否有所增强来评定教学效果的好坏。这种单纯的生物教学观，直到现在还对我国学校体育教学产生一定影响。不可否认，增强学生的体质，发展学生的身体，是体育教学的一项重要任务。但是把它作为体育教学的根本目标或唯一目标，那就背离了时代的要求。事实上，在各种体育活动中，除学生的身体得到发展外，他们的情感还有着各种体验，意志经受着各种考验，心理品质也进行着锻炼。例如，在耐力跑教学中，当跑到"极点"出现的时候，是坚持到底还是半途而废，这不仅是对学生身体的锻炼，更重要的是心理和意志品质的锻炼；在跳跃教学中，我们往往会看到部分学生不敢跳，其主要原因是心理和意志品质差。所以，在体育教学中学生身体的发展和心理的发展应当是同步进行的，我们不能只重视身体而忽视心理培养。特别是在人才竞争比较激烈的今天，培养学生具有一种良好的心理品质，顽强的意志作风，和谐的人际关系，更是新时代赋予体育教学的一项重要任务。

3. 体育教学中应处理好教师的教与学生的学的关系

体育教学改革的核心是处理好教与学的关系。与其他课程教学一样，教与学是体育教学的诸矛盾、诸因素的关键点。教与学二者是互相依存、相辅相成、辩证统一于体育教学的全过程。就教的过程来说，教师起主导作用，教师是搞好教学的关键；但就每个学生的学习过程来说，教师的教只是外因，学生肯学善于学才是内因，教师教得好的外因只能通过学生学的内因才能起作用，因此才有"师傅领进门，修行在个人"的说法。从系统论的观点来看待体育教学的教与学，只有教师的主导作用和学生的主体作用二者都得到充分发挥，才能产生体育教学的最大效益。否则，只强调教师或充分发挥教师的主导作用，只能会削弱和降低体育教学的质量和效益。因此，在当前体育教学改革中要防止单方面的强调，而忽视另一面的作用发挥，要扭转体育教学中的被动教学观，充分发挥学生的主体作用和主动精神，变"要我学"为"我要学"，也要强化体育教师的主导作用，把教与学两方面的积极性充分调动起来，才是我们体育教学改革的正确思路，才能真正提高体育教学质量。

4. 体育教学中应处理好教师的讲与学生的练的关系

讲与练是实现体育教学目标的重要途径和方法。体育教学最显著的特点是以学生的身体活动为主。从这个意义上讲，也就是以练为主。精讲多练既是各科教学原则，也是处理体育教学中讲与练关系的准则。所谓精讲，是指在体育教学中对于技术要领的讲解精练、概括、准确。精讲是多练的前提，只有精讲，才能保证多练。否则，如果教师把一个技术动作讲得精细入微，学生不仅抓不住要领，还白白浪费了许多练习时间，同时精讲还为多练提出了目标和要求，使学生在练习中少走弯路，提高练习效率，学生的身体素质既提不高，技能技术也掌握不了，教师的讲解也只能是纸上谈兵。多练就是多实践。从某种意义上讲，任何知识、技能与技术，都是从实践中得来的。当前体育教学中存在的弊端之一就是教师对于技术要领的讲解过于精细，往往把以练习为主的体育课变成了以讲为主，而忽视了学生的练习时间。教师的任务是向学生传授基本的体育知识和技术，而这些知识和技术的掌握，主要是通过学生反复地身体练习才能实现。因此，提高体育教师讲的水平，多指导学生身体练习是教学方法改革的重要基础。

5. 体育教学中应处理好统一性与灵活性的关系

在体育教学中向学生提出统一的要求，如课堂常规、教学内容、考核标准、安全措施、服装穿着等方面，是完全必要的，它有利于培养学生的集体主义和更好地完成教学任务。但是，在具体教学过程中，应当既讲统一性，又讲灵活性。否则，客观存在将阻碍学生的个性发展，不利于全面人才的培养。统一性与灵活性是为完成体育教学任务而采取的两种不同的表现形式。没有统一性，我们就无章可行，会迷失方向和目标，其结果将会各行其是，一盘散沙；但是如果只讲统一性而没有灵活性，学生又会被束缚得太死，体育课往往缺乏生动活泼的局面而显得机械呆板。笔者认为，在大的培养方向和目标要求上，应当坚持统一性，但在具体的教学方法和手段的运用上，应当坚持灵活性，二者相辅相成，不能顾此失彼。例如，同是准备与放松活动，为什么非让教师统一领着做不可呢？把它交给小组长或学生自己做不更有利于调动学生的积极性吗？又如，在某一单元教学计划结束统一考试前，为什么不能对率先完成教学任务的学生提前考核，让他们进行自选练习呢？再如，在不影响教学的前提下，为什么不能让学生去交流、议论或品头论足呢？如此等等。由此不难看出，当前体育教学中是过分强调了统一性，我们的任务则是使二者有机结合起来，才能真正全面发展学生的身心素质。

6. 体育教学中应处理好学生"吃不饱"与"吃不了"的关系

目前体育教学仍是班级集体授课制，执行着全国统一的《体育教学大纲》。对于大多数学生来说，在课时和场地器材得到保证的情况下，完成国家规定的教学任务是可行的。但是，由于个体差异，一些身体素质好而又灵敏的学生，他们往往能提前完成教学任务而剩余好多时间，这部分学生认为教材太容易，学习很轻松，因而他们感到"吃不饱"，而另一部分与此相反的学生，他们则感到教材难度大，学习很吃力，很难跟上统一进度，他们又感受到"吃不了"。那么，如何处理好这二者之间的关系呢？笔者认为，承认差别，区别对待，因材施教，在教材内容和进度上不搞"一刀切"，是处理这种两者关系行之有效的办法。对于前者，当他们完成规定的教材内容情况下，剩余时间可以让他们学习高一年级的同类教材，或选学其他项目；对于后者，除适当降低教材难度和要求之外，教师还应当多对他们进行指导和帮助，消除这部分学生的畏难情绪，使他们树立学习信心，赶上集体的步伐。"吃不饱"与"吃不了"是体育教学中存在的一种普遍现象，教师应当面向全体学生，以满腔热情的态度对待每个同学。对于优秀学生，教师应当多鼓励、多表扬、以充分调动他们的学习积极性；对于差生或后进生，也要一视同仁，不能看不起他们，应使他们同样能感到集体的温暖。

7. 体育教学中应处理好严格与宽松的关系

在体育教学中坚持对学生严格要求，严格训练，这对培养学生的集体主义精神，高度的组织纪律性以及顽强的思想作风，都是完全必要的。但是，如果只有严格要求而缺乏宽松和谐的教学气氛，甚至一切要求整齐划一，学生没有任何自由，这就在心理上违背了青少年活泼好动的特点，只能会挫伤学生的积极性，甚至会造成部分学生厌学体育。

严与宽是体现在对学生要求上的两个不同方面，没有严格要求，就没有统一意志，就会失去教学方向和目标；没有宽松和谐，就没有个人的心情舒畅，就会失去生动活泼的教学局面。所以严与宽它们既互相对立，又互相依存，两者缺一不可。我们的任务就是要在教学中努力把握好严与宽的尺度，使之严而适度，宽而得当，严而不死，活而不乱。例如，在队列和器械类练习中，应当对学生严格要求，态度上要严肃认真，一丝不苟；但在游戏、球类等练习中，应尽量造成一种宽松和谐、生动活泼的教学气氛，使每个学生都能全身心地投入到活动中去。体育教学中只有创造了这种氛围，才能真正促进学生的身心发展。

8. 体育教学中应处理好辛苦与快乐的关系

我国学校体育学者毛振明博士曾说："体育的最大魅力在于乐趣。"德国著名学者海格尔教授把"体育教学的笑声"作为评价一堂体育课的重要标志。由此不难看出,体育教学如果没有欢乐和笑声,就不能认为是一堂成功的体育课。所以,日本的"快乐体育"近些年来颇受我国推崇,它确实对我国学校体育教学改革起到启发作用。辩证法告诉我们:任何事物都具有两面性。当我们在体育教学中想方设法让学生体验运动乐趣的同时,我们切不能忘记,运动中还包含着艰苦和磨难。一项调查资料表明,近年来我国青少年学生的耐力素质和心肺功能呈现普遍下降的趋势。专家们大声疾呼要尽快遏制住这种势头的发展,因此,我们在提倡"快乐体育"的同时,还必须向学生进行吃苦方面的教育。苦与乐是体育运动中同时存在的两种情感体验,它们互相依存,融为一体。只有苦才能有乐,没有苦也就没有乐,苦中有乐,乐在其中,先苦后乐,这是苦与乐的辩证法。那种认为体育课中处处充满欢乐和笑声的想法实际是不存在的。在体育课中,夏天烈日当头,冬天寒风刺骨,一进操场首先就是对学生一种艰苦思想的锻炼;学生每跑一次中长跑就是一次苦与累的考验;但正是通过体育运动中的各种艰苦(或痛苦)的磨炼后,当我们看到自己的身体练棒了,意志顽强了,那时,我们才真正体验到运动的快乐,运动的魅力所在。

第五节　学校弘扬北京奥运会精神

奥运会是世界体育竞赛最高级别的盛会,它从不同方面展示一个国家的综合实力,因而举办和参与奥运会已引起世界各国的高度重视并努力争取。北京成为2008年奥运会的举办城市,并"无与伦比"成功地举办了北京奥运会,这说明了中国人民的一大胜利和中国国力提高的体现。奥运会是一项庞大的社会系统工程,体现了多角度、多层面、多序列因素的整合;体现了体育管理运作效益。体育管理是指通过对各种体育资源的调动和组织,实现投入与产出效益的最大化,即通过具体体育活动的组织、体育资源配置和把握以及人、财、物的管理和监督,最有效地实现奥运会的目标。北京奥运的三大主题,即"科技奥运、人文奥运、绿色奥运",具有统摄地位,体现了北京奥运精神文化的内涵。可见,北京奥运会成功举办无疑是对我们综合国力的检验,也积累了许多精神文化财富,需要我们大力弘扬发展。因此,学校弘扬北京奥运精神,发展奥林匹克文化,对促进学生人文素质发展,提高奥运精神认识,加强爱国主义教育,具有重要的现实意义。

1. 弘扬北京"绿色奥运"的精神文化

"绿色奥运"关注的是人类的生存环境问题,是经济、人口、资源和环境的可持续发展问题。面对当今全球性资源短缺、环境污染和生态恶化等威胁人类生存和发展的严峻现实,实施可持续发展的根本在于努力保持人与自然的和谐关系。《奥林匹克宪章》指出:"督促举行奥林匹克运动会时有关机构对环境问题予以认真关注,鼓励奥林匹克运动对环境问题的认真关注并采取措施,教育一切与奥林匹克有关的人认识到可持续发展的重要性。"1994年经国际奥委会主席萨马兰奇批准，国际奥委会运动与环境委员会宣布成立，其任务是国际奥委会在环境保护方面应采取的政策提出咨询意见，参与对奥运申办城市的评估和主办城市的遴选工作。正是在这样的背景之下，北京2008年奥运会明确提出了"绿色奥运"的理念，并努力实现了"绿色奥运"精神，体现在如下方面。

第一，北京把环境保护作为奥运设施规划和建设的首要条件，制定严格的生态环境保护措施，广泛采用现代环保技术和手段，大规模、全方位地推进环境治理、城乡美化绿化和环保产业的发展，努力提高人们的环境保护意识，鼓励公众自觉选择绿色消费，积极参与各项改善生态环境的活动，从而进一步加强了"绿色奥运"建设。

第二，北京加大环境污染防治工作。北京防治大气污染和保护饮用水源为重点，通过调整经济结构，增加优质、清洁能源的使用等措施，实现城市环境质量和生态状况的显著改善；优化城市能源结构，大力引进和发展天然气、电力等优质清洁能源，积极开发利用地热能、太阳能、风能等；严格控制机动车辆废气污染物的排放标准，在公交车和出租车中大力推行应用液化天然气，推广电动汽车等新型汽车技术，以防治机动车排气污染物污染；削减工业污染物的排放量，将污染企业调整搬迁，以防治工业污染；同时还积极防治城市地区的扬尘污染、水污染、噪音污染、电磁辐射及放射性污染等，加强固体废弃物的管理，大力推广应用环保新技术和新工艺等。

第三，北京加强生态环境建设。北京要防治环境污染、完善城市基础设施，以造林绿化、防沙治沙、合理利用水资源等为重点，构筑良好的生态环境。建设首都绿色生态屏障，推进城市绿化美化，建设规划大面积的城市公共绿地和水面景观；防沙治沙，防治水土流失，加强生态建设；提高公民的水资源忧患意识，合理利用水资源，最大限度地保存地表水和地下水库的清洁水源，做好污水处理和再利用工作，采取各种有效措施节约用水。

当然，"绿色奥运"并不仅仅是北京市的事情，全国其他地方也在"绿色奥运"旗帜下，在迎接奥运会举办的过程中，提高公众的环境意识，大力实施可持续发展战略，以绿化祖国、美化祖国的实际行动支持了2008年北京奥运会的成功举办，体现了我国"绿色奥运"的精神文化。

2. 弘扬北京"科技奥运"的精神文化

"科技奥运"理念的提出，是当今科学技术飞速发展的要求，顺应了现代奥运发展的趋势。现代奥运一百多年的历史，正是现代科学技术突飞猛进的历史，也是现代科技与现代奥运日益密切地结合的历史，现代科技为奥林匹克运动的发展插上了腾飞的翅膀，奥林匹克运动也以其特有的形式为现代科技的发展做出贡献。将新科技渗透到北京2008年奥运会的申办、筹办、组织实施及会后工作的全过程中，将新科技广泛应用于运动会的组织管理、生活设施、信息传媒等，以现代科学技术武装北京2008年奥运会，保障了2008年奥运会举办得顺利、精彩、圆满，体现了"科技奥运"的精神文化。

第一，加强了"科技奥运"的组织管理建设。北京2008年奥运会高度重视先进科学思想和管理手段的应用，高度重视最新科技成果的应用，高度重视广大科技工作者聪明才智的发挥。北京"奥运科技（2008）行动计划"和随后以行动计划成员单位为主，与北京奥组委共同成立的"第二十九届奥林匹克运动会科学技术委员会"作为联合全国科技力量直接介入奥运建设的重要组织。"奥运科技（2008）行动计划"和奥科委，科技界和社会各界着眼2008年奥运会所需要的方方面面的技术保障，在运动技术、数字信息、安全保卫、交通、环境保护、场馆、能源等10个方面对科技奥运建设进行战略规划。加强广泛的国际合作，包括欧盟、美国、德国、澳大利亚、法国等。经过不断地探索和实践，形成一个中央与地方全面合作，集中全国科技资源，多层次、多领域开展交流合作，共同办好科技奥运的良好格局，体现了"科技奥运"的精神文化。

第二，加强了科研成果的研究与运用。在科技部牵头，各成员单位配合下，以奥运对科技的需求为出发点，围绕2008年北京奥运的三大主题，发掘、筛选、优化科技项目；针对奥运成功举办的若干"瓶颈"和焦点问题，重点安排一批重大项目和课题，建设了一批科技奥运的标志性工程，并以此带动其他项目发展。如"无线移动IPv6接入示范网络技术奥运信息系统""建设奥运虚拟博物馆""奥运会气象保障科学技术试验与研究"等一批科技奥运重点项目。科技界专家指出，实施好这批项目，不但能够保障科技奥运理念的实现，而且可以以科技奥运为契机，提高我国科技解决经济、社会实际问题的能力，促进我国在某些重大技术领域的跨越式发展。

第三，加强了体育运动技术的科学研究。从解决运动训练实践中的难点和关键点出发，应用现代科技理念、手段，集成先进、科学训练方法，全面提高运动员科学训练水平和运动竞技水平；开展科学训练、机能评定、伤病防治、运动营养与恢复等方面研究，开发研制先进体育器材和设备，开展科学训练基地建设示范，建立竞技运动的科学训练体系和高水平的医疗康复等配套服务体系等，全面体现了"科技奥运"的精神文化。

3.弘扬北京"人文奥运"的精神文化

"人文奥运"提出的最初想法，是强调北京奥运会将以运动员为中心，一切为了运动员。在后来的探讨中，又逐步升华为以人为本，最后又把文化的概念融合进去，形成了我们现在所谈的"人文奥运"概念。"人文奥运"的理念很有中国特色。奥林匹克理念包含了对和平和更加美好生活的追求，提倡大家共同来创造这种和平、发展的环境和美好的生活。奥运会的比赛为人们提供了一个紧张激烈的环境，一种欢乐的氛围，一个能暂时超功利的世界。在运动员力与美的展示中，人们得到了愉悦的审美享受，人的精神获得了最大的自由。办成历史上最出色的奥运会是2008北京奥运追求的目标，实现这个目标关键是让人们经历一次前所未有的精神体验和享受。北京奥运的成功举办实现了"人文奥运"的精神文化目标。

第一，北京奥运的成功举办，实现了主办者国际奥委会、承办者北京2008年奥运会组委会和参加者、全世界的运动员、官员、媒体、赞助商、志愿人员和全中国人民携手同心北京"人文奥运"的精神文化目标。

第二，北京加强了"人文奥运"的宣传教育。2008年奥运会让全国人民一起为奥林匹克创造新的历史，正如萨马兰奇所期望的，北京应办成"历史上最好的一届奥运会"。北京奥运会的成功使中国各族人民提高了认识，了解了人文奥运精神，体育迷们也表现出良好的体育精神，使中国人文主义的优秀思想传统为世界各国人民所了解，从而丰富并发展了奥林匹克精神，实践"和平、友谊、进步"的奥林匹克理想。

第三，北京奥运弘扬了中华民族文化，提高了我们的国际形象。在2008年奥运会举办期间，能够来北京的全世界的体育精英乃至各国政要、富商、名流、平民首先将从赛场体验到中国的文化、中国人的素质、中国人的体育精神、中国人民的友好感情、中国人的包容性乃至中国一些有负面影响的东西。北京奥运会期间展现了我们的精神风貌，文化传统，民族精神，将负面影响降到最小限度。2008的赛场文明以崭新的面貌奉献给全世界。

第四，北京加强了组织管理建设，提出并实现了"做2008年的文明观众"。对2008年奥运会的中国观众来说，学习和完善自身的东西太多了。坐在体育场里的观众不仅是看客，也应该是参与者，他们应该懂得一些规则和体育内涵。这样才能使他们的掌声不盲目不偏激。北京奥运体现了中国观众应有的团结一致精神和强烈的团队意识。说明了北京奥运会加强了许多组织管理工作，合理组织引导观众从小事情作起，形成文明礼貌的风范和氛围，产生了长效影响，让北京的赛场文明以崭新的面貌奉献给全世界。

总之，北京奥运的成功举办，实现了"绿色奥运""科技奥运""人文奥运"三个理念。学校学生是祖国的未来，是推动社会发展进步的重要力量，培养好学生的奥运精神，对实施素质教育具有重要意义。因此，学校要大力弘扬北京奥运精神文化，紧紧抓住当今世界体育关注的主题，并认识当今人类社会生存和发展中遇到的重大理论和现实问题，以敏锐的时代眼光和深切的人文关怀关注人类和奥运的命运，促进人和世界全面、迅速、和谐发展。学校促进学生弘扬北京奥运精神文化，要结合体育教育工作与文化学习工作，积极开展校园体育文化活动，把科学精神、文明素质、生态意识注入学生关心和参与的各项活动中，弘扬奥林匹克文化，促进学生身心健康成长。

第十章　　体育与健康消费引导

随着我国市场经济建设的发展，学校体育与健康消费市场也得到较快发展，受到市场经济、学校教育与体育的高度重视，引起体育教育工作者的积极思考，成为近年来研究的重点热点问题。体育消费市场是指直接买卖体育物品和劳务服务的消费场所，也是指消费者购买体育服务、观赏体育比赛和参与体育活动的经营场所，如体育馆、健身娱乐房、球场、运动培训地点等。学校是体育消费市场的特殊形式，科学发展学校体育消费市场，引导学生健康消费，对深化学校体育教育改革，培养学生的健康观、提高学生的体育健身整体认识，体验体育健身的快乐，以及丰富校园体育文化，提高学生生活质量等都有积极意义。

第一节　　学校体育消费市场的开发

市场是指一切具有特定的欲望和需求并且愿意和能够以交换来满足此欲望和需求的潜在购买者的集合，也是买卖关系的总和。体育消费市场是指为满足消费个人和家庭体育消费目的而购买体育物质产品、体育劳务产品和体育信息产品的总和。消费市场是各种商品市场的最终归宿，即最终市场，其他商品市场要以消费者为最终服务对象，以他们的需要和偏好为转移。因此，发展体育产业就必须研究体育消费市场，否则，盲目发展，势必导致失败。市场需求细分化是根据构成总体市场的不同消费者的需求特点、购买行为和购买习惯，将他们细分为若干有着相类似的需求倾向的消费者群体；它是研究和掌握体育消费市场情况的重要途径和方法；它对体育产品计划、分销渠道、价格政策直至促销宣传，采取相应的整套营销策略，使体育营销的产品更符合各个不同消费者阶层和群体的需要，提高体育产品的竞争能力等都有极其重要意义。近年来，随着我国市场经济建设的发展，人民生活水平的提高，学校学生的体育消费水平也有所提高。因此，我们对学校体育消费市场学生需求状态进行研究，探讨学生对体育物质产品、体育劳务产品、体育信息产品的消费需求问题，为指导学校体育消费市场的发展，促进学生健康水平的提高，提供积极有效的指导。

1.学生在体育物质产品消费需求分析

学校体育物质产品消费市场是指学生购买体育器材、运动服装、运动饮料、体育纪念币、票等人群的集合。我们从影响消费市场的主要因素（地理、家庭、心理和行为等）来分析学生在体育物质产品消费市场。

首先在地理环境方面（包括城镇方位、地市区域、气候、地形等因素），我们的研究结果表明：大城市的学生偏好体育物质产品的品牌和档次，调查对象认同率（以下相同）为72.3%；中小城市交通便利地区的学生偏好体育物质产品的质量和价格适中，认同率为74.5%；边远地区城镇学生偏好体育物质产品的耐用和价格低，认同率为75.9%；并且表明，交通便利地区的城镇学生比不便利地区城镇学生的体育物质产品消费要高，尤其是铁路沿线的城镇学生体育物质产品消费比较高，偏好产品的档次和质量，认同率为82.1%。各地区学生的体育物质产品消费具有显著性差异。

其次在学生个体因素方面（包括性别、年龄、家庭经济收入、民族等因素）。市场调查结果表明：不同男女学生市场占有率有较大的差异，男学生参与体育物质产品消费人口比例为63.2%，偏好体育物质产品的档次和品牌；女学生参与体育物质产品消费人口比例为67.4%，偏好体育产品的质量和价格，认同率72.3%。不同年龄学生体育物质产品消费市场有显著性差异，小学生参与体育物质产品消费人群比例为75.4%，偏好价格和美观；中学生参与体育物质产品消费人口比例为63.1%，偏好体育产品的质量和款式；大学生参与体育物质产品消费人口比例为79.8%，偏好体育物质产品的质量和品牌，认同率85.6%。不同家庭条件的体育物质产品消费也有显著差异，家庭人均月经济收入在1000元以上的学生人群参与体育物质产品消费比例为82.3%，偏好体育产品消费档次和款式；在500~1000元之间的学生人群参与体育物质产品消费比例为66.6%，偏好体育产品消费质量和美观；在200~500元之间的人群参与体育物质产品消费比例为44.3%；偏好体育产品消费的价格和耐用；在200元以下的学生人群参与体育物质产品消费比例为16.2%，偏好体育产品消费的价格低谦和耐用，认同率73.8%。

再次在消费心理方面（包括生活方式、性格、品牌忠诚等因素），市场调查结果表明：不同生活方式的学生体育物质产品消费有显著性差异，学习努力型学生参与体育物质产品消费比例为56.4%，偏好体育产品消费的简洁大方和实用；生活朴素型学生参与体育物质产品消费比例为37.5%，偏好体育产品的价格和耐用；时髦型学生参与体育物质产品消费比例为68.8%，偏好体育产品的品牌和美观，认同率72.8%。不同性格学生的体育物质产品消费也有显著性差异，外向型学生参与体育物质产品消费比例为68.5%，偏好体育产品的款式；内向型学生参与体育物质产品消费比例为56.3%，偏好体育产品的质量，认同率67.3%。不同品牌忠诚的学生在体育产品消费上也有一定的差异，专一品牌忠诚的学生占9.5%；几种品牌忠诚学生占39.2%；无品牌忠诚学生占36.3%；认同率71.6%。

最后是消费行为方面（包括购买频率、时间、地点等因素）：不同学生人群购买频率上有显著差异；购买同一类（或一种）体育物质产品消费频率较高的学生人群（是指经常购买的消费者）占 25.6%；购买体育物质产品消费频率低的学生人群（是指不经常购买或偶尔购买者）占 64.2%；不购买者或难得购买者占 10.2%，认同率为 67.8%。表现在不同体育物质产品购买频率上也有较大差异，购买频率较高的产品，主要是运动饮食、运动服装、鞋、小型体育器材；购买频率较低的产品，主要是大、中型体育器材、贵重体育仪器设备，也有高档运动服装等产品，认同率为 73.5%。在不同购买时间上也有显著性差异，节假日购买频率最高占 61.4%，其中白天购买率比夜市购买率略高 11.2%，其产品主要是运动饮食、运动服装、家庭运动器材等；平常购买频率次之占 38.6%，其中白天购买率比夜市高 15.8%，其产品主要是运动器材、运动饮食等，认同率为 83.3%。在不同购买地点也有显著差异，在学生方便的商店购买率占 57.7%，其产品主要是较低价格的运动饮食、运动服装、小体育健身器材等；在大店和名店购买率占 42.3%，其产品主要是价格较高的各种品牌运动产品，认同率为 78.3%。

2. 学生在体育劳务产品消费需求分析

学校体育劳务产品的消费市场是指学生参加体育旅游、体育俱乐部、体育培训班、比赛等体育活动以及购买体育彩票等消费的集合。

对学校学生参与体育劳务消费的市场调查结果表明，在不同城市的地理环境方面，学生的体育劳务消费有显著性差异：首先是大中城市学生的消费较高，参与体育劳务消费学生占人口总数的 32.3%；其次是小城市学生，占学生人口总数的 23.4%；边远地区的学生体育劳务消费非常低，较少学生参与体育劳务消费的认同率为 73.9%。

在个体因素方面：不同城市学生体育劳务消费有显著性差异，主要表现在性别、年龄、家庭经济收入等因素上的差异。男生比女生的体育劳务消费略高 12.3%。在年龄上，青少年学生参与人群比例较高，占 55.3%；其次是儿童学生人群，占 34.2%。在家庭经济收入条件上，家庭人均月收入在 1000 元以上的，参与体育劳务消费学生占 51.5%；500~1000 元的，学生占 34.3%；200~500 元的，学生 13.4%；200 元以下的，学生体育劳务消费甚少，较少参与体育劳务消费的认同率为 78.6%。

在消费心理因素上，不同城市学生体育劳务消费也有显著性差异。主要表现在消费性格、生活方式因素上。首先在性格上反映出，外向型学生人群参与体育劳务消费比例较高，占 57.9%，主要喜欢体育旅游、体育俱乐部和参与体育娱乐活动的消费；内向型学生人群参与体育劳务消费比例占 22.3%，主要参与体育培训和体育彩票等消费，认同率为 81.3%。在生活方式上，反映出时髦型学生人群的体育劳务消费较高，占 63.5%，主要喜欢参与运动保健按摩、体育俱乐部、健身培训等；学习努力型人群的体育劳务消费次之，占 25.2%，主要参与节假日的体育健身培训、体育比赛等；生活朴素型人群的体育劳务消费较低，占 12.8%，主要喜欢参与大众体育健身活动、观看比赛等消费，认同率为 76.7%。

在消费行为因素上，不同城市学生体育劳务消费也有显著性差异。主要表现在消费频率、时间、地点方面的不同。在消费频率上，经常参与消费学生人群只有15.3%，其中主要是运动保健活动、体育俱乐部活动等方面的消费，占消费人群36.6%；其次是体育健身培训、体育比赛等，占消费人群13.3%；再次是体育旅游及其他体育劳务消费，占消费人群10.1%，认同率为79.5%。在消费时间上，反映出白天消费人群占体育劳务消费总人群的32.3%，其中主要是在早晨和下午参与体育劳务消费人群较多，占白天消费人群的62.3%；夜里参与体育劳务消费人群较多，占体育劳务消费总人群的67.7%，主要是参与体育娱乐和运动保健活动，认同率为87.7%。在消费地点上，表现出就近消费者占消费人群的64.8%，主要是参与体育娱乐和健身活动；就远消费者占35.2%，主要是参与体育比赛、运动保健等活动，认同率为73.5%。

3. 学生在体育信息产品消费需求分析

学校体育信息产品消费市场是指学生观看体育比赛、订购体育报纸杂志、体育磁带光盘等消费人群的集合。市场调查结果表明，学生在体育信息产品消费上具有显著差异，也反映出学生在地理环境、个体状态、消费心理、消费行为等因素上的不同。

在地理环境上：主要表现出，铁路沿线的学生参与体育信息产品消费的积极性较高，占人群总数的32.1%；其次是主要公路沿线的学生参与体育信息产品消费的人群，占人群总数的21.3%；再就是交通不便的学生参与体育信息产品消费的人群较少，占人群总数的8.2%，认同率为78.4%。

在家庭人口因素上：表现出人均月经济收入在1000元以上的家庭学生人群，参与体育信息产品消费的比例较高，占人群总数的52.3%；500~1000元之间的家庭学生人群，参与体育信息产品消费的比例一般，占人群总数的23.5%；200~500元之间的家庭学生人群，参与体育信息产品消费的比例较差，占总数的12.1%；200元以下的家庭学生人群，参与体育信息产品消费的比例很低，占总数的3.5%，调查认同率为73.5%。

在消费心理上：表现在参与体育信息产品消费的性格、生活方式上的差异。性格外向型的消费者，热衷于体育信息产品的消费，调查认同率为83.4%，主要喜欢体育磁带、磁盘、体育报刊以及观看体育比赛等消费；性格内向型的消费者，也较喜欢体育信息产品消费，调查认同率为72.5%，主要订购体育报刊方面的消费。生活方式时髦型的消费者，对体育信息产品消费积极性较高，调查认同率为71.4%，主要喜欢体育音乐和比赛信息的消费；学习型的消费者，也较积极参与体育信息产品的消费，调查认同率为67.4%，主要喜欢体育报刊的消费；生活朴素型的消费者，参与体育信息产品消费的积极性较差，调查认同率为72.3%，主要是不购买，而愿意借阅体育信息产品。

在消费行为上：表现出参与体育信息产品消费的地点、时间、频率上的差异。在体育信息产品消费地点上：反映出在学生家庭消费的人群，占35.6%，主要是体育报刊和磁带等；在学生家庭外消费的人群，占23.2%，主要是购买体育报刊的消费，调查认同率为81.3%。在消费时间上：晚上购买率较高，调查对象认同率72.3%；白天购买率次之，调查对象认同率 63.8%，其中在节假日购买率最高，调查对象认同率 72.6%。消费频率较高的人群占 16.6%；并表现出男生比女生消费略高 8.5%，男生喜欢体育报刊、体育彩票等消费，女生喜欢体育磁带、健美资料的消费，调查对象认同率 76.4%；大学生比中小学生参与体育信息产品的消费要高 12.6%；经济条件较好的家庭比较差的家庭参与体育信息产品消费频率上要高 46.3%，调查对象认同率 82.3%。

通过市场调查研究，学校学生参与体育消费的总体水平还不太高，但体育消费市场开拓的前景和发展潜力还是很大的。表现在体育物质产品消费方面：学生的消费心理和行为较好，在实物消费上，以运动饮食和运动服装的消费为主体，购买率较高；其他实物消费购买率较低。表现在体育劳务产品消费方面：学生的体育劳务消费，主要是运动保健按摩、体育健身培训活动。表现在体育信息产品消费方面：学生以订购体育健身报刊的消费为主体；其他体育信息产品消费也正在发展，如旅游郊游、观看体育比赛和表演正在兴起。同时我们看到学校的体育消费市场发展与学生的经济条件、课余时间、地点、学生素质等都有密切相关，学校体育消费市场还有较大的拓展空间，需要不断引导、发展和丰富学校的体育消费市场。采取积极有效的发展策略，从体育物质产品消费市场入手，向体育信息产品和劳务产品市场发展；逐步形成大、中、小城镇学校及边远地区集市的体育消费网络；以适中的价格满足不同学生体育消费的需要。强化学校学生的体育消费意识和行为，促进健康消费，丰富学生生活。

第二节　学生体育消费的经济行为

学生的体育消费是指学生直接或间接从事体育活动的个人消费的经济行为，包括：参加各种体育活动所需的费用，观看体育比赛的门票费，购买体育服装、鞋帽、体育期刊、体育器材、体育纪念品以及体育彩票等经济行为。现代市场经济理论认为：发展现代产业已由过去计划经济的生产—销售—消费的生产链，向着消费—营销—生产的市场链转变，消费是市场链上的第一环节和要素。可见，研究学生的体育消费是持续发展学校体育产业的重要基础。因此，对学生体育消费的经济行为进行分析，旨在掌握学生体育消费的类型、特点以及经济行为与选择的关系，从而采取积极有效的策略，开发学校体育市场，对促进学生合理的体育消费，培养其身心素质都有积极的意义。

1. 学生体育消费的类型及其特点

消费类型是按照一定条件因素把消费者的消费行为划分为不同类别，有利于掌握消费行为的特点，发展消费市场。我们采用市场细分方法来分析学生体育消费市场的类型和特点。首先我们把学校体育消费市场看成一个整体，依据一定条件来细分它。

按我国学校招生的生源情况来细分，可分为大城市生源，中小城镇生源，普通农村生源，边远特困山区生源，一部分学校还有国外生源。他们的体育消费特点是：大城市学生的消费观念较超前，体育意识较好，体育活动大多积极参与，在体育消费上放得开、肯花钱。中小城镇学生的消费观念也较好，体育意识中等，参与体育活动的热情比大城市学生稍微差点，在体育消费上一般，肯花钱的学生较少。农村学生的消费观念较差，体育意识较弱，参与体育的积极性不高，花钱进行体育活动的意识弱。边远山区学生的经济条件差，消费低，体育意识更弱。

按照学生的经济条件来细分，可分为过剩型、充足型、紧张型、欠缺型等四种类型。经济过剩型的学生占少数，他们的体育消费意识较好，肯花钱甚至乱花钱，喜欢高档次、高消费品。经济充足型学生的比例较大，他们的体育消费意识也较好，也愿意花钱健身，喜欢中档消费品。经济稍差的紧张型学生比例也较大，他们的体育消费意识显得较差，节约生活，不太愿意花钱体育或喜欢低档次消费品。经济欠缺型学生占数不多，他们生活贫困，需要处处节约省钱。

按体育消费品的状态来细分，可分为：实物性体育消费和参与性体育消费两类。实物性体育消费是指学生参加体育活动时所消耗的实物产品，包括运动服装、鞋帽、健身器材设备、体育书刊杂志、食品饮料等。这种体育消费是看得见、摸得着的实物，容易引起学生的消费欲望，促进消费。参与性体育消费是指学生购买与体育活动有关的各种体育服务的消费行为，如参加各种各样的体育活动、运动训练、健身健美培训、体育咨询等所支付的费用。这种消费起动慢，学生承受意识弱，积极性还不高，但发展的潜力较大，需要开发、挖掘和引导。

2.学生体育消费行为及其选择

现代市场经济理论认为，消费者在进行消费选择时，对商品的性质、商品的可替代程度、商品的用途、商品的使用时间、商品的价格和支付比例及能力等，具有很大的弹性特点，是影响需求与供给的市场发展因素。因此，分析学生个体消费的弹性特点，有益于把握学校体育消费市场的发展特点。

第一，学生体育消费的偏好和选择。偏好是指学生在体育消费时对不同体育消费品或消费商品组合的喜好程度。现代经济学认为，消费者在进行商品选择过程中，并不一定要感受到商品的满足程度进行精确的计量，往往受消费者对商品偏好程度来选择消费品。我们观察到学生在体育消费时对体育消费品的偏好程度往往有较大的弹性。如在购买体育服装时，学生偏好运动服装的款式、颜色、品牌等；在参与体育活动培训时，学生个体对培训内容、项目上也有较大的偏好；在观看体育比赛时，学生也有较大的选择偏好。学生对喜欢的服装、运动项目以及其他体育商品等，能够不考虑其他因素，而积极选择，有时还愿意花高价甚至借钱进行体育消费。这说明学生体育消费的偏好程度有较大的弹性，这是我们在发展学校体育市场时必须考虑的重要因素。

第二，学生体育消费的效用和选择。现代经济学理论认为，消费者是经济行为的主体，其经济行为就是消费，消费形成对产品市场的需求。消费者在有限的收入条件下，尽可能获得最大程度的消费满足。这使消费者在进行商品选择时，首先要对各种不同或相近商品的相对价格进行具体判定，消费者在头脑中用来作为标准进行衡量的是商品的效用，从而把效用作为消费者选择的基础。学生在体育消费中也力求在有限的经济条件下，获得尽可能大的体育消费的满足。因而，学生选择体育消费品时，往往要判定体育消费品的价值和效用，是否值得消费。如学生购买体育运动鞋时，首先要看鞋子的质量和价格；在购买体育参观券时，要看体育比赛或表演的级别和价格等，是否有接受能力，是否能够感到满意。一种体育商品是否具有效用及大小，还与学生对其商品的欲望程度的大小有关，因而也表现出较大的弹性。

第三，大学生体育消费的替代和选择。所谓消费的替代效用，是指消费者在实际收入不变的情况下，愿意购买同类商品中更便宜的商品，从而引起商品价格的变动。学生在体育消费中更具有这种消费的替代效用，在有限的经济条件下，选择体育消费品时倾向于便宜的消费品，甚至不花钱的体育消费。例如：学生参与体育培训时往往喜欢收费少，甚至不花钱培训；在观看体育比赛时不少学生宁愿看电视转播，也不愿意花钱去现场观看；在购买体育用品时也宁愿购买便宜的体育用品等，这就是消费的替代效应。这种替代效应与学生的经济条件和体育商品的喜好程度有一定的联系。随着学生经济来源的增加，替代效应也有所变化，随着学生体育消费意识的提高和体育商品的喜好程度提高，替代效应也会有所变化，但学生选择体育消费品时仍然存在替代效应。值得发展学校体育消费市场时足够重视。

总之，学生在体育消费选择时，始终存在着对体育消费品的效用、偏好、替代的弹性特征，是我们发展学校体育产业，开发体育消费市场的重要依据。

3. 开发学生体育消费市场的策略

学生的体育消费不同于其他社会成员的消费，因此，发展学生体育消费市场的策略要有针对性，积极引导，树立正确的消费观念，形成良性市场机制，培养学生的体育消费意识，促进学生合理的体育消费，为全面发展学生的身心素质服务。

第一，要树立正确的发展学生体育消费市场观念。发展学生体育消费市场，首要的问题是树立正确的市场观念，既要防止左的倾向，走计划经济的老路，义务体育，使学生明确花钱买健康的道理；又要防止右的倾向，盯着学生的口袋，唯利是图。应该把促进学生体育消费与培养学生身心素质有机结合起来，树立为培养全面发展人的体育消费观念。这才是我国社会主义特色的学校体育消费市场的发展道路，是培养新世纪适应社会发展人才的重要途径。

第二，全面开发学校体育消费市场。高校的体育消费市场，从整体上看是学校范围内的体育消费行为，具有时间和空间的相对稳定性，消费人群的相对稳定性的特点；从微观上看，具有学生体育消费行为的差异性、消费品供给的多样性、体育服务消费的潜在性和激励性等特点。因此,大学的体育消费市场开发,应根据学校和学生的特点,全方位地培养和激励学生的正确消费,大力开发体育实物消费市场,重点发展学生参与体育活动的体育服务性消费市场,满足学生日益增长的体育健身与娱乐的需要。

第三,体育消费品价格定位要符合学生的特点。学校体育消费市场主要面对的是全体学生,学生是教育的对象和主体,学生还没有自己的固定收入,不能承担过高的消费。因此,从经济效益上看,不能使体育消费品的定价过高,要适应学生的消费接受能力,薄利多销;从教育上看,也不能培养学生的高消费观念,要使体育消费品定价适合我国不同家庭条件的学生,有利于培养学生正确的消费观念,合理安排自己的消费行为,使不同的学生都有能力参与到体育消费中来,从而获得体育消费的满足效应。

第四,加强学生体育消费的分类指导。在学生群体中,虽然学生年龄差不多,但是学生的个性、体育意识、消费观念、家庭条件等差异较大,因此在体育消费上就得有所区别,分类指导,使不同的学生都能获得体育消费的满足效益,达到学校体育教育的目标。

我国学生的体育消费类型,可按学生来源划分为大城市型、中小城镇型、普通农村型、边远山区特困型、国外生源型;按学生经济来源划分为过剩型、充足型、紧张型、欠缺型;按体育消费品的状态来细分为实物性体育消费和参与性体育消费。不同类型的学生在体育消费认识上具有明显的观念特点;在体育消费行为上具有较大的选择差异性,反映出对体育消费品的偏好性、效用性、替代性等特点。因此,发展学校体育消费市场的策略,应从树立正确的发展学生体育消费观念,全面开发开放学校体育消费市场着眼,从体育消费品价格定位要符合学生的特点和承受能力,并加强学生体育消费的分类指导入手,积极引导学生健康消费,为培养新世纪适应社会发展的高素质人才服务。

第三节 高校体育产业效益的分析

随着我国市场经济的深入发展,教育和体育体制的改革,高校体育产业化的发展趋势正在兴起,它将转变高校体育原有的办学观念,走市场化、产业化的自我发展道路,以适应新世纪素质教育改革与发展的需要。然而,发展高校体育产业的认识还有待进一步提高:有的认为发展高校体育产业就是经商挣学生的钱;有的认为高校体育产业化是不务正业,不顾学生的体育教育;也有的认为高校体育产业是小打小闹,成不了气候等。现实中也确有个别学校打着发展体育产业的旗号,想方设法加重学生的经济负担等不正当行为。这都是对发展高校体育产业的认识不够,缺乏辩证思维的系统观和可持续发展观的体现。因此,我们对发展高校体育产业的效益与开发进行研究,分析高校体育产业的基本特征、效益量比以及评价要素等问题,为树立发展高校体育产业化的正确观念,明确高校体育产业化的基本理论问题,优化高校体育产业的发展模式,提高效益,促进高校体育产业化的可持续发展提供理论指导。

1. 高校体育产业的主要特征

高校体育在人们心里一直认为是学校的体育公益事业，发展高校体育产业有不少人持否定态度，认为体育产业不是体育事业，它是追求经济效益为目标的行业。在理论界对体育产业的认识也有较大的争论，有的认为体育产业是体育中的一个经营方面，不是体育概念的问题；有的认为体育本身是我国的公益事业，国家有义务发展体育运动，增强人民体质，为人民服务。后来伍绍祖提出："体育是具有产业性质的社会主义公益事业。"国内外体育改革的实践证明，体育产业化是发展体育运动的有效途径，从而这一概念得以应用和一定认同，也比较符合我国体育的国情。作为高校体育来说，其目标是发展高校体育，培养全面发展的新人，这属于事业范畴；其运作方式方法可以是计划经济的手段，也可以是市场经济的手段。我国改革实践证明，市场经济是我国可持续发展的必由之路。显然，高校体育的市场经济方式比计划经济方式要优越得多，它更有利于发挥高校体育的功能，激励教师和学生的积极性，充分利用高校的各种资源，提高体育效益，这属于产业的性质。因此，我们从高校体育的本质上来说，它的主要特征是事业性与产业性的有机组合。它的事业作为高校体育工作目标，为培养身心全面发展的学生服务；它以产业化作为高校体育的运作方式，推进其可持续发展。从高校体育市场来看，它具有特定时间和空间范围，服务的对象是全体师生员工，其产业结构由无形资产和有形资产构成，并且表现出明显的有形与无形产品的相互依存特征。高校体育产业效益具有明显的经济效益和社会效益特征，而且必须坚持两种效益并重，不能以牺牲社会效益为代价追求片面的经济效益，只有两者统一起来，才能促进高校体育的可持续发展。这就充分说明发展高校体育产业化的本质所在，是高校体育健康发展的运作方式。

2. 高校体育产业的效益量比

效益是劳动消耗与劳动成果的比例，简单说是投入与产出之比。效益量比就是测量效益的方式方法。发展高校体育产业的效益量比就是怎样来比较其效益的大小。由于高校体育产业表现出明显的经济效益和社会效益的辩证统一，所以在其效益量比中首先要掌握它的基本特征。高校体育产业的投入与产出不同于物质生产部门经济效益所体现的对比关系。物质生产部门的投入是实物性的，表现为各种物化劳动和活劳动的消耗，其产出也是实物性的，表现为各种劳动产品数量的增多和质量的提高，因此这种对比关系可以用确切的价值量来表示。而高校体育产业的经济效益则有所不同，它体现的投入与产出对比关系的内容中，既有投入的实物性和非实物性，也有产出的实物性和非实物性。例如：体育设施的投入是实物性的；体育教师的健身培训与指导的劳动就是非实物性，使学生得到体育健身教育也是非实物性的。因而，高校体育产业的效益量比表现出明显的实物性和非实物性特征。高校体育产业的投资作用的实现形式也不同于物质生产部门的投资所发挥的作用。物质生产部门的投资所发挥的作用是直接的，表现为直接的物化生产力，其结果是物质产品数量的增多和质量的提高。而高校体育产业的投资发挥的作用，有直接和间接的实现形式，一部分是直接的经济效益，如出售体育服装的收入等；另一部分是培养学生的社会效益，表现出间接性，只有等学生身体健康提高了，体质增强了，才能显现其投入的效果。因而，高校体育产业的效益量比又有直接和间接的基本特征。高校体育产业的投资所发挥的时效也不同于物质生产部门的投资见效快的特点。例如：物质部门的产生大多是投资见效快，生产出一种产品投放市场后，能立即产生效益。而高校体育产业的投资效益则往往比较迟缓，除一部分体育商品的销售投资外，其他体育投资的见效往往比较缓慢，如体育健身、运动员培养等，都要经过持续比较长的时间和过程，才能产生投资效益。因而，高校体育产业的投资效益表现出一定的迟效性和长期性的特征。把握这些效益量比特征，是科学评价高校体育产业效益的重要前提，也是推进高校体育产业化发展认识的基础。

3.高校体育产业的效益开发

对高校体育产业的效益开发评价，就是通过系统的信息收集和定量与定性分析，对其投资效果进行价值判断。由于高校体育产业的投资效益不同于物质生产部门的生产效益，因而，不能像对物质生产部门投资效益那样，通过税收、利润等指标，用绝对的"投资回收期"的长短来测算，也不能用高校体育经费自给率作为衡量投资效益的尺度。因为高校体育产业的投资，既要提高经济效益，更要发挥社会效益的作用。例如：培养学生的身心健康，提高运动员的竞技水平等。以经费自给率作为衡量标准，会导致高校体育单纯追求收入的不良后果，影响人才的培养。因此，高校体育产业的效益评价，应根据高校体育的目标和其产业投资的特殊性，从它的经济效益和社会效益两方面来构建评价指标体系，进行科学合理的评价，才能促进高校体育产业的健康发展。

从高校体育产业的宏观效益来评价。它是指高校体育产业投资的国民经济效益或社会效益。具体地说，它是指在一定的体育支出总量（总投入量）的条件下，使得社会获得的体育成果总量。这是评价国家发展高校体育产业的投资效益。其评价指标主要从以下几方面来评价：一是大学生体质的增强率，它是全国大学生达到《国家体育锻炼标准》的总人数与高校学生的总人数之比，这个指标反映大学生体质增强的程度；二是大学运动技术水平提高率，它是我国高校等级运动员水平与全国高校学生人数之比，以及高校运动员在国际体育比赛中取得优异成绩的数量，这个指标反映我国高校体育运动技术水平的状况；三是体育人才培养周期率，它是培养体育人才平均所需的时间比例，这反映高校体育人才培养费用的消耗程度；四是高校体育产业的产值，它是高校体育部门为社会提供的体育劳务及产品服务的价值总值，这反映高校体育产业在国民生产总值中的比重。在高校体育产业的宏观效益评价中，应在等量的体育投入条件下，来评价各项指标的效益，指标比率越大，价值总量就越大，说明高校体育产业发展越好。

从高校体育产业的微观效益来评价，它是指各个高校体育产业的发展效益或投资效益。由于各高校的具体情况有所不同，因此评价指标要有所差异或侧重，但从总体来说应该包括以下几方面。一是评价高校运动队的投资效益指标。主要有：训练经费使用率，它是各类运动项目等级运动员人数分别与该项目运动员经费支出总额的比例，反映出优秀运动员平均培养费用的消耗程度；运动员成才率，它是一个训练周期内达到等级运动员人数与该队运动员总人数的比例，反映出训练单位的训练成果的大小；运动员的淘汰率，它是一个训练周期内被淘汰的运动员人数与该队运动员总数的比例，反映出运动员选才和训练科学化的程度；获奖运动员（队）的培养周期，它是培养一名在重大比赛中获奖牌的运动员或队平均需要的时间，反映出平均每年获奖运动员培养费用的消耗程度；运动员或队的经济创收金额，它是指利用运动员或队的实力和影响进行做广告、推销体育用品以及其他经济收入等的数量，反映出运动训练的运作管理质量和效益。以上是对高校运动训练产业化的评价指标，能够较好地反映高校运动队产业化效益。二是对高校体育场馆设施的效益评价指标。主要有：体育设施服务率，它是体育设施通过量与工作人员总数的比例，体育设施的通过量是指进入体育场馆设施参观、参与锻炼、训练、表演、文化娱乐活动的人员累计总数，反映出体育设施平均服务量的大小；体育设施经费自给率，它是体育设施创收总额与体育设施经费支出总额的比例，反映出体育设施经营管理成果的大小；体育设施利用率，它是体育设施利用面积累计总数与体育设施总面积的比例，反映出体育设施的利用程度；体育设施设备的完好率，它是待修缮和正在修缮的设施设备原价总额与体育设备原价总额的比例；反映出体育设施的各种设备的损耗程度。三是对高校运动竞赛的效益评价指标。主要有：运动员人均竞赛费，它是参赛运动员总数与运动会支出总额的比例，反映出参赛运动员平均费用的消耗程度；运动会经费自给率，它是运动会创收金额与支出经费总额的比例，反映出经费效益的程度；日均观众容纳率，它是每日平均观众数与体育场馆可容纳的观众数的比例，反映出竞赛组织工作的效益大小。四是评价高校发展群众体育活动的效益指标。主要有：学生群体活动的人均消耗费，它是参加活动的总人数与活动经费支出总额的比例，反映出参加人员的平均费用的消耗程度；学生群体活动经费创收额，它是开展体育健身活动中劳务服务收入，反映出高校学生体育健身活动的消费程度和群体活动产业化发展程度。以上评价指标构成一个高校体育产业化发展的评价指标体系，能较全面地评价高校体育产业化发展的效益程度，体现了对它的经济效益和社会效益的有机统一性的客观科学评价，这有利于保证高校体育产业化的可持续发展。

总之，通过研究分析，发展高校体育产业化的特征，从高校体育的本质来说，具有事业性和产业性特征；从高校体育市场来看，其产品具有无形和有形的相互依存性特征；从高校体育产业的效益来看，具有经济效益和社会效益等特征。发展高校体育产业效益量比的基本特征，从高校体育产业的投入与产出来说，具有物质性和非物质性特征；从高校体育产业投资作用的实现形式上看，具有直接效益和间接效益的特征；从高校体育产业投资所发挥的时效来看,具有一定的短时性和长期迟缓性特征。发展高校体育产业的效益评价,应从宏观和微观上来评价其经济效益和社会效益。从宏观上反映全国高校体育产业的发展与国民经济的投入和产出成果比例,来评价其社会效益和经济效益。从微观上评价各高校个体的体育产业效益,应从高校体育的投入,在体育教育、运动训练、体育竞赛、体育健身以及体育场馆利用等方面,来构建高校体育产业发展的经济效益和社会效益的评价指标体系,有利于推进高校体育产业化的可持续发展。

但在具体发展高校体育产业来说,应该根据各高校的具体情况,从提高经济效益和社会效益出发,优化各高校体育产业的发展模式,以及效益评价体系,使之更好地进行体育投入,产生更好效益,推进高校体育的健康发展,为新世纪素质教育改革与发展服务。

第四节　学校体育消费市场细分化

市场是指一切具有特定的欲望和需求并且愿意和能够以交换来满足此欲望和需求的潜在购买者集合,也是买卖关系的总和。体育消费市场是指为满足学生个人和家庭体育消费目的而耗费的体育物质产品、体育劳务产品和体育信息产品的总和。体育消费市场又是体育商品的最终归宿,即最终市场,其他所有体育产品市场最终服务对象还是体育消费者,以最终消费者的需要和偏好为转移。并且,学生体育消费市场具有多样性、可诱导性、亲身体验性以及连带与渗透性等特点,这就决定了体育消费市场的复杂性。发展体育产业就必须研究掌握体育消费市场的情况,盲目发展,势必导致失败。然而,目前对体育消费的研究正在增多,但有实际价值的研究较少,涉及学校体育消费市场细分化的研究更是不多见。为此,通过文献资料和逻辑分析方法,对我国学校体育消费市场的细分化问题进行探讨。为发展我国体育产业,适应加入WTO后营销环境变革的需要,促进体育运动更好地为学生生活和健身服务,提供积极的市场营销分析的思路和方法。

1.体育消费市场细分的作用

市场细分化是指根据构成总体市场的不同消费者的需求特点、购买行为和购买习惯,将他们细分为若干有着相类似的需求倾向的消费者群体,从而为营销商品的计划生产、分销渠道、价格政策、促销宣传等,采取相应的整套营销策略,使营销商品更符合不同消费者阶层和群体的需要,同时提高产品的竞争能力和市场占有率。体育消费市场细分化是对体育产品营销观念的一大突破。通过市场细分化,可以反映出不同消费者的差异和类似性,从而为体育产品在营销活动过程中认识市场、选择目标市场提供依据,进而较好地满足体育消费者的需要,并取得更好的经营效益。目前,国外越来越多公司企业由实行大量营销、产品差异营销转为实行目标市场营销,说明市场细分化是产品营销策略的重大变革。具体来说市场细分化对体育消费市场的促进作用主要表现在以下几方面。

一是有利于体育商品生产企业和营销单位或个人深刻地认识市场。任何消费者都是集多种特征于一身的，而且一个消费者的某种特征可能与一部分消费者的某种特征相一致，另一种特征又可能与另一部分消费者的某种特征相一致。体育消费者也是集多种特征于一身，如一个学生参与体育健身，他具有地域、社区、大小、爱好、需求等特点，可能与某些学生有相同的特点和需求，也可能有不同的特点和需求。因此，由消费者组成的市场是一个复合的多面体。市场的内部组织是有规律性的，但由于具有多种不同特征的消费者，以及由他们引起的各种不同的需求纵横交错，互相重叠在一起，因而这种内部组织的结构又是极其复杂的。不难想象，如果不加深入地剖析，呈现在我们面前的市场将是一个混沌的世界。市场细分可以将市场丰富的内部结构一层层地抽象出来，然后再把它们拼成一幅内容全面且十分生动的平面图。借助这幅十分直观的平面图，体育产品的生产和营销就可以清晰地看到市场的各个部分，并从各方面进行考察与认识。

二是有利于体育商品生产和营销发掘良好的市场机会，形成新的富有吸引力的目标市场。通过市场细分，体育商品生产和营销者可以有效地分析和了解各个体育消费者、各个消费者群的需求满足程度和市场上的竞争状况，发现哪类消费需求已经满足，哪类满足不够，哪类尚无适销产品去满足，发现哪类细分市场竞争激烈，哪类较少竞争，哪类尚待开发。而满足水平低的市场部分，通常存在着极好的市场机会，不仅销售潜力大，也较少竞争者。抓住这样的市场机会，结合体育商品生产资源状况，从中形成并确立适宜自身发展的目标市场，并以此为出发点设计出相宜的营销战略，就有可能迅速取得市场优势，提高市场占有率。

三是有利于提高体育商品生产和营销者的竞争能力，取得良好的经济效益。市场细分化能够增强体育生产和营销者的适应能力和应变能力。在较小的细分市场即子市场上开展营销活动，增强了市场调研的针对性，市场信息反馈较快，体育商品产生和营销者易于掌握消费需求的特点及其变化，这就有利于及时、正确地规划和调整产品结构、产品价格、销售渠道和促销活动，使产品保持适销对路，并迅速达到目标市场，扩大销售。同时在建立市场细分化基础上的生产和营销，避免了在整体市场上分散使用力量，使体育商品生产和营销者的有限人力、财力、物力资源能够集中于一个或几个细分市场，扬长避短，有的放矢地开展针对性营销，不仅降低成本，竞争能力也会因此提高。进行市场细分化还易于看清楚每一细分市场上竞争者的优势和弱点，有利于体育商品生产和营销者避实就虚地确立自己的目标市场，这有利于增强竞争力，提高经济效益和社会效益。

2.体育消费市场开发的原则及方法

体育消费市场细分与开发必须遵循以下原则。一是可估量性原则。就是学生体育消费市场的规模及其购买力是可以估量的，也就是在这个细分市场中可获得足够的有关学生体育消费特性的资料。如果某个市场的资料无法获得，那就无法进行估量，也就不能把它纳入本市场细分的范围。在实践中，有些体育消费市场捉摸不定，难以估量，就不能细分。二是可进入性原则。细分的市场部分应是体育商品生产者可能进入并占有一定的份额，否则，细分没有现实意义。例如：运动鞋市场细分的结果发现已有很多的竞争者，自己无力与之抗衡，无机可乘，或虽有未满足的市场需要，但因缺乏原材料或技术，货源无着落，难以生产经营，这种细分没有现实意义。三是效益性原则。体育商品生产者所选定的市场部分的规模必须足以使自己有利可图。如果细分市场的规模很小，不能给自己带来足够的经济效益，一般就不值得细分与开发了。四是稳定性原则。细分市场必须在一定时期内保持相对稳定，以便体育商品生产者制定较长期的营销策略，从而有效地开拓并占领目标市场，获得预期效益。如果细分市场变动过快，目标市场如昙花一现，则营销风险随之增加，也就没有实际意义。

学校体育消费市场细分与开发方法有：一是单因素法，即按照影响体育消费者需求的某一因素来细分市场。例如：按学生这一因素将运动饮料市场划分为不同年龄段学生的细分市场。二是综合因素法，即以影响体育消费者需求的两种以上因素进行综合划分。由于消费者的需求差别常常极为复杂，只有从多方面去分析、认识，才能更准确地把他们区分为不同特点的群体。例如：体育服装市场，可依据消费者的年龄、性别、家庭人口、经济收入等因素，进行具体市场细分切，从而发现应占领的主要市场份额。三是系列因素法，是将两个以上的影响因素，依据一定的顺序逐次细分市场。细分过程，也就是一个比较，选择细分市场的过程。下一阶段的细分，是在上一阶段选定的分市场中进行。例如：体育器材市场，先分为城镇与乡村，后分为男女，再分年龄，又分为经济收入等逐次地细分。四是"产品—市场方格图"法。它按体育产品需要和市场体育消费群这两个因素的不同组合起来细分市场。例如：运动鞋消费市场，可按消费者的不同需要，分为大、中、小的鞋型，同时分为农村家庭、城镇家庭、单位等不同的消费者群，这样就形成了不同的细分市场。在实际应用中应根据体育商品的生产和营销需要，合理地加以运用。

3. 体育消费市场细分与开发的标准

体育消费市场细分的标准是导致消费者需要出现异质性、多元化的因素。现代社会中，影响和造就消费者需求市场差异性的因素是极其复杂的，因此，细分体育消费者市场就不可能用一个绝对正确的标准和方法或固定不变的模型。不同行业有不同的标准和方法来细分市场，以寻求最佳的营销机会。长期细分消费者市场的实践证明，影响消费者市场需求的主要因素大致可分为四大类，即地理因素、人口因素、心理因素和行为因素。

一是以地理因素为标准细分市场。就是按照体育消费者所在的不同地理位置将市场加以划分，注意不要单纯按照消费者所处的地理环境对市场加以划分。按照地理区域细分市场是市场细分化的一种传统方法。由于地理环境、气候条件、社会风俗、文化传统等方面的影响，同一地区市场的体育消费者消费需求具有一定的相似性，不同地区市场的消费者需求具有明显差异，这就是以地理因素细分市场标准的客观依据。

二是以人口因素为标准细分市场。人口因素包括性别、年龄、家庭条件、种族、宗教信仰等一系列具体因素。这些因素具有较大的差异性，是细分体育消费市场的重要标准。例如：以性别为标准，可分为男生和女生消费市场；以年龄为标准，可分为不同年龄段的消费市场；以经济收入与支出为标准，可细分为不同经济状态的家庭消费人群市场等。

三是以心理因素为标准细分市场。体育消费者心理因素主要表现在生活方式、性格、品牌偏好程度、行为因素等方面。以这些心理因素为标准细分体育消费市场是当今研究消费市场的重要方式。学生的生活方式不同，对体育商品的要求也就不同，如简朴的生活方式喜欢大方、清淡、素雅的运动服装；崇尚时髦的生活方式则喜欢追求新潮的运动鞋、服等。学生的消费性格不同，也有较大的体育消费的差异；学生对品牌的偏好不同，对体育消费也有较大差异，有的人可能喜欢某种运动品牌而忠诚于购买消费，因而可以根据学生的偏好细分为忠诚型、适中偏好者、无品牌忠诚型等三类。学生的消费行为是细分体育消费市场的重要因素，消费者购买频率的习惯、购买时间的习惯、购买地点的习惯等都可以作为细分体育消费市场的标准，都有较大差异性，对研究细分体育消费市场具有较大作用。

4. 体育消费市场细分与开发的程序

市场细分程序是细分市场的具体步骤。不同细分市场的营销者有不同的具体方法和程序。根据美国营销学者伊·杰·麦卡锡提出的细分市场的七个步骤，我们把体育消费市场细分的程序归纳为以下几个步骤。

一是确定体育商品营销战略任务和目标市场的选定范围。首先是确定自己的营销战略任务和目标，才能确定自己应进入哪个行业或哪种市场进行经营。这样可以对该体育产品的市场发展潜力作用估计，并确定行业和产品的有关属性，可以对欲进入的市场的性质进行确认。

二是分析潜在体育消费者的基本需要。向市场提供任何产品，对于消费者来说，首先表现为满足其某种基本的需要。细分体育消费市场时，需要了解体育产品能满足消费者的哪些基本需要，才能对市场的需要类型做出初步的认定。

三是分析体育消费者中的不同需要。确定了对体育产品的基本需要，仅解决了一般性需要，还不可作为体育生产者选定目标市场的依据，需要进一步了解体育消费者对一种产品有哪些不同的需求和想法，这样就找到了可能作为细分市场的所有因素。

四是去掉潜在体育消费者的共同需要。共同需要是设计和开发某种体育产品的基本要求，这只是体育产品的最低要求，从中去掉这些共同需要后，营销就可以发现具有相互区别的类型。

五是暂为不同的细分体育消费市场取名。在还没有进行市场检验之前，哪些细分因素是适当的、是不能确定的。这便于对市场的细分因素加以确定,需要为何利用细分因素而细分出的各子市场暂时取名,如价格灵敏者、时髦者、实惠者等。这样细分市场的基本轮廓就有了。

六是确认细分体育消费市场的特点。体育商品生产者需要对可能采用的细分因素所可能得到的细分结果进行市场的调查确认工作。可通过访问消费者,可通过历史的统计资料和通过其他的市场分析方法,可发现应该采用哪些因素才能最恰当地细分体育消费市场,这些市场具有什么特点,可否进行营销设计。

七是测量体育消费子市场的潜力。体育商品生产者在调查的基础上,需要确定每个子市场的购买量和在一定时期内可能形成的需求量的大小,这样才能最终根据体育商品生产者的资源、实力、市场的竞争情况来选择目标市场。

总之,学校市场细分是发展体育消费市场的有效方法,对认识目标市场,采取营销策略,提高市场竞争能力都有重要意义。实践应用中,应遵循市场细分的可估量性、可进入性、效益性、稳定性等原则,综合运用细分市场方法,掌握细分市场的地理、个体、消费心理和行为等因素的标准,合理优化细分市场的程序,一定能科学有效地发展我国学校体育消费市场,促进学校体育产业化发展,更好地丰富学校课余生活,促进学生身心素质发展。

第五节　学生消费特点与体育市场

学生是特殊的消费群体,他们是学校的教育主体,也是学校的消费主体,研究学生的消费特点,探讨学校体育市场开发,对深化学校体育教育改革,促进学生健康消费,发展学校体育消费市场,培养学生身心素质,适应社会发展等都有积极意义。随着我国经济建设的改革发展,学生家庭经济都有较大改善,为学生消费提供了良好条件,学生消费也是普通家庭消费的重点。对学生消费特点及体育消费市场开发研究,树立健康的消费观念,培养学生良好的体育健康消费习惯,是本研究的目的所在。

1. 学生消费现状及问题分析

学生群体包括大学生、中小学生,他们在消费上也存在共性和个性。共性表现在对消费品的价格、质量、潮流上是学生们都关注的。我们调查了解到,讲求实际、理性消费仍是当前学生主要的消费观念。在购买商品时,学生们首先考虑的因素是价格和质量。这是因为中国的学生经济来源主要是父母的资助,自己兼职挣钱的不多,这使学生可支配的钱是相对固定的、有限的。由于消费能力有限,学生们在花钱时往往十分谨慎,力求"花得值"。尤其是大学生们会尽量搜索那些价廉物美的商品,并且不会考虑那些尽管价廉但不美的商品。相反,学生们比较注重自己的形象,追求品位和档次,虽然不一定买名牌，但质量显然是学生们非常关注的内容。但是，不同学生群体对消费品的价格、质量、潮流的要求是不同的，明显存在个体差异。有学生追求高品质、高品牌、高品位生活的消费，也有学生受条件限制不追求高质、高品牌、高品位生活的消费。这说明学生消费问题是比较复杂的，也存在不少问题。一是学生消费超前，存钱储蓄意识较差。调查中了解到，很多大学生表示学期结束后经济紧张，大部分同学都坦然承认自己的消费已经超出计划范围，甚至有些同学还需要向别人借回家的路费，略有剩余的同学也想着如何把剩余的钱花完，只有极个别同学有储蓄的意识。可见，当前大学生的财商需要培养和加强。二是学生的消费差距拉大，出现两极分化。有的学生消费很大，有的学生消费较差，引起学生们心理失衡，容易出现社会问题，应引起高度重视。三是学生消费结构存在不合理因素，女生更为突出。学生们的消费以生活费用和学习用品为主，在生活费用中，饮食费用又是重中之重，学习用品消费主要是资料费，存在着饮食结构、学习用品等费用不合理现象，尤其缺乏体育与健康知识指导。四是过分追求时尚和名牌，存在攀比心理。调查中了解到，一些学生为了拥有一款手机或者换上一款最流行的手机，有的同学情愿节衣缩食，甚至牺牲自己的其他必要开支；有些男同学为了一双名牌运动鞋，有些女同学为了一套名牌化妆品或者一件名牌衣服，不惜向别人借钱甚至偷钱以满足自己的欲望等。这些都可以反映出一些学生不懂得量入而出，而虚荣心的驱使又极易形成无休止的攀比心理。五是有的学生恋爱支出过度。调查了解到，有一些学生恋爱过早，并且恋爱支出较大，他们认为追求情感需要物质投入，经常难以理性把握适度消费的原则，这是让人感到忧虑的方面。有趣的是，传统意义上谈恋爱的费用支出一般由男方承担的局面已经完全被打破，而出现三种情况，即男方全部承担、男女方共同承担和女方主动全部承担，女生的恋爱支出甚至有超过男方的情况。传统与现代生活方式在当代学生中被充分演绎。这些说明当代学生，尤其是大学生的消费问题比较多，应引起学校、家庭、社会的高度重视。

2. 当代学生消费特点

随着当代社会、经济的发展，学校的消费市场受到广泛关注，学生的消费问题也就引起许多研究和重视，学生消费不同于其他人的消费，有其特殊性，主要表现在：一是消费成人化。许多学生的消费范围不断扩大，不少是适合成人使用的商品现在都被学生使用了。例如中小学生大部分时间都在学校和家里，无论是家长老师还是同学找到某个学生是很容易的事，所以使用手机等通信产品无实际意义，更不是必需品。但在一些中小学校园里学生使用手机已屡见不鲜。另外如数码相机、首饰、名牌化妆品、名牌服饰等也备受在校学生青睐，学生的消费趋向成人化。二是消费盲目化。现在不少青少年学生面对大量的信息缺乏客观的判断标准，当他们对自己的判断没有把握的时候就觉得多数人的意见正确的可能性要大一些，于是与其出错不如从众，表现出盲目消费的特征。例如有的学生看同学家里放了一台电脑，于是便嚷着向父母要电脑。因为盲目购置，所以电脑大多被闲置或者被用于打游戏，真正用于学习的极少。另外他们特别看重商品的外形、款式、颜色、牌子，当直觉告诉他们商品是好的，他们就会产生积极的感情，从而迅速做出购买决定。至于商品的内在质量、价格、是否会很快过时等问题就较少考虑了。三是消费攀比化。青少年学生高消费也迎合了他们的虚荣心。平时争强好胜惯了，生活中也处处要讲面子，追求现代、高档、品牌，别人用啥自己也要用啥，别人穿啥自己也要穿啥，生怕别人看不起，被别人笑话"寒酸"。有的甚至超出个人经济承受能力，或借钱，或向家里要，给个人和家庭造成很大负担。有的家庭条件好的学生消费档次提高，也引发不少学生盲目攀比。你用国产名牌，我用国外进口的；你用五百的，我用一千的。他们的消费目的，完全是通过攀比来满足自己的虚荣。四是消费潮流化。20世纪90年代流行一首歌《跟着感觉走》，现在不少学生的消费不仅仅跟着感觉走，更跟着潮流走。流行什么就消费什么，一旦这些消费产品或消费方式赶不上潮流了就立即被淘汰。去年手机流行直板的，今年流行翻盖的，明年流行推拉的。以前花钱买吃的，现在花钱买乐的。以前书买简装版的，现在非精装版的不要。以前同学生日买几本书相赠，现在同学生日要办生日 Party，等等。这都说明，要加强学生消费的科学引导，克服不良消费，培养健康的消费习惯。

3. 促进学生体育消费的有效策略

学校是体育消费的重要市场，培养学生积极的体育消费是促进学生健康消费的重要体现，有益于学生身心健康发展。因此，学校要大力开发学生体育消费市场。一要端正学生的体育消费观念，促进学生健康消费方式转变。健康消费观念对学生的消费影响很大，就青少年学生而言，培养厉行节约，理性健康消费，是一个受益终身的好习惯。学校和家长应当教育他们健康消费，不必在物质享受上过分追求，消费要量力而行，更要注重健康实用，应向体育健康消费转化。二要引导学生体育消费。学校和家长应该引导学生树立体育消费观，让他们知道体育健康消费是必不可少，哪些消费无关紧要，哪些消费绝对不可。对于必不可少的体育消费来说，也要力求节约，少花钱，多健身，促进身心健康发展。教育学生控制消费，善于分析学生的消费特点，有针对性地教育引导，使学生真正学会健康消费。三要对学生不良消费心态进行积极疏导和教育，培养健康的消费心理。学生的健康消费心理构建，主要就是通过合理的消费教育使其形成有理、有节、有度和自立的消费心理：有理就是学生消费要有合理的理由；有节就是消费要有节制；有度就是消费要适度；自立就是在保证学业的基础上多参加勤工俭学，一方面可以提高自身的实践能力，另一方面可以减轻父母的负担。四要丰富学校体育消费市场，建立完善体育消费机制，促进学生健康消费。学校要开发体育健身活动内容、方法、场所，丰富体育消费内容方式，拓展学校体育消费市场，建立各种体育消费管理制度，保障学生体育健康消费。五要树立学校体育消费的良好风气。学生良好的体育消费风气应该成为良好校风的重要组成部分，良好校风是师德师风和学生学习、生活作风的有机组合。

培养学生良好的体育消费风气，就会对良好校风的塑造起促进作用，并形成良性循环。因此，学校应该把培养学生良好体育消费习惯，作为校园体育文化建设的重要组成部分，进而促进学校体育消费市场发展，促进良好学风、校风的巩固与建设。

第十一章 体育健康——球类运动实践

第一节 足球运动

一、足球运动概述

19世纪初叶，足球运动在当时欧洲及拉美一些国家特别是在资本主义的英国已经相当盛行。然而众多的资料表明，中国古代足球的出现比欧洲更早，历史更为悠久。我国古代足球称为"蹴鞠"或"蹋鞠"，"蹴"就是踢的意思，"鞠"是球名。"蹴鞠"一词最早记载在《史记·苏秦列传》里，汉代刘向《别录》和唐人颜师曾《汉书·枚乘传》均有记载。到了唐宋时期，"赋鞠"活动已十分盛行，成为宫廷中的高雅活动。1985年7月，国际足联主席阿维兰热博士来中国时曾表示：足球起源于中国。

从17世纪中后期开始，足球运动逐步从欧美传入世界各国，尤其是在一些文化发达的国家更为盛行，越来越多的人走向球场，投身到这一富有刺激性和畅快感的运动中去。在这种情形下，英国人率先为足球运动的发展做出了重要贡献。1863年10月26日，英国人在伦敦皇后大街弗里马森旅馆成立了世界第一个足球协会——英格兰足球协会。会上除了宣布英格兰足协正式成立之外，还制定和通过了世界第一部较为统一的足球竞赛规则，并以文字形式记载下来。英格兰足球协会的诞生，标志着足球运动进入了一个崭新的阶段，因此，人们公认1863年10月26日，即英格兰足球协会成立之日为现代足球的诞生日。英格兰足协的成立带动了欧洲和拉美一些国家足球运动的蓬勃发展。1872年英格兰和苏格兰之间进行了历史上第一次协会间的比赛。1890年奥地利开始举办足球锦标赛。1889年荷兰和阿根廷出现了若干个足球组织。1900年西班牙巴塞罗那成立了"加泰罗尼亚"足球协会。这些发展为创建国际性的足球组织创造了条件。1904年5月21日，国际足球协会联合会（简称国际足联，英文缩写为FIFA）在法国巴黎圣奥诺雷街229号法国体育运动协会联盟驻地的后楼正式成立，法国等7个国家的代表和代理人在有关文件上签了字。1904年5月23日，国际足联召开了第1届全体代表大会，法国的罗伯特·盖林被推选为第一任主席。1905年4月14日，英格兰足协加入国际足球联合会，国际足联的宗旨是促进国际足球运动的发展和各国足协之间的友好关系。

足球，有"世界第一运动"的美誉，是全球体育界最具影响力的单项体育运动。标准的足球比赛由两队各派 10 名球员与 1 名守门员，共 11 人，在长方形的草地球场上对抗、进攻。比赛目的是尽量将足球射入对方的球门内，每射入一球就可得到一分，当比赛完毕后，得分最多的一队则胜出。如果在比赛规定时间内得分相同，则须看比赛章则而定，可以抽签、加时再赛或互射点球（十二码）等形式比赛分高下。足球比赛中除了守门员可以在己方禁区内利用手部接触足球外，球场上每名球员只可以利用除手以外的身体其他部分控制足球（开界外球例外）。

二、足球基本技术

（一）运球及运球过人

运球是指运动员在跑动中为将球控制在自身范围内，用脚部进行的推拨球动作。采用此类方法突破防守队员时，称为运球过人。

运球及运球过人是运动员控球与进攻能力的具体表现形式，熟练掌握与合理运用运球及运球突破技术，对调控比赛节奏、丰富战术变化、破解密集防守、创造射门机会都具有实际的意义。

1. 运球动作方法

直线运球时，自然跑动，步幅偏小，上体稍前倾，两臂协调摆动。运球脚屈膝提起前摆，脚趾稍内转斜下指，摆至球体上方时，用脚推拨球的后中部，重心随球跟进。

曲线运球时，触球作用力方向应偏离球心，使球呈弧线运动。

变向运球时，应根据变向角度的大小，调整支撑脚的位置、触球部位及运球脚用力方向，以保证蹬脚用力与推拨触球动作协调一致。

2. 运球过人

运球过人从动作方法上可分为强行突破、假动作突破、变向突破、交叉突破和人球分离突破几类。

（1）强行突破。指利用速度优势，以突然快速的推拨和爆发式的起动，加速超越防守队员的动作方法。实施强行突破时，通常要求防守队员身后有较大的纵深距离，从而使速度优势能够得到充分发挥。

（2）假动作突破。指运动员利用各种虚晃动作迷惑对手，如假射、假传、假停等。使其不知所措或贸然盲动失去重心，并乘机突破的动作方法。实施假动作突破时，要真真假假，真假结合，假动作要带真，真动作要快捷，在控好球的同时，能够有效调动对手，利用其重心错位进行突破。

（3）变向突破。指队员利用灵活的步法和娴熟的运球技术，不断改变球路，使对手防守重心出现错位，并利用出现的位置差乘机突破的动作方法。实施变向突破时，运球队员脚下要娴熟，步法要灵活，重心变幻随心所欲，变向动作要突然，变向角度要合理。

（4）变速突破。指队员通过速度的变化，打乱对手的速度节奏，并利用产生的时间差乘机突破的动作方法。实施变速突破时，节奏变化要鲜明，做到骤停疾起，要充分利用攻方的先决优势去支配和调动对方，真正做到你快我慢，你停我走，使对手无从适应。

（5）人球分离突破。指运球队员利用对手站位过死或重心移动过猛时，突然推球从其胯下或体侧越过，自己却迅速从另一侧超越对手实现突破的动作方法。实施人球分离突破时，运球队员要能够有效地把握和利用对方的重心变化，并能够利用其身后的空间，推拨球动作要快速隐蔽，跑进路线要合理。

运球突破时用于控制和支配球的基本动作有以下几种。

①拨球。指利用脚踝的动作，以脚背内侧或外侧触拨球的动作方法。用脚背内侧的拨球称"里拨"，用脚背外侧的拨球称"外拨"。

②拉球。指用前脚掌触压球，并向某一方向拉动的动作方法。在拉球到位后，通常要连接一个推拨动作使球离开原地。

③扣球。指通过快速转体和脚踝的急转扣压，将球控制至反方向的一种动作方法。用脚背内侧的扣球称"里扣"，用脚背外侧的扣球称"外扣"。

④挑球。指利用脚背或脚尖将球向上撩挑，使其从空中改变方向或超越防守的动作方法。

拨、拉、扣、跳、推既是运球过人的基本动作方法，又是技术教学中用作熟悉球性的行之有效的练习方法。在比赛中，这些动作既可单独运用，也可有机地组合使用，但切忌僵化地套用概念模式，而应视比赛需要，以娴熟的球性为纽带，通过合理有效的技术组合，使技术发挥更大的效力。

（二）踢球

踢球是指运动员有目的地用脚将球击向预定目标的动作。踢球是运动员进行比赛活动的主要技术手段，它在比赛中的主要用途是传球和射门。

踢球动作接触击球时脚的部位可分为脚内侧、脚背外侧、脚背内侧、脚背正面、脚尖和脚跟踢球几种方法，下面简述四种。

1.脚内侧踢球

脚内侧踢球的动作特点是触球面积大，可控性强，出球平衡准确，是短距离传球和射门常用的脚法。

动作方法。

踢定位球时，直线助跑，支撑脚踏在球侧约 15 厘米处，膝微屈，脚趾指向出球方向，踢球腿以髋关节为轴由后向前摆，膝踝外展，脚尖稍翘，以脚内侧部位对准来球，当膝关节接近球体上方时，小腿加速前摆，击球刹那，脚跟前顶，脚型固定，用脚内侧部位击球的后中部。

踢地滚球时，要根据来球速度，方向以及摆腿的时间，确定支撑脚的选位，保证踢球能充分地摆踢发力。

进行蹭踢球时，大腿要抬起，小腿应拖后，利用小腿的加速前摆击球，抬腿的高度要与来球高度相适应，摆腿的时间应与来球速度相对应，并根据出球的目标调整击球的部位。

2. 脚背正面踢球

脚背正面踢球的动作特点是踢摆幅度大，动作顺畅，便于发力。但出球路线缺乏变化，适用于远距离的传球和大力射门。

动作方法：

踢定位球时，直线助跑，支撑脚踏在球侧约 15 厘米处，脚趾指向出球方向，膝微屈，眼睛注视球。在支撑脚前跨的同时，踢球腿大腿顺势后摆，小腿后屈。前摆时，大腿以髋关节为轴带动小腿前摆，当膝关节摆近球体上方时，小腿加速前摆，脚背绷直，脚趾扣紧，以脚背正面击球的后中部。击球后，踢球腿顺势前摆落地。

踢反弹球时，要准确判断球的落点、反弹时间和角度，选好支撑脚的位置，在球落地的刹那，踢球腿小腿加速前摆击球，在球反弹离地时击球的后中部。

踢地滚球时，支撑脚应正确选位，踢两侧地滚来球时，脚趾应对准出球方向，击球部位应准确，以保证击球能发上力。对速度较快的来球，要通过加大摆踢力量和调整出球方向，消除其初速度对出球方向的影响。

踢空中球时，支撑脚的选位要稍远，以踢球腿能顺利踢摆发力为原则，并可根据来球角度或击球目的选用抽击、弹击或摆击等方法。

3. 脚背内侧踢球

脚背内则踢球动作的特点是踢摆动作顺畅，幅度大，脚触球面积大，出球平衡有力，且性能和线路富于变化，是中远距离射门和传球的重要方法。

动作方法。

踢定位球时，斜线助跑，助跑方向与出球方向约呈 45 度，支撑脚踏在球侧后方约 25 厘米处，膝微屈，脚趾指向出球方向，重心稍微倾向支撑脚一侧。在支撑脚踏地的同时，踢球脚以髋关节为轴，大腿带动小腿由外后向前内略呈现弧线摆动，膝踝关节稍外旋，当膝关节摆至接近球的内侧上方时，小腿加速前摆。击球时，膝向前顶送、脚背绷直，脚趾扣紧斜下指，以脚背内侧击球的后中下部，击球后踢球腿顺势前摆着地。

踢地滚球时，要注意调整身体与出球方向的角度关系，以便踢球摆踢发力。

搓踢过顶球时，踢球脚背略平，插入球的底部做切踢动作，击球后脚不随球前摆。

转身踢球时，助跑最后一步略带跨跳动作，支撑脚的脚趾和膝关节尽可能转向出球方向，击球点应在球的侧前部，并利用腰的扭转协助完成摆踢动作。

踢内弧线球时，击球点应在球的后外侧，击球刹那，踝关节内旋发力，脚趾勾翘，使球内旋并呈弧线运行。

4.脚背外侧踢球

脚背外侧踢球动作的特点是预摆动作小，出脚快，能利用膝、踝关节的灵活变化改变出球的方向，是实用性较强的技术手段。

动作方法。

脚背外侧踢球的动作方法类似脚背正面踢球，只是摆踢时，脚面绷直，脚趾向内扣紧斜下指，用脚背外侧击球的后中部，击球后，踢球腿顺势前摆着地。

踢地滚球时，踢球脚同侧的来球多用直线助跑，支撑脚在球侧后约25厘米处落位，异侧来球则多用斜线助跑，支撑脚一般距球10~15厘米。其他动作则类似踢定位球。踢外弧线球时，支撑脚踏在球侧后15~20厘米处，踢球腿略显弧形摆踢，作用力方向与出球方向约呈45度，脚型同踢定位球，击球点在球的内侧后部。击球后，踢球脚向支撑侧斜罢，以加大球的外旋力量。

（三）接球

接球是指运动员运用身体的有效部位，将运行中的球有目的的接控在所需位置上的动作方法。它是运动员获得球的主要手段。良好的接控球能力能为球队创造更多的进攻机会，也是保证进攻顺畅的重要因素。

1.腿部接球

脚部接球的动作方法最多，运用最广，是接球技术的最基本内容。

动作方法。

接地滚球时，身体正对来球，判断来球的速度和方向，选好支撑脚位置，膝关节微屈。接球脚根据球的状态相应提起，膝、踝关节旋外，脚趾稍翘，用脚内侧对准来球，触球刹那，接球部位做相应的引撤或变向接球动作，将球控制在所需要的位置上。

接反弹球时，接球腿小腿应与地面形成一定的夹角，向下做压推动作时，膝要领先，小腿滞留在后面。

接空中球时，接球腿要屈膝提起，可根据需要采用引撤或切挡动作，并在球落地时随即将球控制住。

2. 胸部接球

胸部接球技术的特点是触球点高，面积宽接球稳定，适用于接胸部以上的高空球。

动作方法。

挺胸式接球，适用于接有一定弧度的高球。接球时，身体正对来球，两腿自然开立，膝微屈，两臂在体侧自然抬起，上体稍后仰与来球形成一定的角度。触球刹那，胸部主动挺送，使球触胸后向前上方弹起落于体前。

缩胸式接球适用于接齐胸的平直球。缩胸接球与挺胸接球的动作差异在于触球刹那，靠迅速收腹、缩胸缓冲来球力量，使球直接落于体前。

胸部接球的触球点高，接球后球下落反弹。因此，做完胸部动作后，需及时跟进将球控制在脚下。如要将球接向两侧时，身体在触球的刹那要向出球方向转动，带动球的变化。

3. 大腿接球

大腿接球技术的特点是接触球部位面积大，且肌肉丰厚有弹性，动作简便易做，适用于接有一定弧度的落降高球。

动作方法。

身体正对来球，选好支撑脚位置并稳固支撑，接球腿屈膝上抬，以大腿中前部对准来球。触球刹那，接球积极引撤下放，接球部位的肌肉保持功能性紧张，以对抗来球冲力，使球触腿后落于体前。

接力量较小的来球，还可采用大腿垫接的方法，即接球腿屈膝上抬迎接，触球刹那，大腿相对稳定，接球部肌肉适度紧张，将球向上垫起，用这种方接球，可在球落地前处理球，也可待球落地后将球控在脚下。

（四）头顶球

头顶球是指运动员用额部将球击向预定目标的动作方法。

现代足球比赛是一种立体的攻防战，攻守双方不仅在地面上寸土必争，在空中的对抗也激烈。头顶球的击球位置高，是争取时间和空间主动的重要技术手段。尤其是在罚球区附近，头球的争夺对攻防双方都有举足轻重的意义，是一种快速简练，适用于进攻和防守的技术手段。

前额正面顶球技术的特点是触球部位平坦；动作发力顺畅，容易控制出球方向，出球平稳有力。

动作方法。

原地顶球时，身体正对来球，两腿自然开立，腿微屈，两眼注视来球。随球临近上体稍后仰，展腹挺胸，两臂自然张开，下颌收紧，身体自下而上地蹬地、收腹、摆体、顶送发力，当头摆至身体垂直部位时，用前额正面顶击球的后中部。

转身顶球时，身体稍侧对来球，出球方向一侧支撑脚靠前站立，以便转体发力。击球刹那，后脚用力向出球方向蹬转带动身体转动，当身体转向出球方向时加速摆体，用前额部顶击球。

跳起顶球时，要选好起跳位置，掌握好起跳时机，起跳脚积极蹬跳发力，手臂协调向上提摆，以加强起跳力量。起跳后，展腹挺胸，形成背弓，两眼始终注视来球。跳至最高点时，快速收腹摆体，下颌收紧，前额积极迎球顶送发力，顶球后屈膝缓冲落地。

鱼跃顶球时，要准确判断来球，掌握好起跳时机和击球点，利用积极后蹬使身体向前水平跃出，两臂微屈前伸，眼睛注视来球。利用身体水平冲力将球顶击。出球后，两臂屈肘伸手撑地，随后胸部、腹部、大腿、小腿依次缓冲着地。

（五）抢、断球

抢、断球指防守队员有目的地运用身体的某一部位，将对手控制下或传递中的球夺过来，踢出去、破坏掉的技术动作方法。

抢、断球是运动员获得球的主要手段之一，是球队转守为攻的主要途径，是运动员个人防守能力的综合体现。

抢断球动作方法说明如下。

1. 抢球

正面抢球。在逼近控球队员时，防守队员应控制好身体重心，两膝弯曲，上身略前倾，并注意观察对手的脚下动作，在对手触球刹那，支撑脚前跨将球控住。如对方双脚触球，则应顺势向上做提拉动作，将球从对方脚背上带出。

2. 断球

断球的动作方法从比赛意义上讲是运动员根据防守和进攻的双重需要，合理选用接球、踢球、顶球和铲球技术方法。如果需直接将球处理或破坏掉，就可选用踢球、顶球或铲球动作来实现，若是为了将球控在脚下，则可选用合理的接球动作来达到目的。动作的关键是判断准、起动快、连接紧。

三、足球基本战术

足球战术是指在足球比赛中，为了战胜对手，根据主客观情况所采取的个人行动和集体配合的方法。

（一）进攻战术

1. 摆脱与跑位

（1）摆脱。摆脱的方法可以采用突然起动、冲刺跑、急停、突然变向、突然变速和假动作等。

（2）跑位。跑位可以起到接应、策动、牵制、突破等作用。跑位的这些作用是随着场上情况的变化而不断变化的，因此队员应机动灵活，多谋善变，既要勤于跑位又要善于跑位。

2. 传球

（1）传球的目标。一般分为向脚下传和向空中传两种，但向前、向空位传球是主要的。若遇见有向几个队员同时传球的可能性时，应传球给对对方威胁大的队员。

（2）传球的时机。要掌握好传球的时机，要做到既不早又不晚，这就需要控球队员对本队和对方队员的位置和跑动路线有正确的判断。

（3）传球的力量。传球的力量应该适度、准确。在向被对方紧逼的同伴脚下传球时，传球力量要大些，并且将球传向远离防守队员一侧的脚，否则易被防守队员抢断；在向空当传球时，一般要求球到人到，人到球到，但在向有较大纵深距离的空当传球时，若突破接应的队员速度快，补位的防守队员离得也较远，传球的力量就要大些，以利于发挥突破队员的速度。

3. 运球突破

（1）控球队员在无人接应或不利于传球的情况下，要做有意识地向左、向右运球以摆脱或向前突破对手。

（2）控球队员在对方罚球区，或接近对方罚球区，一经运球突破便能获得射门机会时，应采用运球突破战术。

（3）在对方紧逼，处在一对一的情况下，一旦突破便可传中或进行传球渗透时，应大胆地采用运球突破战术。

（二）防守战术

1. 个人防守战术

（1）选位。防守队员选择的位置，原则上是站在对手与本方球门中心所构成的一条直线上，与对手的距离可根据场区以及球所处的位置来决定。另外防守者的选位还应使自己能够清楚地观察到场上情况和球的移动方向，使球和人都能处在自己的视野之内。

（2）盯人。盯人是指防守者本人所处的位置能够限制、看守对手，达到能及时封堵对手的接球或其传球路线的目的。

2. 区域防守战术

区域防守是指每一个防守队员占据一定的活动区域，当进攻者进入该防区时，区域防守队员进行积极防守，以限制进攻者在此区域内的活动。

保护与补位是局部地区集体防守的基础，保护是补位的前提，没有保护也就不可能有效地补位。防守队员补同伴在防守中出现的漏洞称为补位，它是防守队员间相互协助的集体防守战术。

3. 全局防守战术

全局防守战术包括盯人防守、区域防守和混合防守三种。

其中，混合防守战术就是盯人防守和区域防守相结合的防守方法。混合防守是目前世界各国所普遍采用的一种防守战术，它集中了盯人防守和区域防守两者的优点，从而在防守中能够根据场上情况进行逼抢、盯人和补位，以达到稳固防守的目的。

延缓对方进攻，快速退位到位，保持防守层次，紧逼盯人，严密封堵球门前30米范围，这是全体队员集体防守的关键。

第二节 篮球运动

一、篮球运动概述

篮球运动是美国詹姆士·奈·史密斯教授在1891年发明的。由于此项运动深受广大青少年学生的喜爱，因此在学校体育运动中占有重要地位。

篮球运动有进攻和防守两部分。比赛时为了争得场上主动，在规则允许的情况下，双方都各自力求采用有效的技术和战术将球投入对方的球篮，以争取多得分而赢得比赛的胜利。

现代篮球运动的主要特点是高速度、高强度，无论传球、运球、突破，都要快速、突然、有力，并在激烈对抗中完成技术动作，强调高空技术和高空优势，高度与速度的结合更加完善；要求具有高度的技巧性，传、运、投等技术动作要达到熟练自如、出神入化的地步，攻守对抗异常激烈，对争抢能力要求很高。

经常参加篮球运动，能改善中枢神经系统的机能，使运动分析器、前庭分析器特别是视觉分析器得到良好的训练，有利于促进学生完成动作的协调性，提高观察、判断和反应能力，增强循环、呼吸等器官系统的功能。紧张激烈的篮球比赛，还可以培养运动员积极、果断、勇敢、顽强的战斗意志和集体主义精神。

二、篮球基本技术

篮球技术是比赛中为了达到一定的目的，所采用的各种专门动作方法的总称。

篮球进攻技术包括传球、接球、运球、投篮、持球突破等；防守技术包括防守对手、抢、打、断球等。无论进攻技术还是防守技术都含有移动和抢篮板球的技术。

（一）移动

1. 移动的方法

移动是篮球技术的基础，是比赛中最常用的一项基本动作。进攻中为了摆脱对手，切入接球或合理运用传、运、投、突，防守中为了抢占位置，堵截对手或抢断球，都离不开移动技术。

（1）基本站立姿势。基本站立姿势是运动员在场上既稳定又机动的站立姿势。

动作要领：两脚前后或左右开立，略比肩宽，两膝微屈，重心落在两脚之间，上体稍前倾，脚跟微微提起，两臂弯曲自然放于体侧，抬头含胸，目视前方。

关键环节：屈膝降低重心，保持最大的机动性。

（2）起动。起动是队员改变静止状态的一种办法。

动作要领：起动以后脚或异侧脚的前脚掌短促有力地蹬地，上体迅速前倾或侧转，向跑动方向移动重心，手臂协调摆动，脚快速向跑动方向迈出。起动后的前两三步，要短促而快速，在最短的距离内把速度充分发挥出来。

关键环节：移动重心，蹬地突然起动。

（3）跑。跑是队员在场上改变位置、提高速度的重要方法。

①侧身跑。这是队员观察场上情况，迅速摆脱与超越防守时采用的一种方法。

动作要领。跑动中头和上体自然地向有球方向扭转，脚尖朝向跑的方向，既要保持跑速，又要观察场上情况。

关键环节：上体侧身转肩，脚尖朝向跑的方向。

②变速跑。这是队员在跑动中利用速度的变换来完成攻守任务的一种方法。

动作要领：加速时，用前脚掌短促有力地蹬地，上体稍前倾。减速时上体稍直立，前脚掌用力抵住地面，从而降低跑速。

关键环节：采用身体重心的前移后倒，运用脚的后蹬、前顶来改变速度。

③变向跑。这是队员在跑动中突然改变方向并加快速度来摆脱防守的一种方法。

动作要领：从右向左变向时，右脚尖稍内扣，同时右脚前脚掌内侧用力蹬地，随之腰部扭转，上体向左前倾，左脚向左前方跨出一小步，右脚迅速向左腿的侧前方跨出一大步，继续跑动。

关键环节：右脚蹬地，屈膝内扣，转移重心，加速跑动。

④后退跑。这是队员在场上背对跑动方向的一种跑动方法。

动作要领：用两脚的前脚掌交替蹬地向后跑动，同时提踵，身体稍前倾，抬头观察场上情况，两臂协调摆动以保持身体平衡。

关键环节：前脚掌蹬地、提踵，保持身体平衡。

（4）跳。跳是队员在场上争取高度的一种方法。

①双脚起跳。多用于跳球、投篮、抢篮板球以及抢断球。

动作要领：起跳前两膝弯曲，重心下降，上体稍向前倾，两臂弯曲，肘外张。起跳时，两脚用力蹬地，并用提踵、提腰、摆臂的力量，使身体向上腾起。落地时，前脚掌先着地，屈膝缓冲，保持平衡，以便衔接下一个动作。

关键环节：重心下降，用力蹬地，腰臂协调提摆，身体自然伸展。

②单脚起跳。多用于改变方向、接球、投篮、冲抢篮板球。

动作要领：起跳时，最后一步步幅要小，起跳脚用全脚掌着地，屈膝降重心，用力蹬地。另一腿屈膝上抬，同时摆臂提腰帮助起跳，落地时屈膝保持平衡。

关键环节：起跳腿屈膝迅速蹬伸，摆动腿、腰、臂协同向上用力。

（5）急停。急停是队员在起跑中突然制动速度的一种方法。

①跨步急停（两步急停）。跨步急停时注意两拍的节奏。

动作要领：急停时先向前跨出一大步，第二步落地的同时，两膝深屈，腰胯用力，重心下降，身体稍向侧转，用前脚掌内侧蹬地，重心在两脚之间。

关键环节：第一步脚掌抵地屈膝，上体侧转移重心；第二步用力抵地体内转，降重心。

②跳步急停（一步急停）。跳步急停时要注意身体平稳。

动作要领：急停时用单脚或双脚起跳，身体稍后仰，两脚同时平行或前后落地，屈膝，重心下降，保持身体平衡。

关键环节：降低重心，保持身体平衡。

（6）转身。转身是队员以一脚为中枢脚和另一脚蹬地向前后跨出来改变站立的位置和方向，以利进攻或防守的一种方法。

①前转身。是指移动脚向中枢脚前面跨步使身体改变方向。

动作要领：向左做前转身时，左脚为中枢脚，左脚提踵，前脚掌用力蹬地，右脚前脚掌内侧蹬地，上体平稳左转，右脚蹬地后迅速跨步落地。

关键环节：中枢脚前脚掌蹬地，转体、跨步要快，身体要平稳。

②后转身。是指移动脚向中枢脚后面跨步使身体改变方向。

动作要领：向右做后转身时，左脚为中枢脚，左脚提踵，前脚掌用力蹬地，右脚前脚掌内侧蹬地，同时用力向右后方转胯、转身，右脚蹬地后迅速落地，身体平稳。

关键环节：中枢脚提踵，前脚掌蹬地，同时转胯、转肩要快。

（7）滑步。滑步是防守时堵截对方路线的一种移动方法。

动作要领：向左滑步时，左脚向左跨出，落地的同时右脚滑动跟随左脚移动，左脚又继续跨出。

关键环节：屈膝降低重心，水平滑动。

（8）交叉步。交叉步是为了及时起步、抢位来变换和保持有利的位置与其他步法结合的方法。

动作要领：交叉步向右时，左脚用力蹬地迅速从右脚前向右交叉迈出，上体稍右转，左脚落地，右脚迅速向右侧跨步，控制重心。

关键环节：用力蹬地，两脚交叉动作要快。

（9）后撤步。后撤步是变前脚为后脚的一种方法。

动作要领：后撤步时，屈膝，重心降低，前脚掌内侧着地，同时腰部用力向后转胯，后撤前脚，后脚蹬地，然后用力蹬地紧接滑步，保持防守位置。

关键环节：前脚用力蹬地，转胯迅速后撤。

（10）攻击步。攻击步是防守队员突然前移，进行抢球、打球或破坏对手接球、传球、投篮等防守行动的一种步法。

动作要领：做攻击步时，后脚猛力蹬地，前脚突然迅速向前跨出逼近对手。落地时重心偏在前脚上，前脚同侧手前伸做干扰和抢截性防守动作。

关键环节：两脚向前蹬跨突然，落地身体重心平稳。

2. 移动练习

（1）基本站立姿势练习，原地进行移动重心的模仿练习。

（2）起动及各种跑的练习。①基本站立姿势或各种不同情况下的听信号或看手势快速起动练习；②每人一球向前抛，球离手后快速起动接住球；③利用场内的圆圈和线做侧身跑；④跑动中听信号做变速跑、变向跑。

（3）跳的练习。①原地双脚起跳练习。②行进间单脚起跳练习。

（4）急停练习。①跑动中听信号做急停练习。②跑至规定的位置做急停练习。

（5）转身练习。①原地做跨步、撤步、前转身、后转身练习。②急停后做转身跑的练习。

（6）防守步法练习。①看手势或听信号做各种脚步移动练习。②一对一攻守练习。

（7）滑步和交叉步练习。①原地做滑步和交叉步练习。②跑动中听信号做滑步和交叉步练习。

（8）攻击步练习。①原地练习攻击步伐。②一对一做攻击练习。

（二）传、接球

1. 传、接球方法

传球是篮球比赛中进攻队员之间有目的地转移球的方法，是场上队员之间相互联系和组织进攻的纽带，是实现战术配合的具体手段。

接球是持球进攻的基础。只有接好球，才能进行传球、投篮、突破或运球等。接球与传球是紧密联系的，接球技术好，可以弥补传球的不足，减少传球失误。接球也是抢篮板球和断球的基础。

（1）传球方法

①双手胸前传球

动作要领：两手五指自然分开，拇指相对呈八字形，用指根以上部位持球的侧后方，手心空出，两肘自然弯曲于体侧，将球置于胸前。肩、臂、腕部肌肉放松，两眼注视传球目标，身体呈基本姿势。传球时，后脚蹬地，身体重心前移，同时两臂前伸，手腕由下向上翻转，同时拇指用力下压，食指、中指用力弹拨，将球传出。出球后手心和拇指向下，其余手指向前。

关键环节：蹬地、伸臂、翻腕、抖腕、拨指动作要协调连贯。

②双手头上传球

动作要领：双手持球于头上，两肘向前，近距离传球时，小臂前摆，手腕前扣并外翻，同时拇指、食指、中指用力向前拨球。传球距离较远时，要蹬地，并通过腰腹力量带动上臂发力。小臂前甩，腕、指用力前扣，将球传出。

关键环节：小臂前摆和手腕前扣快速有力，带动手指用力拨球。

③单手肩上传球

动作要领：以右手为例。右手传球时，左脚向传球方向跨出半步，同时双手将球引到右肩侧上方，肘关节外展，手腕后屈，右手持球的后下方，左肩对着传球方向，重心落在右脚上。出球时，右脚蹬地的同时转体带动上臂，肘领先，前臂迅速前甩，手腕前扣，最后通过食指、中指、无名指的弹拨下压动作将球传出。

关键环节：转肩带动送肘，快速向前挥甩前臂，手腕、手指用力拨球。

④反弹传球

动作要领：反弹传球时，向前下方用力，击地点根据防守者的位置决定，一般应在传球者距离接球者2/3的地方。球弹起的高度一般在接球人的腹部为宜。

关键环节：出球要快，击地点适当。

（2）接球方法

①双手接球

动作要领：接球肘要伸臂迎球，五指自然分开，肩、臂、腕、指放松。当手指接触到球时，手臂顺势后引缓冲来球的力量，两手持球于胸腹之间。

关键环节：随球的高低移动重心，伸臂迎球，顺势缓冲。

②单手接球

动作要领：以右手为例。右手接球，左脚向来球方向迈出，手臂伸出，五指自然分开，掌心正对来球，腕、指放松。当手指触球时，手臂顺势将球后引，收臂置球于身前或体侧，另一手迅速扶球。

关键环节：伸臂迎球，触球后顺势后引，另一手迅速扶球。

2. 传、接球练习

（1）原地传、接球练习。①原地持球模仿练习。②两人一组一球，对面站立进行传、接球练习。

（2）行进间传、接球练习。①迎面移动中传、接球练习。②两人一组，全场直线跑动传、接球练习。③三人直线跑动传、接球练习。

（三）运球

运球是队员在原地或移动中，用单手连续按拍和迎引从地面反弹起来的球。

1. 运球方法

（1）高运球

动作要领：抬头，目视前方，上体稍前倾，以肘关节为轴，用手按拍球的后侧上方，球的落点在身体侧前方，球反弹的高度在腰、胸之间。

关键环节：以肘关节为轴，大小臂协调地上下迎送球。

（2）低运球

动作要领：抬头，目视前方，两腿迅速弯曲，降低重心，上体前倾，以身体和靠近防守队员一侧的腿来保护球。同时用手短促地按住球，控制球从地面反弹的高度在膝关节以下，以便摆脱防守继续前进。

关键环节：降低重心，手臂、腕、指协调用力来控制球。

（3）运球急起、急停

动作要领：运球急起时，后脚用力蹬地，同时按拍球的后侧上方，向前运球，以超越对手。运球急停时，手按拍球的前上方，同时两脚做跨步急停，并转入低运球，用臂、身体和腿来保护球。

关键环节：注意触球部位及手型的变化，护球于体侧。

（4）体前变向换手运球

动作要领：在行进中运球，右手按拍球的右上方，使球弹向左侧，右腿迅速向左前方跨步，上体左转，侧肩贴近防守者，左手拍球的右侧，突破防守者。

关键环节：变向的同时，侧肩转体，严格控制球的落点，跨步移动超越对手要快。

2. 运球练习

（1）原地高、低运球。运球手法要正确。体会手指、手腕上下按的动作，以及手触球的部位和控制球的要领。

（2）直线运球。运球动作协调，运球过程中，要注意抬头。

（3）运球急起、急停。纵队于端线外，听信号后，运球急起，到中线时急停，再急起到端线。同样的方法返回。在场内设标志线，听信号后，运球急起，到标志线时，运球急停。重复练习。

（4）换手变向运球。弧线运球：沿罚线圈、中圈做弧形运球到对面端线，再沿边线做直线运球返回。圆圈运球：沿罚球圈、中圈做圆周运球到对面的端线，再沿边线做直线运球返回。

（四）投篮

1. 投篮方法

投篮是进攻队员为将球投入对方篮筐而采用各种专门动作的总称。

（1）原地双手胸前投篮。动作要领：双手持球于胸前，两肘自然下垂，两脚前后或左右开立，重心落在两脚掌上，目视瞄准点。投篮时，两脚蹬地的同时，腰腹伸展，两臂向前上方伸出，两手腕同时外翻，拇指稍用力压球，使球通过拇指、食指、中指指端投出。投球出手后，脚跟提起，腰、臂随出球方向自然伸展。

关键环节：向上送臂、翻腕、外拨球，肩、肘关节自然放松，全身协调一致发力。

（2）原地单手肩上投篮

动作要领：右手持球于肩上，左手扶球的左侧，右臂屈肘，前臂与地面接近垂直，两腿微屈，右脚在前，重心落在两脚掌上。投篮时，右臂随腿的蹬伸和腰腹的伸展，抬肘向前上方充分伸直，用手腕前压的动作，使球从食指、中指指端投出。球离手时，手臂要随球自然跟送，脚跟提起。

关键环节：蹬地展体，抬肘伸臂，屈腕弹指协调配合。

（3）行进间单手低手投篮

动作要领：右脚向前跨出时接球，第二步继续加速，向前上方跳起，腾空时臂向上伸展，接近球筐时，用手指上挑的动作，使球向前旋转投向球篮。

关键环节：向上起跳，直臂举球，指腕挑拨。

（4）行进间单手肩上投篮

动作要领：右脚向前跨出时接球，接着迅速上左脚起跳，右腿屈膝上抬，同时举球至肩上，左脚蹬地腾空后上体稍后仰。当身体达到最高点时，右手臂伸直，用手腕前屈和手指力量将球投出

关键环节：向上起跳，举球，腕、指用力。

（5）运球急停跳起投篮

动作要领：快速运球中，最后两步稍减速，利用跨步或跳步急停接球起跳，同时双手持球迅速上举，两脚用力蹬地，身体腾空接近最高点时，伸臂，用腕、指的力量将球投出。

关键环节：急停与起跳衔接连贯。

2.投篮练习

（1）原地投篮。①徒手投篮模仿练习：听信号做持球—举球—投篮出手的练习；②持球模仿练习：两人一组一球，相距一定距离，对投练习；③正面定点投篮练习：一纵队近距离投篮，投篮后抢篮板球，将球传给后边的人投篮。

（2）行进间投篮。①行进间投篮的基本脚步动作练习：两人一组一球，一人托球，另一人在走动或慢跑中跨右脚同时拿球，然后跨左脚并起跳，做右手肩上投篮练习，然后互换；②一纵队在与球篮呈投篮45度角的位置运球投篮：每人一球，运球投篮后，抢篮板球。

（3）跳起投篮。①原地跳起投篮模仿练习：两人一组一球，相距一定距离，做原地跳起投篮练习；②运球急停跳起投篮练习：半场运球，到限制区附近时，急停跳起投篮。

（五）持球突破

1.持球突破方法

持球突破是持球队员运用脚步与运球技术相结合的快速超越对手的一项攻击性很强的进攻技术。它由蹬转、转体探肩、放球、加速几个技术环节所组成。

（1）交叉步持球突破

动作要领：以防守队员右侧突破为例。两脚左右开立，两膝微屈，持球于胸前，突破前先做瞄篮或其他假动作。突破时，左脚内侧蹬地，并向左前方迈出一大步，上体左转，右肩向前下压，将球引至左侧，在右脚离地前用左手推拍球于迈出脚的前方，同时，右脚用力蹬地，加速超越对手。

关键环节：蹬地、跨步、转体探肩动作连贯，蹬跨第一步要大，紧贴对手，二次加

速要快。

（2）同侧步持球突破

动作要领：以防守队员左侧突破为例。准备姿势与交叉步持球突破相同。突破时，用左脚掌内侧用力蹬地，右脚迅速向防守队员的左侧跨出，同时上体稍右转，左肩下压重心前移，用右手放球于右脚侧前方，左脚迅速跨步抢位，用右手推拍球，加速超越对手。

关键环节：跨步、放球快速连贯，中枢脚离地前球要离手。

（3）跨步急停持球突破

动作要领：当同伴传球时，迅速伸臂迎球，合理急停并接住球。落地后，两腿屈膝，重心降低，保持平衡，保护好球，然后再根据防守队员的位置和情况做交叉步或同侧步突破防守。

关键环节：摆脱移动，伸臂迎引球和跨步的衔接要协调连贯，接球急停要稳，确定中枢脚，起动要快。

2. 持球突破练习

（1）原地持球突破练习。①徒手模仿突破的各种脚步动作。每人一球，面向球篮站立；②做瞄篮动作后，快速向左侧或右侧做跨步突破动作，然后收腿还原，重复练习；③一纵队于罚球圈附近，做原地交叉步和同侧步持球突破练习。

（2）跳步急停持球突破练习。①每人一球，向前抛球，高度在胸腹之间，单脚蹬地随球向前做一步急停接球，两脚平行落地，再衔接交叉步或同侧步持球突破动作；②每人一球，向左或右侧前方抛球，然后用同侧脚蹬地，单手领球做跨步急停，再做侧步或交叉步持球突破动作；③两人一组，一人传球，另一人跑上一步急停接球，然后用交叉步或同侧步迅速突破上篮。

（六）抢篮板球

1. 抢篮板球方法

抢篮板球是投篮不中时，双方争夺控制球权的一项技术。抢篮板球技术是一项联合技术动作，由抢占位置、起跳动作、空中抢球动作和获球后的动作所组成。

（1）双手抢篮板球

动作要领：起跳后，身体在空中充分伸展，尽量扩大制空范围，两臂同时伸向球的落点方向，当身体和手至最高点时，双手将球握住，腰腹用力，迅速收臂将球持于胸前。

关键环节：身体在空中充分伸展，腰腹用力，收臂。

（2）单手抢篮板球

动作要领：起跳后，身体和手臂充分向球的落点方向伸展。在最高点指端触及球时，用力屈腕、屈指迅速握球，随之屈臂拉球于胸前，另一手护球。

关键环节：屈臂拉球，另一手护球。

2. 抢篮板球练习

（1）徒手模仿练习。①原地起跳，双手或单手抢篮板球动作的模仿练习；②助跑单脚起跳触篮板练习；③结合上步、跨步、转身、滑步等脚步动作，做单、双脚起跳抢篮板练习。

（2）判断起跳和抢球练习。①每人一球，抛球击篮板，上步起跳，用双手或单手在空中抢反弹回来的球；②每人一球，跑动中向不同方向抛球，起跳后用双手或单手抢球。

（3）对抗情况下的抢篮板球动作练习。①一对一的攻防训练。一队员防守另一人进攻。进攻队员投篮后，摆脱防守冲抢篮板球，防守者积极跟进。②二对二攻防训练。攻方两人投篮后，设法摆脱防守，冲抢篮板球，防守者迅速跟进。③三对三攻防训练。攻方三人经配合后投篮，并摆脱防守者冲抢篮板球，防守者及时调整防守位置，始终保持正确防守姿势。

（七）防守对手

1. 防守方法

防守对手是防守队员合理地运用脚步移动和手臂动作，积极主动地抢占有利位置，阻挠和破坏对手进攻的行动。

（1）防守无球的对手

动作要领：防守无球对手时，根据球和对手所处的位置确定和调整自己的防守位置。当对手处在强侧（有球侧）时，应采取错位防守，即站在球与对手的传球路线的内侧位置，面向人、侧向球的站法，逼近对手。当对手处于弱侧（无球侧）时，应向球和球篮方向靠拢，做侧向人、面向球的站法，松动防守。移动的同时，借助手臂的动作，扩大防守面。

关键环节：抢占位置，积极移动。

（2）防守有球的对手

动作要领：在防守过程中，一旦自己所防的对手接到球，防守者要及时调整与对手的位置和距离，做到球到手，人到位。在占据对手与球篮之间有利位置的基础上，与对手保持适当距离。离篮远则远，离篮近则近，根据有球对手的意图及球篮的距离，采用平步或斜步防守，并合理运用抢球、打球、断球等技术。

关键环节：判断准确，动作突然，保持身体平衡。

2. 防守练习

（1）防守无球对手的练习。①防守移动步法的练习，见移动部分；②半场或全场的一攻一防练习。

（2）防守有球对手的练习。①两人一组，一攻二防，进攻队员做投、切动作，防守队员抢、打球；②三人一组，两人传球，一人做横断或纵断球练习。

三、篮球运动基本战术

篮球运动战术是指在篮球比赛时，根据篮球运动的特点和具体对象，所确定的攻、防集体配合及全队协调行动的特定组织形式和方法。

（一）快攻与防守快攻

1. 快攻

快攻是由防守转入进攻时，以最快的速度，在对方尚未部署好防守之前，以时间、人数和位置上的优势，果断而合理地进行攻击的一种快速进攻战术。

快速进攻战术的组织形式有长传快攻、短传快攻、结合运球突破快攻。快攻战术的组织结构由发动、接应、推动、结束四个阶段组成。

发动快攻的时机：抢获后场篮板球、抢或断得球后、掷界外球、跳球获球后。

快攻战术练习方法包括三点。

（1）发动与接应的练习。先练抢获篮板球发动快攻与固定接应，再增加难度练习。

（2）快攻推进阶段的练习。先练中路推进，再练边线推进，最后中、边结合。

（3）快攻结束阶段的练习。

要求：一传要快，接应队员主动选位。

2. 防守快攻

防守快攻是有组织地制约对方速度和破坏快攻路线的配合方法。

防守快攻的方法有。拼抢进攻篮板球、封堵第一传和接应、封堵推进。

防守快攻的练习方法包括三点。

（1）封堵第一传和接应。二攻二守或三防三夹击第一传，封堵接应队员。

（2）以少防多的练习。一防二或二防三练习。

（3）全场综合防守快攻的练习。二防二、三防三、五防五练习。

（二）人盯人防守与进攻人盯人防守

1. 人盯人防守

人盯人防守战术是指每个防守队员在盯住自己对手的同时，进行集体防守的战术。包括半场缩小（松动）人盯人和半场扩大（紧逼）人盯人及全场紧逼人盯人。

人盯人防守的练习方法包括五点。

（1）个人防守能力的训练。

（2）在进攻队员球动人不动的条件下的防守队员选位练习。

（3）在进攻队员人动球动条件下的防守练习。

（4）半场攻守练习。

（5）全场紧逼人盯人练习。

2. 进攻人盯人防守

进攻人盯人防守是根据人盯人防守特点，综合运用传球、投篮、运球、突破等个人技术动作和传切、掩护、策应等几个人之间的战术基础配合所组成的全队进攻战术。

进攻人盯人防守的练习方法包括四点。

（1）战术分段、分位练习。

（2）在消极防守情况下的全队战术练习。

（3）半场攻防对抗情况下的战术练习。

（4）进攻全场紧逼人盯人防守的练习。

（三）区域联防与进攻区域联防

1. 区域联防

区域联防是防守队员由攻转守迅速退回半场后，每个人分工负责防守一定的区域，严密防守进入该区域的球和进攻队员，并与同伴协同防守而构成的一种集体防守战术。

区域联防的练习方法包括以下四点。

（1）基本落位队形的练习。

（2）分解练习：一防二、二防三、防溜底线、防背切、防中锋等的练习。

（3）消极进攻情况下的五对五完整练习。

（4）积极进攻对抗情况下的完整练习。

2. 进攻区域联防

进攻区域联防是在了解和掌握区域联防特点和规律的基础上，尽量避免造成一对一阵形，针对其薄弱环节，结合本队具体情况，确定进攻重点，所组织的具体有针对性的进攻战术配合。

进攻区域联防的练习步骤与方法包括三个方面。

（1）全队战术的跑位练习。先按规定的落位和进攻方法练习。

（2）分解练习。中锋策应、局部配合。

（3）对抗情况下的练习。半场五对五的全队完整战术练习。

第三节 排球运动

一、排球运动概述

排球运动是1895年由美国马萨诸塞州霍利奥克基督教青年会干事摩根先生发明的。最初的排球是根据网球的打法发展而来的。1905年这种运动传到中国,当时中国的打法是每队16人出场比赛,分站4排,每排4人,故名"排球"。1947年,国际排球联合会成立,决定世界性的排球比赛采用美式6人制。

目前世界性的排球比赛有世界锦标赛、奥运会和世界杯赛。1949年举行了首届男子排球世界锦标赛,1952年举行了首届女子排球世界锦标赛。1964年在第18届奥运会上排球被列为正式比赛项目,1965年又成功举办了第1届男子世界杯赛,1973年举办了第1届女子世界杯赛。以上三大排球比赛均是每四年举行一次,其比赛顺序为:奥运会的第二年是世界杯赛,第三年为世界锦标赛,规模最大的赛事为世界锦标赛。

当前排球运动的发展趋势是"全、高、快、变",尤其是网上争夺与对抗日趋激烈,着重表现在网上的突破与反突破、限制与反限制更为激烈,扣球技术水平的高低已成为能否在世界大赛夺魁的关键。

排球运动既可作为一项竞争激烈的竞技项目,也可作为一种余暇型的体育活动内容。经常参加排球运动不仅能提高人们的力量、速度、反应、灵敏、耐力等身体素质,还能培养人们机智、果断、冷静等品质,它对人体的身心发展具有良好的促进作用。

二、排球基本技术

(一)准备姿势与移动

准备姿势的目的是为了便于做好下一个动作,而移动的目的是要迅速地接近球,站好位。它们是完成各项技术的重要条件。

1. 准备姿势

(1)两脚左右开立(略宽于肩),站左半场的队员左脚稍前,站右半场的队员右脚稍前,站场中的队员左右平行开立。

(2)两眼注视来球,两膝弯曲并内扣(膝部的垂直面超过脚尖),脚跟提起,上体前倾,含胸收腹,两肩的垂直面超过膝部。

(3)两臂自然弯曲,置于胸腹之间,两手掌心相对,手指自然张开。

2.移动

（1）并步。移动时，前脚先向前（或左、右）迈出一步，同时后脚用力蹬地，在前脚落地后，后脚立即并上成准备姿势。

（2）滑步。在并步的基础上，连续滑动。

（3）交叉步。向右侧移动时，身体稍向右转，左脚从右脚前面向右交叉跨出。

（4）跨步。移动时，一脚支撑并蹬地，另一脚向来球方向跨出一大步，上体前倾，重心自然移至跨出腿上，后脚蹬地随着重心移出而跟着上步成准备姿势。

（5）跑步。两脚用力蹬地，迅速起动，两臂用力摆动，加快步子，争取跑到球的落点位置，并逐步降低身体重心，保持好击球的准备姿势。

（6）后退步。移动时，身体保持稍低的姿势，两脚交替快速向后退步，重心应保持在前面。

3.准备姿势与移动练习

（1）原地做准备姿势。

（2）慢跑中，听教师信号做准备姿势。

（3）学生在准备姿势的基础上，看教师的手势向前后左右。

（4）两人一组，一人抛球，一人按步法要求移动接球。

（5）利用排球场内各条线，做各种移动步法练习或接力赛。

（二）传球

1.传球方法

传球是接应一传或防守后，把球传给扣球手的以进攻为主的技术，是进行比赛与组织战斗的基础。传球技术包括正面传球、背向传球、体侧传球等。

下面以正面传球为例进行介绍。

（1）准备姿势。两脚前后站立，后脚跟稍提起，两膝微屈，上体稍前倾，双手由下提起置于胸前，两肘自然下垂。

（2）击球点。击球点一般在脸前，当来球距脸前约一个球的距离时，便要做击球动作。如果来球较平，击球点可稍低一些；如果来球弧度高或向上、向后传球，击球点可稍高一些。

（3）传球手形。当手触球时，其手型应该是手腕稍后仰，小拇指斜对前方，拇指相对呈一字形，手指自然微屈呈半球形与球体吻合。

（4）击球的用力。传球时，要利用蹬地伸膝向上展体和伸臂的动作，协调用力迎击球，并以拇指、食指、中指负担球的压力，无名指和小拇指帮助控制球；球触手的瞬间，手指和手腕应保持一定的紧张程度，用手指的弹力和手腕、手臂与身体协调的力量将球传出。

（5）手感。手感是控制球的核心，主要靠手指、手腕主动而细微的动作来进行这种调整。

2. 传球练习

（1）原地徒手模仿传球。

（2）两人一组，一人抛球，一人接球（体会击球点与手型的动作）。

（3）两人一组，一抛一传。

（4）两人对传球，先自传一次，再传给对方。

（5）两人一组，隔网对传。

（6）三人一组，三角传球。

（7）两纵队相向跑动传球。

（三）垫球

1. 垫球方法

垫球是接发球和后排防守的主要技术动作，是组织进攻和反攻战术的基础。垫球技术包括正面双手垫球、体侧垫球、背垫、正面低姿势垫球、跨步垫球、滚动垫球、鱼跃垫球以及挡球等。

下面以正面双手垫球为例进行介绍。

（1）垫球前。正面对准来球，两脚前后开立，身体稍前倾，大小腿自然弯曲，两臂插入球下。

（2）手型。双手自然叠掌互握，两臂夹紧，手腕下压成直臂。

（3）触球部位。触球部位在腕关节以上10厘米左右桡骨内侧平面。

（4）击球点。击球点在腹前一臂距离左右。

（5）击球用力。伴随着蹬地、提腰、抬臂，以肩关节为轴击球的后中下部。垫球的用力大小与来球的力量成反比，与垫出球的距离成正比。

2. 垫球练习

（1）原地徒手模仿练习。

（2）两人一组，一抛一垫（先原地、后移动）。

（3）自垫。

（4）两人一组对垫球。

（5）三人一组，三角形连续垫球。

（6）两人一组，一发一垫（距离由近至远）。

（7）隔网一发一垫。

（8）两人一组，一扣一防。

（四）发球

1. 发球方法

发球是比赛的开始，也是进攻的开始。发球的目的在于直接得分或破坏对方的进攻战术，减轻防守负担，创造反攻的有利条件。发球技术包括正、侧面的上手发球，正面下手发球，正面上手飘球，侧面勾手飘球，跳发球等。

下面以侧面上手发球、正面上手发球和正面下手发球为例进行介绍。

（1）侧面上手发球

①准备姿势。左肩对网站立，两脚左右开立，与肩同宽，两膝微屈，上体稍前倾，重心落在两脚间或稍偏右脚，左手持球于腹前。

②抛球。左手将球抛至左上方1米左右，约离身体一臂远。

③击球。在抛球的同时，右臂摆至右侧后下方，手指微屈而紧张，利用右脚蹬地和向左转体的力量，带动右臂向前摆动，在左前上方用大拇指根用力击球的后中下部，以小幅仰角将球击出。击球时，手臂要伸直，眼睛要看球。

（2）正面上手发球

①准备姿势。正面对网，两脚前后开立（右手发球，左脚在前），左手持球置于胸前。

②抛球。左手将球垂直平稳地抛起到右肩的前上方，高度在击球点上方1~2球的位置。

③击球点。略高于头部的右前上方。

④击球。在抛球的同时，右臂屈肘后引（肘部与肩部齐平），手掌置于头的右后方，上体略向右侧移动，抬头、挺胸，身体重心移至右脚。击球时，身体重心前移，利用收腹动作带动右臂迅速向前上方挥动，伸直手臂，在最高点用全手掌击球的后中下部，在手触球的一刹那，手腕适当地向前推压。

（3）正面下手发球

①准备姿势。正对球网，左脚在前，右脚在后，两膝微屈，左手持球置于腹前，右臂自然下垂。

②抛球。左手将球在体前右侧抛起，离手20~30厘米。

③击球。右脚踏地，身体重心前移，右臂伸直，以肩为轴，向前摆动到腹前，用虎口掌根或手掌击球的后下部。

2. 发球练习

（1）分组发球对抗。两组完成同样的发球数，统计失误数并查找失误原因。

（2）定线、定区交替发球。如指定第一个发球发直线，第二个球必须发斜线；第一个球是前场，第二个球必须是后场等。要求线路清楚、落点准确。

（3）分组对抗性练习。两人一组完成相同数量的发球，谁先失误，谁受罚。

（五）扣球

1. 扣球方法

扣球是最积极、最有效的进攻方法，是进攻中最有力的武器，也是一个队实力强弱的重要标志。扣球技术包括正面扣球、勾手扣球、快球、单脚起跳扣球和调整扣球等。扣球技术比较复杂，它的技术结构包括准备姿势、判断、助跑、起跳、空中击球和落地几个相衔接的动作部分，整个动作必须协调、连贯，具有鲜明的节奏和独特的时间和空间概念。

下面以正面扣球为例进行介绍。

（1）准备姿势。两脚自然开立，一脚稍前，两膝稍屈，身体稍前倾，眼睛注视来球，随时准备向各方向助跑。

（2）判断。首先是对一传的判断，然后根据二传手传出球的飞行方向、弧度、速度，判断好球的落地，选好起跳点和起跳时机。

（3）助跑。以两步助跑为例，左脚先迈出第一步（决定方向），紧接着右脚跨出一大步（选择起跳点），支撑点在身体重心之前，并以脚跟先着地过渡到全脚掌着地，同时左脚随即在右脚稍前的地方着地，身体重心降低，两膝弯曲并内扣，两臂经体侧摆至体后下方，准备起跳。

（4）起跳。起跳时，上体前倾，两脚迅速有力地蹬地，两臂由体后下方继续向体前上方挥摆，同时快速展腹，带动全身腾空而起。

（5）空中击球。起跳后，上体稍后仰，并稍向右侧扭转，挺胸展腹，左手自然置于体前，右臂屈肘举起，肘关节指向侧方，并高于肩部，手置于头的右侧方，前臂、手腕、手指放松，五指微张，手掌呈勺形；击球时，利用迅速转体收腹动作带动手臂猛烈地挥击，同时，手臂要伸直，用全掌击球的后中上部，手腕快速下甩。

（6）落地。落地时，应由前脚掌过渡到全脚掌，同时顺势屈膝，收腹，以缓冲下落的力量，并立即准备做下一个动作。

2. 扣球练习

（1）集体进行一步助跑起跳练习。

（2）集体进行两步助跑起跳练习。

（3）原地的挥臂动作练习。

（4）网前助跑起跳的完整练习。

(5)两人一组,一人双手举高球,另一人原地扣球。

(6)两人一组,对地扣球练习。

(7)助跑起跳扣网前固定吊球练习。

(8)做一步助跑起跳扣球的完整性练习(教师或学生抛球)。

(9)做两步助跑起跳扣球的完整性练习(教师或学生抛球)。

(六)拦网

1. 拦网方法

拦网是防守的第一道防线,是反攻的重要环节。成功的拦网,可以直接拦死或拦回对方的扣球,使本方由被动转为主动,也可以将有力的扣球拦起,为本队防守减轻压力。有效拦网可以对扣球者造成心理上的威胁,从而削弱对方进攻的锐气,打击对方的信心。

(1)单人拦网

①准备姿势。取位离中线20~30厘米处,两脚左右开立与肩同宽,两膝弯曲,上体微前倾,两臂自然弯曲置于胸前,做好起跳准备。

②起跳。两脚用力蹬地,两臂在体侧前方划小弧用力上摆,带动身体垂直上跳。

③空中击球。起跳后稍收腹,以便控制平衡和延长腾空时间。腾空后,两臂从胸前向头上方伸出,提肩举手,两手间的距离小于球体,手指、手腕紧张并尽可能靠近球。触球时,两手手腕下压。

(2)集体拦网

①起跳时应避免互相干扰或冲撞。

②起跳后,手臂在空中既不要相互重叠,缩小拦网面,又不要间隔太大造成中间漏球。

③如对方从4号位组成拉开进攻时,应以本方2号位队员拦网为主,3号位队员移动配合,组成集体拦网;如对方4号位扣集中球,则应以本方3号位队员拦网为主,2号位队员移动配合组成集体拦网;如对方从3号位进攻,一般以本方3号位队员拦网为主,2号或4号位队员协同配合;如对方从2号位进攻,则以本方4号位队员拦网为主,3号位队员移动配合。移动的步法一般采用并步、交叉步或跑步等。

2. 拦网练习

(1)原地网前起跳做徒手拦网练习。

(2)教师或学生站于网对面高台上持球,学生轮流做起跳拦网练习。

(3)两人一组隔网相对站立,同时做向两侧移动一步的起跳拦网动作练习。

(4)两人一组,一抛一拦。

(5)一组从对方4号位或2号位扣球,另两人一组进行集体拦网练习。

三、排球的基本战术

（一）发球的个人战术

（1）攻击性发球。尽量准确地发出弧度平、速度快、力量大、旋转性强或幅度大的攻击性球，破坏对方一传并争取直接得分。

（2）准确性发球。可将球准确地发到对方两个队员之间的连接区、前区、后区死角三角地带或对方交换位置活动区，以破坏对方一传。

（3）发给一传差、信心不足、连续失误、情绪不稳、精力分散的对方队员。

（二）扣球的个人战术

（1）扣球时避开拦网队员的手。①扣球时运用路线的变化，灵活采用扣直线球、斜线球和小斜线球等；②运用转体、转腕的扣球技术，达到突然改变扣球线路的目的；③运用扣球或吊球技术，从拦网队员手的上方进行突破；④运用时间差扣球使对方达不到拦网的目的。

（2）扣球时利用拦网队员的手。①利用打手出界来破坏对方的严密拦网；②运用轻扣拦网队员的手，造成球随拦网队员一起落下。

（3）根据临场情况采用的扣球战术。①运用二次球扣球，或佯传突转扣球使对方来不及拦网；②找人、找点扣球，找对方技术差者或空当进行扣球。

（三）拦网的个人战术

拦网是被动技术，要变被动为主动，关键在于隐蔽，造成对方扣球队员判断错误而使己方拦网成功。

（1）拦网队员可站直拦斜、站斜拦直或正拦侧堵、侧堵正拦，并可运用取位和空中变化的假动作迷惑对方。

（2）有时可制造假象，使对方受骗。如假装露出中路空当，引诱对方队员扣中路，待对方扣中路之后突然拦关门球。

（3）如发现扣球队员要打手出界或平扣时，可在空中及时将手撤回而造成对方扣球出界。

（4）在估计到对手扣球威力不大时要防止对方吊球、轻扣等。

第四节　乒乓球运动

一、乒乓球运动概述

乒乓球运动是由两名或两对选手用球拍在中间隔一网的球台两端轮流击球的一项室内运动。

乒乓球运动的特点是球小、速度快、变化多、设备简易。另外，它不受年龄、性别、身体条件的限制，所以能广泛地开展。在我国乒乓球运动的开展已相当普及，因为它运动量适中，具有较强的娱乐性、竞争性，经常参加比赛还有利于促进人际间的交流、合作、友谊，并可以有效地调节紧张的情绪，缓解工作、学习所带来的精神压力，它是广大群众尤其是青少年所喜爱的体育运动项目。经常参加乒乓球运动可以提高人的灵敏性和协调性，乒乓球运动可提高动作速度和上下肢的活动能力，提高心血管系统的能力，增强体质，还有助于培养勇敢顽强、机智果断、沉着冷静、敢于拼搏等优良品质。因而，在普通高校开展乒乓球运动是非常有必要的，但由于学生技术水平不高，体能锻炼的强度不够，还需要与心肺功能及力量素质的练习相结合，以促进学生健康和身体素质的全面发展。

二、乒乓球的基本技术

（一）握拍法、基本姿势和步法

1. 握拍法

握拍法主要有两种：直握拍和横握拍。两种握法均有各自的优点和缺点。选择握法时，应根据自身的特点来确定握拍的方法。

（1）直握法。拇指和食指的第一、二指关节弯曲，自然平均地钳住拍柄，拍柄贴住虎口，其他三指自然弯曲重叠，中指第一指关节顶在拍背面中间上 1/3 处。

（2）横握法。中指、无名指、小指自然弯曲握住拍柄，虎口贴住拍肩，拇指略弯曲紧呈拍或斜伸向拍面，食指斜伸在拍的另一面。

2. 基本姿势

两脚开立，比肩稍宽，左脚稍前，前脚掌内侧着地用力，两膝自然弯曲，重心在两脚掌之间，含胸收腹，身体略前倾，执拍手手臂自然弯曲，放松置于身体右侧腹前（右手为例）。

3. 基本步法

步法是乒乓球技术环节的一个重要组成部分，是及时、准确地运用与衔接各项技术动作的枢纽，亦是执行各项战术的有力保证。具有良好的步法，就能够经常保持最佳的击球位置，使击球的速度、力量、旋转得到充分的发挥。乒乓球的基本步法主要有单步、跨步、跳步、并步、交叉步五种。

（1）单步。一脚为轴，另一脚向前后左右不同的方向移动，重心随之跟上。

（2）跨步。一脚蹬地，另一脚向移动方向跨一大步，为防止跨步后失去重心，应随后跟上半步或一小步。

（3）跳步。击球时以来球异侧方向的脚用力蹬地，两脚同时离地向左或向右移动，蹬地脚先落地，另一脚也跟着落地站稳，以取得合理的击球位置。

（4）并步。一脚先向另一脚移（或叫并）半步或一小步，另一脚在并步脚落地后即向同方向移动。

（5）交叉步。击球时先以来球异方向的脚向来球方向移动，并超过另一脚，接着另一脚再向来球方向移动以取得合理的击球位置。一般在来球角度大的情况下采用这种步法。

4. 练习

（1）台前徒手模仿各种步法练习。

（2）结合挥拍动作进行各种步法练习。

（3）结合身体素质练习，增强下肢起动速度和爆发力。

（二）推挡

1. 推挡方法

推挡球技术的特点是站位近、动作小、速度快、变化多，是我国直拍快攻打法的一项重要的技术。比赛中通过落点变化来牵制调动对手，争取主动，既能为进攻创造有利时机，又能起到积极防御的作用。推挡主要包括快推、加力推、减力挡等。

（1）快推。击球前，上臂靠近身体适当后撤引拍，拍型基本与台面垂直，球拍略高于来球或与球网同高。击球时，手臂迅速前迎，在来球的上升期触球，前臂手腕用力向前将球推出，触球的中上部，食指用力压拍。

（2）加力推。动作幅度比快推大，当球弹至上升后期或高点期时，利用伸髋和转腰动作加大手臂向前的推击力，并用中指顶住球拍。

（3）减力挡。击球前不用撤臂引拍，可稍屈前臂调整球拍位置，当球弹起时，手臂前移迎球，触球瞬间控制好拍形，不要向前用力撞球，甚至还应该略有后缩动作，借来球力量将球反弹回去。

2. 推挡练习

（1）徒手做推挡模仿动作，体会动作要点。

（2）在台上两人互推斜线或直线，待熟练后逐渐增加力量和速度。

（3）一人攻球，另一人推挡，定点定线，两人轮换。

3. 推挡时的注意事项

（1）上臂和肘远离身体右侧，以免影响前臂发力。

（2）左脚过于靠前或右脚在前，难以运用腰髋之力。

（3）手臂不会后撤引拍，击球距离太短，不易控制球和发力。

（三）攻球

1. 攻球方法

攻球具有力量大、速度快等特点，是比赛中争取主动、克敌制胜的重要手段。各类打法都必须掌握攻球技术。

（1）正手近台攻球。左脚稍前，身体离球台40厘米左右。击球前，持拍手臂要右前伸迎球，前臂自然放松，球拍呈半横状。当球从台面弹起时，前臂和手腕向前上方挥动，并配合内旋转腕的动作，使拍形前倾，在上升期击球中上部。拍触球刹那，拇指压迫，同时加快手腕内旋速度，使拍面沿球体作弧形挥动。击球后，挥拍至头部高度。

横拍击球时，手臂要自然弯曲，手腕与前臂近乎呈直线并约与地面平行。前臂和手腕稍向上用力，击球时间、部位和拍形与直拍基本相同。

（2）正手中远台攻球。左脚稍前，身体离球台1米左右。击球前，持拍手臂向右后方引拍，球拍呈半横状，拍形稍后仰。击球时，手臂由后向前挥动。球拍触球前，前臂在上臂带动下向前上方用力，手腕边挥边转使拍形逐渐前倾；在球下降前期，击球中部并向上摩擦，上臂带动前臂继续向前上方挥动，腰髋转动配合发力。同时上体左转，重心移至左脚。

横拍正手中远台攻球时，手臂向后引拍，手腕稍下沉，球拍呈横状，然后手臂向前上方用力。击球时间、部位和拍形与直拍基本相同。

2. 攻球练习

（1）原地徒手及持拍模仿动作，注意身体重心的交换和腰、臂协调一致的用力。

（2）结合步法，在移动中进行攻球模仿动作。

（3）一人发平击球，另一人练习攻球。打一板后再重新发球。

（4）多球练习。一人喂球，另一人练习攻球。

（5）两人一推一攻练习。要求固定落点和线路，先轻打，随着技术质量的提高再增加力量。

（6）两人对攻斜线、直线。力量由轻到重，多打板数，体会触球时的肌肉感觉。

（7）一点对两点或多点的连续攻。要求陪练方用推挡推至对方两点或多点，练习者攻到对方的一点。

（8）结合性技术。如左推右攻，推挡侧身及推挡、侧身、扑正手等（开始应有规律性，熟练后再到无规律性）。

3. 攻球时的注意事项

（1）引拍时，上臂直向后拉，会出现牵肘，影响击球力量。

（2）手腕过分僵硬或上翘，影响手腕的灵活性。

（3）直拍反手发力时，肘部支出横拉，攻球侧旋；横拍反手攻时，手腕乱动，拍面角度不固定，影响命中率。

（四）搓球

1. 搓球方法

搓球是一项过渡性技术，用它对付下旋来球比较稳健，常为进攻创造条件，也是初学削球时必须掌握的入门技术。根据击球方位的不同可分为正手搓球和反手搓球。根据击球的时间、回球的落点和旋转又分为快搓、慢搓、摆短、劈长、转与不转及侧旋搓球。

下面以正、反手搓球为例进行介绍。

（1）正手搓球。击球前，身体稍向右转，向右上方引拍，击球时前臂和手腕向左前下方用力，将球搓出。

（2）反手搓球。站位近台，击球时，拍面后仰，屈臂后引，前臂以向前用力为主，配合手腕动作。根据来球旋转的程度调节拍面角度和用力方向，来球下旋强，拍触球的底部，向前用力大些；来球下旋弱，拍触球的中下部，向下用力大些。

2. 搓球练习

（1）徒手模仿动作，注意前臂、手腕的发力方法。

（2）自抛球在台上，弹起后，将球搓过网，反复体会前臂、手腕发力摩擦球的动作。

（3）搓接固定旋转、落点的发球。

（4）斜线或直线对搓，在熟练的基础上结合各种搓球。

（5）搓球和攻球结合练习。

3. 搓球时的注意事项

（1）前臂、手腕僵硬，不会摩擦，只是碰击球，易吃旋转。

（2）滥用手腕，会造成臂、腕用力脱节。

（五）发球

1. 发球方法

发球是乒乓球比赛中每一分的开始，是乒乓球技术中唯一不受对方制约和限制的技术，在规则允许范围内，可以最大限度地施行自己的战术意图。发球的种类很多，根据旋转可分为转与不转和侧旋发球等。

（1）正手发下旋与不转球。持球手将球抛起后，持拍向后上方引拍，拍呈横状并略微前倾：①发下旋球时，手臂向前下方挥摆，用球拍下部靠左的位置摩擦球的中下部，触球瞬间手腕要有爆发力；②发不转球时，动作的轮廓与发下旋球时一致，用球拍下部偏右的位置，触球的中下部，触球瞬间用拍推球。

（2）反手发右侧上（下）旋球。站位在左半台，右脚稍前或平站，身体略向左偏斜，左手将球向上抛起，向左后方引拍，腰部略向左转动：①发侧上旋时，右前臂从左后向右上方加速挥动，直拍手腕做前伸，横拍手腕做内收腰部配合向右转，击球中部向右侧上方摩擦；②发侧下旋时，动作方法大致与发侧上旋球相同，区别在于：向左上方引拍，手臂向前下方挥摆，击球中下部向右侧下方摩擦，触球高度略高于网。

2. 发球练习

（1）徒手做抛球，接着做发球的模仿动作。

（2）两人一组，一人发球，另一人接发球，只进行发接球练习，要求定点定线。

（3）结合规则要求对发球进行练习。

（4）发球结合抢攻，提高发球抢攻的意识。

（六）接发球

1. 接发球方法

首先要判断好来球的旋转性能、力量大小、速度快慢和落点长短，然后决定回击方法和还击技术。接平快球和上旋球时，可用推挡和攻球来回击；接下旋球时，应将球拉起，击球的中下部，也可用搓球、削球或提拉、弧圈球等技术还击；接侧旋球（包括侧上、侧下）时，可采用把球回击到对方球拍移动的相反方向，用推挡、攻球等方法还击。

2. 接发球练习

（1）规定一种发球的旋转和落点，自己用一种或几种方法接，可集中精力熟悉一种发球。

（2）规定一套发球变化的规律（如一长一短、一转一不转等），自己用一种或几种方法接（在分辨不清某种发球的旋转变化时，用此练习效果最好），可提高判断能力。

（3）不限制发球的变化规律，全面练习接发球技术。

（七）弧圈球

1. 弧圈球方法

弧圈球是一种上旋力非常强的进攻技术，它与攻球相比，在对付强烈下旋球及低于网的来球时更加稳健，因此被广泛使用。

（1）正手弧圈球。左脚在前，右脚稍后，身体略向右扭转，腹微收，髋稍向右后方压转，左肩略高于右肩；击球时，右脚掌内侧蹬地，以腰髋的扭转带动手臂向左上方挥动；击球瞬间，快速收缩前臂，直拍的中指（横拍的食指）应加速以促成手腕在触球瞬间的甩动。①加转弧圈球：手臂在腰的带动下向后下方引拍，球拍低于来球，在来球的下降期或高点期，摩擦球的中部或中上部，以向上发力为主，略带向前发力。②前冲弧圈球：重心稍高于拉加转弧圈球，手臂自然向后引拍，球拍与来球同高或稍低于来球，在来球的上升后期或高点期，摩擦球的中上部或中部，以向前发力为主，略带向上发力。

（2）反手弧圈球。两脚基本上平行开立，腰、髋略向左转，稍收腹，肘关节略向前，出前臂向左后方画一小弧引拍，手腕下垂；击球时，两脚向上蹬伸，展腹，腰、髋略向右转，以肘关节为轴，前臂向上方发力，手腕配合用力，摩擦球的中上部。

2. 弧圈球练习

（1）徒手做模仿动作，认真体会动作要领。

（2）自抛自拉练习，体会腰、臂的协调用力。

（3）一人发平击球或下旋球至某一点，一人练习拉。体会正确的击球点和触球瞬间的摩擦动作（可用多球进行）。

（4）一人推挡，一人拉。定点定线，要求先轻拉，随着熟练程度的提高再增加力量和旋转。

（5）两点改三点对一点连续拉。要求拉者在左右移动中进行练习，范围由小到大，落点从有规律到无规律。

（6）对搓反手斜线，其中一方侧身抢拉或反手拉。

（7）一点搓两点，另一方搓中抢拉。

3. 拉弧圈球时的注意事项

（1）不会移动身体重心，只靠手臂发力，影响击球的力量和旋转。

（2）手臂伸得过直，球拍沉得过低，整个动作向上太多，缺少向前的力量。

（3）撞击球力量过大，摩擦力小，易吃下旋；引拍时向后拉手过多，球拍离身体太远，不易发力。

（八）削球

1. 削球方法

削球是一种防御性技术，具有稳健性好、冒险性小的特点。通过旋转和落点的变化，调动对手，伺机反攻，使对手处于被动，甚至失误。

（1）正手削球。右脚稍后，身体略向右转，双膝微屈，拍形近似垂直，引拍至肩高附近；在来球的下降期，前臂在上臂的带动下，随着身体重心的移动向下、向前、向左挥动，触球的中下部，手腕控制好拍形并有摩擦球的动作。

（2）反手削球。左脚稍后，身体略向左转，拍形竖立，引拍至肩高，前臂在上臂的带动下，随身体重心的移动向下、向前、向右挥动，在来球下降前期触球的中下部，手腕控制好拍形并有一定的摩擦球动作。

2. 削球练习

（1）徒手模仿，做好引拍、挥拍等动作。

（2）用正手或反手削对方发来的平击球。

（3）斜线对斜线或直线对直线；用正手或反手削对方拉过来的球。

（4）一点削多点，或多点削一点。从有规律到无规律。

（5）削球与攻球结合练习。

3. 削球时的注意事项

（1）拍形过分后仰，易出高球或出界。

（2）引拍不到位，限制了前臂的下切动作。

（3）步法不到位，形成用手够球，难以控制球。

三、乒乓球基本战术

（一）发球、接发球战术

1. 发球抢攻战术

发球抢攻是快攻型乒乓球运动员的重要战术之一。发球抢攻的战术意识首先是尽量争取发球直接得分；其次是迫使对方回球质量不高，从而赢得有利的进攻机会；最后才是迫使对方接发球不具备杀伤力，从而自己进行抢攻。

2. 接发球战术

接发球战术是由某一单项攻（冲）球技术所形成的，进攻性强，可变接发球的被动地位为主动地位，也可直接得分，是乒乓球运动各种打法特别是进攻型打法的主要战术。

常用的接发球战术主要有以下几种。

（1）用快拨、快推和拉球回击，争取形成对攻的相持局面。

（2）用快搓摆短回接，使对方难以发力抢攻或抢拉。

（3）对各种侧旋、上旋或不强烈的下旋短球，可用"快点"技术回接。

（4）接发球抢攻或抢拉。

以上四种接发球战术，在比赛中可视场上具体情况灵活运用。选手可采用多种回接方法，给对方制造出各种困难，使其无法适应，从而破坏其发球抢攻或抢拉的战术意图。

（二）对攻战术

对攻是进攻型打法选手互相对垒时常采用的一项重要战术。快攻类打法主要是依靠正手攻球、反手攻球、反手推挡或快拨技术，要充分发挥快速多变的特点，以达到调动对方、有效攻击的目的；弧圈类打法主要是依靠正、反手两面弧圈球技术，充分发挥旋转的威力，以达到牵制对方、增加攻击效力的目的。常用的对攻战术有攻对方两角、对角线攻击、侧身攻、攻追身球、轻与重的结合攻、攻防结合等。

（三）拉攻战术

拉攻战术是快攻打法对付削球类打法的主要战术之一。主要是以连续正手快拉来创造进攻机会，机会出现后，采用突击和扣杀的手段来得分。

（四）搓攻战术

搓攻战术是进攻型选手的一项辅助战术，主要是利用搓球的旋转和落点变化，为进攻创造机会。常用的搓攻战术包括以下三点。

（1）搓球落点变化，伺机进行突击。

（2）搓球转与不转相结合，变化落点伺机突击。

（3）搓拉与落点变化相结合，伺机突击。

（五）削攻结合战术

削攻结合的特点是：由削球和攻球结合而成，常以逼对方两个角加转削球为主，伺机反攻；或以转、低、稳、变的削球，迫使对方在走动中拉攻，使其回球质量不高，从中寻找机会反攻。这种战术具有"稳、逼、变、凶、攻"的特点，是攻、削结合打法的主要战术。

（六）扣、拉、吊结合战术

扣、拉、吊结合战术的特点是：由拉攻战术与放短球相结合而成，是快攻型打法对付削球打法时常用的战术。

第五节　羽毛球运动

一、羽毛球运动概述

1873年，英国公爵鲍弗特在格拉斯哥郡的伯明顿庄园里进行了一次羽毛球表演。从此，羽毛球运动便逐渐开展起来，"伯明顿"也就因此作为羽毛球的英文名称。1893年世界上第一个羽毛球协会在英国成立，并进一步修订了规则，规定了统一的场地标准，确定了羽毛球的形状和重量。1899年在伦敦举行了全英羽毛球锦标赛。

1934年，由丹麦、英国、法国等十多个国家发起成立了世界羽毛球联合会（简称"国际羽联"），总部设在伦敦。国际羽联于1948—1949年举办了第1届世界男子团体赛，于1956年举办了第1届世界女子团体赛。1978年2月，由亚非国家组成的世界羽毛球联合会在香港成立，同年11月举办了第1届世界羽毛球锦标赛。国际羽联和世界羽联于1981年5月26日宣布合并，统一称为"世界羽毛球联合会"。其管辖的主要比赛有汤姆斯杯赛、尤伯杯赛、世界锦标赛、全英羽毛球锦标赛和奥运会比赛等。羽毛球运动于1992年巴塞罗那奥运会开始进入奥运会，其中包括男女单打、男女双打共四个项目。

羽毛球运动是20世纪初传入我国的。1963年前后，随着华侨中的羽坛名将归国，我国羽毛球运动进入了鼎盛时期。进入20世纪80年代以来，中国选手在世界大赛中连续取得优异成绩。

二、羽毛球的基本技术

（一）握拍

1. 正手握拍法

通常正确的握拍与握手姿势非常相似。虎口对着拍柄内侧的小棱边，拇指和食指贴在拍柄的两个宽面上，中指、无名指和小指并拢握住拍柄，掌心不要紧贴，拍柄末端与小鱼际肌相平，拍面与地面基本垂直。

2. 反手握拍法

在正手握拍的基础上，拇指和食指将拍柄稍向外转，食指稍向中指收拢，拇指第二指节顶贴在拍柄内侧的宽面上，中指、无名指和小指并拢握住拍柄，柄端靠紧小指根部，使手心留有空隙。

（二）发球与接发球

1. 发球方法

发球有正手发球和反手发球两种。根据球在空中飞行的弧线，可分为高远球、平高球、平快球和网前球等。现介绍正手发高远球技术和正、反手发网前球技术。

（1）正手发高远球。发高远球站位应靠近中线一侧，离前发球线约1米的位置。右脚在前，左脚在后，身体稍侧对网，两脚与肩同宽，身体重心放在右脚上。发球时，右臂后引，由下而上向右前方挥拍，同时左手放球。挥拍过程中，重心由右脚转到左脚。当球拍挥至右侧稍前下方（击球点）时，右前臂加速，握紧球拍，手腕由后伸经前臂稍内旋至屈收，急速向前上方闪动击球。击球后，球拍随势向左上方减速收回至胸前。

（2）正手发网前球。发网前球的基本动作与发高远球相仿，但站位稍靠前。由于网前发球飞行距离短、弧线低、用力轻，前臂挥动的幅度和手腕后伸的程度要比发高远球小；球拍触球时，拍面从右向左推送击球，使球刚好越网而过，落在对方前发球线附近。

（3）反手发网前球。站位靠近前发球线，左脚或右脚在前均可，身体重心在前脚，上体前倾，后脚脚跟提起。右手反握在拍柄稍前部位，肘关节提起，手腕稍前屈，球拍低于腰部，斜放在小腹前；左手持球在球拍面前方。发球时，球拍由后向前推送击球，使球的最高弧线略高于网顶，球过网而下落在对方前发球线附近。

2. 发球练习

（1）徒手做发球前的准备姿势，模仿发球的动作练习。

（2）在场上两人对练发球或在空地上用多球做发球练习。

（3）先练习发直线球，后练习发斜线球；先练习发定点球，后练习发不定点球。

（4）综合练习各种发球技术。

3. 接发球方法

（1）单打站位。通常站位是在离前发球线约1.5米，靠近中线的位置。左脚在前，右脚在后，双膝微屈，身体重心放在前脚上。后脚脚跟稍抬起，身体半侧向球网，球拍举在身前，两眼注视对方。

（2）双打站位。由于双打发球区较单打发球区短，发高远球易出界和被对方扣杀，所以，双打发球多以发网前球为主，接发球时应站在靠近前发球线的地方。双打接发球的准备姿势与单打基本相同，略有区别之处是身体前倾较大，球拍高举，在球处于最高点时击球。

4. 接发球练习

（1）开始练习接发球时，最好是采用固定的一种基本技术去接对方的单一发球（可用多球）。

（2）练习接球时应在对方球拍触球的瞬间观察球的飞行方向以提高判断能力。

（3）在上述基础上，还要进一步研究控制回球落点，以避免在接球后给对方较多的攻击机会。

（三）击球

羽毛球的基本打法一般分为后场高空击球技术、网前上手击球技术、下手击球技术等。

1. 后场高空击球技术

后场高空击球技术是打好羽毛球的主要手法之一。根据其技术特点的不同，通常可分为高球、吊球和杀球（扣杀）。

（1）高球方法

高球分为高远球和平高球。高远球是指将球击得高而远，球飞至对方底线上空垂直落到有效场区内。平高球是从高远球发展来的，它的飞行速度比高远球快，弧线比高远球低，是后场进攻的有效技术之一。

①正手击直线高球和对角高球。在右后场区击球的位置上，左脚在前，右脚在后，稍屈膝。侧身对网，重心在右脚前掌上，左手自然上举，头抬起注视来球，右手持拍于身体右侧。击球前，重心下降准备起跳。起跳的同时右臂后引，胸舒展。当球降落至额前上方的击球点时，上臂往右上方抬起，肘部领先，前臂自然后摆，手腕尽量后伸，前臂急速内旋往前上方挥动，手腕向前闪动发力（手指由松突然握紧球拍）击球托，球即朝直线方向飞去。若手腕控制拍面击球托的右侧下部，球则向对角方向飞行。击球后，手臂随势自然收至胸前。

②头顶击直线高球和对角高球。由于来球是飞往左后场区，击球点应选择靠近头顶的位置。头顶击直线高球和对角高球的准备姿势和动作要领基本与正手击高球相似，但击球前要求上体稍弓身后仰，以便更好地发力。右上臂往右后上抬，球拍由右后绕过头顶，前臂向前上方经内旋带动手腕突然屈收闪动发力，击球托，球即沿直线飞行。头顶击对角高球，握拍稍有改动，即用拇指和食指向内捻动拍柄，使虎口对准拍柄靠外的小棱边，球拍仍由右后绕过头顶，前臂向右前方内旋带动手腕屈收闪动发力，击球托的左部。击球后，由于前臂内旋明显，惯性作用大，手臂自然往前摆动。回收球拍时，前臂稍外旋，将球拍置于胸前。

③正手头顶击平高球。正手头顶击平高球的准备姿势和动作要领与正手击高远球相似，主要区别在于击球点较击高远球稍前，拍形角度稍前倾。

（2）高球练习

①徒手练习击高球的模仿动作，体会动作要领。

②"一点打一点"，即固定直线或斜线对打。

③"一点打两点",即一人先固定在底线某个角上,先后将高球击往对方底线两个点(直线加斜线高球)。

(3)吊球方法

把对方击来的高球,从后场轻击、轻切或拦吊到对方的网前区,叫吊球。吊球按飞行的弧线和击球动作的不同主要分为劈吊、轻吊和拦截(都有正手、头顶和反手之分)等。

下面以正手劈吊直线球和对角线球、正手轻吊直线球和对角线球为例进行介绍。

①正手劈吊直线球和对角线球。直线劈吊,击球前动作和击直线高球相似。击球时用力较轻,带有劈切动作,落点一般离网较远。不同点击球瞬间前臂突然加速,用手腕的闪动向前下方切击球托的右侧下部,使球越网下坠。击球后,手臂随势自然回收至胸前。对角线劈吊,击球前的动作同正手击对角线高球。不同点是在击球瞬间用加速的力量把球向对角方向切击。击球后,球拍随势自然回收至胸前。

②正手轻吊直线球和对角线球。轻吊击球前动作和劈吊动作相似,不同点是落点离网较近。击球时拍面正对来球,在接触的瞬间,轻切来球,使球一过网即下坠。

(4)吊球练习

①按动作要领进行模仿练习,体会动作要领。

②通过击定点球练习,体会"切击"动作,即采用"挑一点、吊一点"。

③做变向的吊球练习,采用"挑一点、吊两点"。

(5)扣杀球方法

扣杀球是把高球用力向前下方重压、重切或重"点"击球,球飞行的弧线较直,落地快,对对方的威胁较大。扣杀球从手法上可分为正手扣杀、头顶扣杀和反手扣杀;从力量上又可分重杀(杀球力量较大)、轻杀(杀球力量较小)和点杀(力量不大,但速度较快,落点近前场),还有长杀(近底线)和劈杀(切劈)等。

①正手扣杀直线球和对角线球。正手扣杀直线球的准备姿势和动作要领与正手击高球技术大体相同。不同点是右脚起跳后,身体后仰呈反弓后收腹用力。前臂带动手腕用力下压,球拍正面击球托,击球点较击高球稍前,无切击,使球沿直线向前下方飞行。击球后立即回动,右脚向前跨步要大,正手扣杀对角线球的准备姿势和动作要领与正手扣杀直线球相同。不同点是起跳后身体向左前方转动用力,协助手臂向对角方向击球。

②头顶扣杀直线球和对角线球。头顶扣杀直线球和对角线球的准备姿势和动作要领与头顶击高球相同。不同点是挥拍击球时,要尽全力往直线方向或对角方向下压。球拍面与击球方向水平面的夹角小于90°。

③反手扣杀直线球和对角线球。反手扣杀直线球和对角线球的准备姿势和动作要领与反手击高球相同。不同之处是击球前的挥拍力度要大,跳起后身体反弓加上手臂、手

腕的延伸、外展。击球瞬间球拍与扣杀球的水平夹角应小于90°。

（6）扣杀球练习

①按动作要领进行模仿挥拍练习，体会动作要领。

②通过向前下方用力投掷羽毛球（或垒球），体会鞭打动作。

③做定位扣杀练习，即"杀一点或两点"的固定练习（或用多球进行扣固定扣杀球练习），并注意准确性。

2. 网前上手击球技术

（1）放网方法

放网是指运用网前放网技术使球回击到对方网前区域的击球，通常可分为正手放网前球和反手放网前球两种。

①正手放网前球。侧身对右边网前，右脚跨前成弓箭步，重心在右脚上。右手持拍于右侧体前约与肩高，拍面右边稍高，斜对网。左臂自然后伸起平衡作用。击球前，前臂稍外旋，手腕外展引拍至右侧前。击球时手腕稍内收，食指和拇指控制拍面和用力大小，轻切球托把球轻送过网。击球后，在身体重心复原的同时，收拍至胸前。

②反手放网前球。侧身对左边网前，右脚跨前成弓箭步，重心在右脚上。右手反手握拍，持拍于体侧前约同肩高，拍面左边稍高斜对网，左臂自然后伸。击球前，前臂稍内旋，手腕外展引拍。击球时手腕内收，拇指和食指分别贴在拍柄内、外侧的小棱边上，用拇指的推力轻托球把球送过网。击球后，随重心复原收拍至胸前。

（2）放网练习

①徒手挥拍模仿放网动作，体会动作要点。

②利用多球进行正、反手两个部位的放网练习。

③在本场区的中心位置进行上网放网练习。

（3）网前搓球方法

搓球是用网前搓球技术使球带旋转或翻滚而越网至对方前场近网区域内的击球方式。通常可分为正手网前搓球和反手网前搓球。

①正手网前搓球。正手网前搓球的准备姿势同正手放网前球。击球前，前臂外旋，手腕外展引拍至右侧。击球时在正手放网动作的基础上，加快挥拍速度，切搓球托底部或侧部，使球旋转翻滚过网。

②反手网前搓球。反手网前搓球的准备姿势同反手放网前球。击球前，前臂稍往上举，手腕前屈，手背约与网高，拍面低于网顶。击球时，手腕和手指控制拍面角度，用肘关节和腕关节前伸稍下降及前臂稍外旋的合力，搓切球托的侧底部。另外，也可在反手放网前球动作的基础上，前臂稍伸直，手腕由外展到内收，带动球拍向前切送，击球托的

后底部。

（4）网前搓球练习

①徒手挥拍模仿搓球动作，体会动作要领。

②利用多球进行正、反手两个部位的搓球练习。

③一对一站在网前，做送球、搓球或对搓练习。

④在本场区中心位置进行不定点的上网搓球练习。

（5）网前挑球方法

挑球是将对方击来的网前球、吊球、杀球（轻杀）等挑高过网回击至对方后场底线附近区域的击球。它是网前挑球技术的泛称，通常可分为正手网前挑球和反手网前挑球两种。

①正手网前挑球。正手网前挑球准备姿势同正手放网前球。击球前，前臂充分外旋，手腕尽量后伸。击球时，从右下向右前方至左上方挥拍击球。在此基础上，若球拍向右前上方挥动，挑出的是直线高球；若球拍向左前方挥拍，挑出的则是对角高球。

②反手网前挑球。反手网前挑球的准备姿势同反手放网前球。击球前，右臂往左后拉抬时引拍。击球时，前臂充分内旋，手腕由屈至后伸闪动挥拍击球。若球拍由左下向左前上方挥动，则球向直线方向飞行；若球拍由左下向右前上方挥动，则球向对角线方向飞行。

（6）网前挑球练习。

①徒手挥拍模仿挑球动作，体会动作要领。

②利用多球进行正、反手挑球练习。

③进行固定线路的吊、挑球练习。

3. 下手击球技术

下手击球技术属于防守技术，通常可分为接杀球和接吊球两种。

（1）接杀球方法

接杀球技术是指对方扣杀过来的球，己方利用接杀球技术将球回至对方某场区内的接球技术，通常可分为正手接杀球技术和反手接杀球技术。这种技术在不同的位置上利用有关技术配合相应的步法和手法，可打出不同的球，即挡、勾、挑、抽球等。

（2）接吊球方法

接吊球技术是指对方吊过来的球，己方利用接吊球技术将球回击至对方某场区内的接球技术，通常可分为正手接吊球技术和反手接吊球技术。利用这种技术时，在不同的位置上利用有关技术，配合相应的步法和手法，可打出不同的球，即放、挑、勾球等。

（3）接杀球和接吊球练习

①按照动作要领进行正、反手接杀球、接吊球的放网、挡、挑等技术的模仿练习。

②利用多球进行练习。

③定位"一攻一守"的练习（先左或右半场，后再到全场）。

④进行不定位的全场攻守练习。

三、羽毛球的基本战术

（一）单打战术

1. 压后场战术

此战术是采用高远球或平高球反复压对方后场两角，造成对方被动，然后伺机采用杀球和吊球攻击对方空当。此战术用来对付初学者、后退步法慢和急于上网的对手较为有效。

2. 发球抢攻战术

此战术主要是以发网前球和平快球为主，限制对方进攻，迫使对方挑球。然后用杀球和吊球进攻对方的空当和弱点。发球抢攻战术主要用于对付防守能力较差的对手。在比赛进入最后时刻，运用此战术往往会使临场经验不足的对手感到束手无策。

3. 控制网前战术

此战术是通过各种手段主动抢先放网或故意让对方先放网，然后上网重复放网，并与搓、推、勾、扑球结合运用，造成对方网前直接失误或被动挑球，此时抓住有利时机大力扣杀或快速吊球。此战术主要用来对付后场技术较好而网前技术较差的对手。

（二）双打战术

1. 攻人

这是双打中常用的一种战术。对付两名技术水平高低不一的对手时，一般都采用这种战术；对付两名技术水平相似的对手时也可以使用。集中攻击对方一名队员的战术，常能取得成功；在另一名队员赶来协助时，又会暴露出空当，在其不备时又可突袭之。

2. 攻中路

守方左右站位时把球打在两人中间，可以造成守方两人抢接球或同时让球，限制守方在接杀时挑大角度的高球调动攻方，有利于攻方的封网。守方前后站位时把球下压或轻推在边线半场处，这多半是在接发网前球和防守反攻抢网时运用。这种球守方前场队员拦截不到，后场队员只能以下手击球放网或挑高球，后场两角便会露出很大空当，因而有机可乘。

3. 攻后场

这种战术常用来对付后场扣杀能力差的对手，把对方弱者调到后场后也可使用。此战术是用平高球、平推球、接杀挑底线把对方一人紧逼在底线两角移动，在对方还击出半场或网前高球时即可大力扣杀。如在逼底线两角时对方同伴要后退支援，则可攻击网前空当或向后退者打追身球。

4. 后攻前封

后场队员积极大力扣杀，在对方接杀放网、挑高球或企图反击抽挡时，前场队员以扑、搓、推、勾等技术控制网前，或拦截吊封前半场，使整个进攻连贯而又凶狠、凌厉。

第六节　网球运动

一、网球运动概述

网球运动的起源可以追溯到12—13世纪法国传教士在教堂回廊里用手掌击球的游戏。14世纪中叶，这种供贵族消遣的室内活动从法国传入英国，法国王储曾送网球给英王亨利五世。16—17世纪是法国和英国宫廷网球活动的兴盛时期。

1912年3月1日，在法国巴黎成立了国际网球联合会。目前该联合会已发展了100多个会员国。1980年，中国网球协会被接纳为正式会员。

中国的网球运动是在19世纪后期，由英、美、法等国的商人、传教士和士兵相继传入的。中国的第7届全运会上已有网球比赛项目。新中国成立后，网球运动在我国政府的关怀和重视下发展很快。1953年，在天津举行了全国四项球类（其中包括网球项目）运动大会。以后每隔一年或两年举办一次全国性网球比赛。网球作为小球中的一员也将有可能成为我国的优势项目。我国选手李娜取得的成就预示着，只要网球运动本身的价值逐渐被我国各界所认识，我国的网球运动必将在世界网坛上占有一席之地。

二、网球运动的基本技术

（一）东方式握拍法

东方式握拍法分为正手握拍法和反手握拍法。

正手握拍法要点：由拇指与食指形成的"V"字形虎口放在球拍把手的右上斜面，与拍底平面对齐，食指与其余三个手指稍分开，从拍下平面绕过来，食指下关节压在右垂直面上，拇指自然弯曲，握住右垂直面。击球时由手掌根部与食指下关节控制球拍。

反手握拍法是在正手握拍法的基础上，手沿逆时针方向旋转一个平面。其要点是：由拇指与食指形成的"V"字形虎口放在把手的左上斜面上，手掌根部贴在拍的左上斜面，与拍底对齐，食指与其余三个手指稍分开，食指下关节压在右上斜面，拇指一般贴在左垂直面上，拇指末节稍弯曲贴住左下斜面。

（二）击球准备姿势

要点：面向对方场区站立，两脚开立略宽于肩，右手握拍柄，左手扶着拍颈部分，持拍于体前；两膝微屈，上体略前倾，脚跟稍抬起，重心置于前脚掌间，保持便于迅速起动的姿势，两眼注视对手或来球。

（三）正、反手击球法

1. 正手击球

以右手为例。右手握拍柄，左手扶拍颈上，拍头高于手腕，眼睛注视着对方来球。当判断出对方来球的方向时，球拍开始后摆，一直到拍头对着球场后方为止，向后挥拍的同时向右转体，在左脚迈出的同时左肩对网、屈膝使拍子下降到击球点，然后向前向上挥拍把球击出。击球后，球拍必须有力地继续向前挥动到左肩前面比肩较高处，然后迅速还原准备击下一个来球。

2. 反手击球

以左手为例。反手击球与正手击球的身体动作基本相同，两者不同之处是反手击球点应更靠前。所以，反手击球时必须更早地向球跨出左脚，并向右挥拍，当球飞向反手位置时，立即转动击球手的肩部，同时带动拍子后撤，形成侧身对网。击球时手臂充分前伸，与拍面垂直。

（四）发球

基本的发球类型有三种，即侧旋球、平击球与强烈旋转球。其中最常用的是侧旋球。下面以右手握拍为例，介绍这三种发球技术。

1. 侧旋球

发侧旋球时，左手抛出的球应离右肩至少30厘米。右手臂跟进动作是以自己身体的右上方迅速有力地划向下方。球的旋转是由拍面与球的接触角度以及身体、手臂的跟进动作产生的。为了加强发球的旋转性，应该尽量把手臂抬高，在高处发球。同时手臂与身体的跟进动作要尽可能一气呵成，不要中途停顿。

2. 平击球

平击球是力量最大的发球,击出的球速最快,很少旋转,因此也称之为"炮弹式"发球。发平击球的抛球动作与侧旋球是一样的。不同的是，其击球点靠前上方，要把拍面转过来正面对球，同时手腕从后向前抖甩下扣，使拍面与球后上方接触，球向前下方飞出。

3. 强烈旋转球

强烈旋转球也称为美式旋转球。这是一种难度很大的发球，一般只有具备熟练网球技术的高个子选手才采用，发强烈旋转球，抛球较侧旋球低，球应抛向身体前上方。收拍要尽可能低，腰向右后方扭转，以保证有足够的动量使球强烈上旋。

（五）接发球

（1）准备接发球时，身体重心稍高些。

（2）向前迎击球，主动进攻，不要被动应付。

（3）挥拍后摆动要小，把注意力集中在球上。

（4）击任何球时，手腕都要固定，拍头不能掉在手腕下面。

（六）随击球与截击球

1. 随击球

随击球是一种接近网前的打法，可以在球落地后打，也可以在空中打。击随击球的位置，一般是在发球线附近，也就是说在底线和球网中间的地方。对方打过来较弱的球是击随击球的好机会。随击上网是网球运动中另一项重要的击球技术。

2. 截击球

球落地前被凌空拦截，称为截击。截击球分正手截击球和反手截击球。这是一项很重要的基本技术，是战术中主动进攻得分的一种方法。

（七）反弹球

反弹球是在球落地后，刚开始弹起来时立即打的球。

（八）挑高球与高压球

1. 挑高球

当自己处于被动或对方高压球不好时利用挑高球来破坏对方的优势，变被动为主动。

挑出线的高球，可以破坏对方的节奏，也可以迫使对方由网前退回底线，还可以调动对方前后左右奔跑，自己争取主动上网。

2. 高压球

高压球又称扣杀或猛扣，即将对方挑过来的高球，自上而下扣压到对方场区的球。高压球要及时侧身，早举球拍，眼睛看准球，找准击球点。高压球一般以平击高压为主，也可以用切削高压打出好的角度和落点。当对方挑高球挑得很高、很深时，可打落地高压球。打这种球要快速侧身后退，后退时眼睛不能离开球，要求步子退后，然后再向前做高压击球动作。

三、网球基本战术

（一）发球战术

1. 右区发球

站在右区发球时，第一发球一般采用平击大力发球。站位靠近中点，发向对方右发球区中线附近，迫使对方用反手接发球。第一发球若失误，则第二发球一般应采用侧旋球发向对方右发球区边线附近，利用侧旋迫使对方离开场区接球，自己则可以占据场中有利位置等待回击。

2. 左区发球

站在左区发球时，第一发球有90%可以发到对方左边线附近，即对方的反手边。同时，根据对方的情况随时调整发球类型。左区第一发球的第二个目标是对方场区的中心线附近。这种发球的机会在比赛中大概占10%，当对方为了接反手球而离中点较远时，可以突然采用平击大力发球，使对方不得不跑回场区中间用正手接球。这种发球具有突然性，往往可以直接得分。

（二）接发球战术

1. 右区接发球

当对方在右区发球后仍留在端线附近时，则回球可以把球击向对方端线的两角之一。

一般情况下，当对方把球发向自己反手时，回球也击向对方的反手。记住，应把球击向安全范围内，不要企图一下子置对方于"死"地，接发球仅仅是比赛的开始。

2. 左区接发球

当对方在右区发球后仍留在端线附近时，回球时则与对付右区发球的方法一样，把球击到对方两角。

这两种接发球的动作要领相同，手腕应固定，利用拍面与来球所形成的不同水平角度来控制回球方向，球要击得深。

（三）对角线战术

为了最大限度地调动对方，消耗其体力，应该设法让其做对角线跑动。

第十二章 体育健康——健美操运动实践

第一节 健美操运动概述

健美操是我国体育运动的一个新兴项目。它起源于生活，起源于人类对于人体健美的追求，它是体操、舞蹈、音乐三者有机结合的产物。

一、概述

健美操是在音乐伴奏下，以身体练习为基本手段、以有氧运动为基础，以达到增进健康、塑造形体和娱乐为目的的一项体育运动。

健美操起源于传统的有氧健身运动，是有氧运动的一种，通常采用徒手或轻器械进行练习，是持续一定时间的、中低程度的全身性运动，主要影响练习者的心肺功能。在长期的实践过程中，健美操已从一项纯粹的健身运动逐步发展成为具有独立竞赛体系的体育运动项目，在运动形式、动作技术特征以及竞赛组织方法等方面有着自身的特点。

健美操传入我国是在20世纪80年代初，虽然健美操运动发展历史不长，但已深受各层次学生的喜爱，并且在高校和社会上普及开来。健美操不仅突出动作的"健"和"力"的特点，而且更强调"美"，将人体语言艺术和体育美学融为一体，使健美操运动成为极具观赏性的运动项目。在不断发展过程中，健美操已逐渐形成一套科学的健身、训练和竞赛体系。

二、健美操的特点

1. 艺术性

健与美是健美操的主要特性之一，是建立在人体活动基础上对健康、力量和美丽的追求，包含有很强的艺术性因素。健美操动作协调、流畅、有弹性，既注重外在美的锻炼，又强调内在美的塑造，练习者不仅锻炼了身体，而且从中获得了美的享受，提高了审美意识和艺术修养。健美操所表现出的健美的体魄、高超的技术、流畅的编排等，充分体现了健美的特性和艺术性。

2. 节奏性

健美操运动除了练习本身的功效性、动作的时代感外，还通过现代音乐给人们带来活力，充分体现其强烈的节奏性特点。健美操音乐的节奏强劲有力，有优美的旋律，可以烘托气氛，激发人们参与体育、参与生活的热情。健美操动作与音乐的强烈节奏性使健美操练习更具有感染力，其比赛和表演更具有观赏性。

3. 力度性

健美操是以力度为基础，表现出力量、力度、弹力和活力的综合，是完成连续复杂和高难度的动作，靠人的身体语言来传递和表达内心信息的运动，可充分表现出人体健的风采、美的神韵、力的坚韧，具有强烈的表现力、感染力和吸引力。健美操的展示需要连续的动作组合、柔韧性和力量，并要有一定的高难度动作，需要练习者具备良好的身体素质、充沛的体能以及完成高难度动作的能力。

4. 大众性

健美操以其生动活泼、轻松自如、随心所欲的运动形式深受大众欢迎。健美操练习形式丰富多样，徒手或借助轻器械均可，节奏有快有慢，动作难易程度、运动量和运动强度因人而异，适合不同层次的人群进行锻炼，且不受场地、环境、气候等条件的影响。通过健美操锻炼，练习者的呼吸系统、心血管系统及大脑中枢神经都能得到良好的锻炼，达到锻炼身体、娱乐身心、保持健康的目的，满足其身心需求。

三、健美操的锻炼价值

1. 增强体质，增进身体健康

经常从事健美操锻炼，可以提高心血管系统、呼吸系统和消化系统机能；增强心肌收缩力，提高机体的供血、供氧能力；增强呼吸肌力量，加深呼吸深度，增大吸氧量，提高机体的有氧代谢能力；有效刺激肠胃蠕动，增强消化机能，有助于营养物质的吸收和利用，提高机体对疾病的抵抗能力。

2. 改善体形，培养端庄体态

健美操强调身体的协调发展，养成健美的姿态，对身体比例的均衡产生积极的影响。健美操不仅能有效增加胸背肌肉的体积，消除腰腹部沉积的多余脂肪，塑造完美的体形，使身体变得更加丰满，线条更加优美，而且还可以矫正不正确的身体姿势，获得端庄优雅的体态。

3. 陶冶情操，调节心理活动

健美操是在音乐伴奏下进行的身体练习。在悠扬而节奏感强的音乐熏陶下，练习者抛却烦恼，心情愉悦，神清气爽，精神面貌和气质修养都得到了改善和提高，身体得到全面调节。健美操既可以单独练习，也可以结伴活动，在群体活动中更会起到调适与他人的良好关系，增加与人的交往，提升社会交往能力，增进友谊，提高群体意识的作用。

4. 提高素质，增强身体机能

健美操节奏感强，动作幅度大，追求美感和动作力度，经过长期锻炼，可提高机体肌肉的力量、弹性和韧带的柔韧性，有效、全面地提高身体素质。同时，健美操动作的路线、方向、速度、类型、力度等不断变化，可以加强人对动作的记忆力和再现力，提高神经系统的灵活性和均衡性，全面发展人的协调性。

四、健美操的分类

世界健美操和我国健美操种类众多，分类方法也不尽相同，依据健美操活动的目的和所要解决的主要任务为标准来划分，归纳起来可分为健身健美操、竞技健美操、表演健美操三大类。

1）健身健美操是以锻炼身体、增进健康为主要目的的健美操。

2）竞技健美操是在健身健美操的基础上提高和发展起来的一项新兴的竞赛项目。

3）表演健美操是以在表演过程中展示美的姿态、美的追求及人身价值为目的的健美操。

第二节 健美操基本动作和动作组合

一、健美操基本动作

健美操基本动作是健美操的核心，是各种动作产生和发展的基础，在编排动作时可以在基本动作的基础上进行变化，从而形成一个相对复杂的动作组合。通过基本动作练习可以培养正确的基本姿态，体会动作的用力和内在感觉，掌握整个动作韵律，建立正确的动作技术概念。同时通过加强身体基本姿态的塑造，真正达到塑形健体的目的。基本动作内容主要包括下肢动作、上肢动作和躯干动作。这里只介绍传统有氧健美操的基本动作和技术。

1. 下肢动作

健美操的下肢动作以基本步法为主，它是进行健美操练习的主要手段。所有步伐可按冲击力分为三种：无冲击力动作（指两脚始终接触地面，身体重心在两脚之间，没有腾空的动作）、低冲击力动作（指有一脚始终接触地面的动作）和高冲击力动作（指腾空阶段，对身体有一定的冲击力的动作），许多低冲击力动作同时也可以做成高冲击力动作。根据动作完成形式的不同，可将基本步伐分成五大类：交替类、迈步类、点地类、抬腿类和双腿类。

（1）交替类：此类动作两脚依次抬起，交替落地，在下落时膝、踝关节有弹性地缓冲。

1）踏步：2拍节，两腿原地依次抬起，依次落地。技术要点：下落时，踝、膝、髋关节依次有弹性地缓冲。

2）走步：4拍节，迈步向前走时，脚跟先落地，过渡到全脚掌，向后走时则相反。技术要点：落地时，踝、膝关节有弹性地缓冲。

3）一字步：4拍节，一脚向前一步，另一脚并于前脚，然后依次还原。技术要点：向前迈步时，先脚跟着地，过渡到全脚掌；前后均要有并腿过程；每一拍节动作膝关节始终有弹性地缓冲。

4）V字步：4拍节，右脚向右前方迈一步，左脚随之向左前方迈一步，起点与两脚成"V"字形，然后依次退回原位。技术要点：迈步时，先脚跟着地，注意屈膝缓冲，重心在两脚之间。

5）漫步：2拍节，一脚向前迈出，屈膝，重心随之前移，另一脚稍抬起，然后原地落下；或向后撤一步，重心后移，另一脚稍抬起，然后原地落下。技术要点：两脚始终保持交替落地状态，重心随动作前后移动，但始终在两脚之间。

6）跑步：2拍节，两脚经过腾空，依次落地缓冲，两臂屈肘摆臂。技术要点：落地屈膝缓冲，脚跟有落地过程。

（2）迈步类：此类动作是指一脚先迈出一步，移重心到该腿，另一脚用脚跟、脚尖点地或做并步，或做吸腿、屈腿、踢腿等动作。

1）并步：2拍节，一脚迈出，另一脚随之并拢屈膝点地。技术要点：迈出脚落地时注意屈膝缓冲，两膝始终保持弹动，动作幅度和力度可随风格而定。

2）迈步点地：2拍节，一脚向侧迈一步，两脚经屈膝移重心，另一脚在前、侧或后用脚尖或脚跟点地。技术要点：两膝同时有弹性地屈伸，重心移动轨迹呈弧形，上体不要扭转。

3）迈步吸腿：2拍节，一脚迈出一步，另一腿屈膝抬起。技术要点：迈出脚落地时注意屈膝缓冲，抬膝时支撑腿稍屈膝。

4）迈步后屈腿：2拍节，一脚迈出一步，另一腿后屈。技术要点：迈出脚落地时注意屈膝缓冲和移重心，支撑腿稍屈膝，后屈腿的脚跟靠近臀部。

5）侧交叉步：4拍节，右（左）脚向侧迈一步，左（右）脚在其后交叉，右（左）脚再向侧迈一步，左（右）脚并拢，屈膝点地。技术要点：第一步脚跟先落地，身体重心快速随着脚步移动,保持膝、踝关节的弹动。

(3)点地类:此类动作是一腿屈膝站立,另一腿伸出,用脚尖或脚跟做点地动作,然后还原到并腿姿势。

1)脚尖点地:2拍节,一腿稍屈膝站立,另一腿伸出,脚尖点地,然后还原到并腿姿势。可做向侧、向前和向后的脚尖点地。技术要点:支撑腿随动作有弹性地屈伸。

2)脚跟点地:2拍节,一腿稍屈膝站立,另一腿伸出,脚跟点地,然后还原到并腿姿势。只可做向前和向侧的脚跟点地。技术要点:支撑腿随动作有弹性地屈伸。

(4)抬腿类:一腿站立,另一腿抬起的动作。

1)吸腿:2拍节,一腿屈膝抬起,落下还原。技术要点:支撑腿保持屈膝弹动,大腿上抬超过水平,上体保持正直。

2)踢腿:2拍节,一腿稍屈膝站立,另一腿上踢,然后还原。技术要点:踢起腿伸直,有控制,保持上体正直。

3)摆腿:2拍节,一腿稍屈膝站立,另一腿做摆动。技术要点:摆起腿伸直,有控制。

4)弹踢腿(跳):2拍节,一腿站立(跳起),另一腿先向后屈,再向前下方弹踢、还原。技术要点:腿弹出时要有控制,保持上体正直。

5)后屈腿(跳):一腿站立,另一腿向后屈,还原。后屈腿跳时,两条腿做交替后屈,不还原。技术要点:两膝并拢,脚跟靠近臀部。

(5)双腿类:双腿站立,身体重心在两脚之间的动作。

1)半蹲:2拍节,两腿有控制的屈伸。可分为并腿半蹲和分腿半蹲。技术要点:分腿半蹲时,两腿左右分开稍大于肩,脚尖稍外开,膝关节角度不小于90°,方向与脚尖方向一致,臀部向后下方45°,上体保持直立。

2)并腿跳:1拍节,两腿并拢跳起。技术要点:落地缓冲有控制。

3)分腿跳:1拍节,分腿站立屈膝半蹲,向上跳起,分腿落地屈膝缓冲。技术要点:屈膝半蹲时,大、小腿夹角不小于90°。

4)开合跳:4拍节,由并腿跳起,分腿落地,再由分腿跳起,并腿落地。技术要点:膝关节沿脚尖方向屈起,夹角不小于90°,脚跟有落地过程。

5)弓步跳:2拍节,由并腿跳起,落地成弓步,还原。技术要点:收腹离腰,重心在两脚之间。

2. 上肢动作

上肢动作主要包括上肢的各种动作和手形。上肢的动作主要有臂的各个方向的举、屈伸、摆动、绕和绕环、交叉、屈臂的摆动、上提、下拉、胸前推、肩上推及冲拳等动作。

(1)屈臂摆动:屈肘前后拍动,同时或依次。肩部放松。

（2）屈臂提拉：臂由下举，经体前平屈提至胸前平屈，还原。

（3）屈臂胸前推：立掌，屈臂由肩部向前推。

（4）冲拳：屈臂握拳，由腰间冲至某位置。

平型是手臂动作的延伸和表现，运用得好，会使健美操动作舒展，使动作更加丰富，更具有感染力。健美操中的手形主要有以下几种。

（1）掌形：五指伸直并拢或五指伸直张开。其主要有并掌、立掌、五指、开掌、花掌等。

（2）拳形：握拳，拇指在外，大拇指贴于食指和中指的第二指节处。

3.躯干动作

躯干动作主要有胸背部的含胸、展胸、俯卧撑以及提肩和沉肩等；腰腹部的仰卧起坐，站立侧屈，站立转体和俯卧两头起等。

二、健美操动作组合

1.头部组合 8×8 拍

预备姿势：两脚开立、两手叉腰。

第一个8拍。

1~2拍：两腿屈膝半蹲，同时头前屈；3~4拍：还原；5~8拍：两腿屈膝半蹲，两臂侧举，头后屈；7~8拍：还原。

第二个8拍。

1拍：右腿屈膝，左腿直立，左臂侧下举，右臂肩下屈，握拳，并向左顶髋、头向左屈；2拍：还原；3拍：同1拍；4拍：同2拍，但两臂于体前交叉；5~6拍：两腿屈膝半蹲，左臂侧下举，右臂肩下屈握拳，头向左屈；7~8拍：还原。

第三个8拍同第一个8拍。

第四个8拍同第二个8拍，但方向相反。

第五个8拍。

1~2拍：右腿屈膝成右侧弓步，两手叉腰，头向左转；3~4拍：还原；5~7拍：头向左右平移3次；8拍：还原。

第六个8拍。

1~4拍：头经前屈向左绕环一周；5~6拍：左侧弓步，头向左前方甩；7~8拍：还原。

第七个8拍和第八个8拍同第五个8拍和第六个8拍，但方向相反。

2. 上肢组合 12×8 拍

预备姿势：直立。

第一个 8 拍。

1 拍：左脚上步，左臂前举；2 拍：右脚上步，右臂前举；3 拍：左脚上步，左臂侧举；4 拍：右脚并于左脚，右臂侧举；5 拍：两腿屈膝半蹲，左臂上举，头右转；6 拍：还原于两臂侧举；7 拍：两腿屈膝半蹲，左臂上举，右臂落于体侧，头向右转；8 拍：还原。

第二个 8 拍。

1 拍：左脚上一步，两腿屈膝，两臂向左侧摆至右侧举，右臂胸前平屈，两手握拳；2 拍：两脚后退一步，两臂落至于体侧；3 拍：左脚后退一步，两臂向右侧摆至右臂侧举，左臂胸前平屈，两手握拳；4 拍：右脚并于左脚，两臂于体侧；5 拍：左脚向侧一步呈屈膝半蹲，左臂侧举，右臂胸前平屈；6 拍：右脚并左脚直立，两臂上举，掌心向前；7 拍：左脚向侧一步成屈膝半蹲，右臂侧举，左臂胸前平屈；8 拍：右脚并左脚直立，两臂于体侧。

第三个 8 拍。

1~2 拍：左脚向侧一步承左侧弓步，左臂侧上举，五指张开，掌心向前；3~4 拍：两腿开立，左臂肩侧屈，握拳；5 拍：左侧弓步，左臂侧上举，掌心向前；6 拍：同 3~4 拍；7 拍：同 5 拍；8 拍：还原成开立。

第四个 8 拍。

1~2 拍：两腿屈膝半蹲，两臂肩上屈，两手扶头、头前屈；3~4 拍：两腿开立，两臂侧举按掌头正；5~8 拍：两臂上下上小幅度震动 4 次，两手勾腕。

第五个 8 拍。

1~2 拍：两腿屈伸一次，两臂以肘为轴向内绕环一周；3~4 拍：两腿开立，两臂以肘为轴向外绕环一周；5~6 拍：右腿屈膝内扣，左臂向外旋，右臂向内旋；7~8 拍：同 5~6 拍，但方向相反。

第六个 8 拍。

1 拍：左脚上步，两臂前举握拳。2 拍：右腿并左脚，两臂胸前平屈。3 拍：左脚回退一步，两臂伸直前举。4 拍：右面脚向侧一步成开立，两臂打开成侧举。5~6 拍：右侧弓步，左手叉腰，右臂上举，掌心向前向左震动 2 次，并向左顶髋 2 次。7~8 拍：两臂向左侧振一次，同时向左顶髋一次。

第七个 8 拍至第十二个 8 拍同第一个 8 拍至第六个 8 拍，但方向相反。

3. 躯干组合 12×8 拍

预备姿势：直立。

第一个 8 拍。

1~2拍：左脚向侧一步开立，两臂经前举向侧打开扩胸一次；3~4拍：右腿左后一步呈左弓步，两手叉腰，振胸2次；5~6拍：右脚向侧一步呈左弓步，提踵立，上体向左转一次，右肩向内收展一次，并还原开立；7~8拍同5~6拍。

第二个8拍。

1拍：两腿屈膝半蹲，左臂侧下举，右臂肩下屈，五指张开，两手掌心向后，同时上体向左侧屈；2拍：还原开立，两臂胸前交叉，掌心向内；3~4拍：同1~2拍；5~6拍：右腿直立，左腿侧点地，两臂经侧摆至上举，上体向左侧屈；7~8拍：右腿向左后交叉呈左弓步，左臂经胸前平屈向侧打开成侧举，掌心向前，五指张开，右手叉腰。

第三个8拍和第四个8拍同第一个8拍和第二个8拍，但方向相反。

第五个8拍。

1~2拍：向左转45°，同时左脚向侧一步，两臂经前举交叉打开至左臂肩侧上屈，右臂侧举，两手握拳，同时振胸两次；3~4拍：右脚并于左脚，同时左臂侧举，右臂胸前平屈，两手五指张开，振胸两次；5~6拍：同1~2拍。但左脚向侧一步；7~8拍：同3~4拍。

第六个8拍。

1~4拍：两腿经屈膝半蹲，上体稍前屈含胸低头，两臂上举，接着膝、髋、腰、胸、颈各关节依次向前上方伸展，同时两臂经前下向后绕至上举成挺胸抬头站立姿势；5—6拍：右腿屈膝站立，左腿屈膝前提吸，同时含胸低头，两臂于胸前交叉屈；7—8拍：左脚上前一大步屈膝成前弓步，同时两臂向外打开至侧上举，挺胸抬头。

第七个8拍同第五个8拍，但方向相反。

第八个8拍。

1~4拍：同第六个8拍的1~4拍；5~8拍：同第六个8拍的5~8拍，但腿的方向相反。

第九个8拍。

1~4拍：左脚向侧一步，同时向左平转360°呈开立，右臂与体侧至左臂上举，掌心向前；5~6拍：两腿屈膝半蹲，上体向左转180°，右脚前脚掌点地，两臂侧举，掌心向前；7~8拍：身体向右转180°，两腿伸直开立，并还原至开立。

第十个8拍同第九个8拍，但方向相反。

第十一个8拍。

1拍：左脚向侧一步，右脚在左后方点地，右臂胸前平屈，掌心向内，左臂侧上举，眼看下方；2~4拍：做踏步翻身360°，左腿屈膝站立，右腿屈膝在左后方点地，两臂侧举，眼看前下方；5~8拍：左腿向侧一步，右腿向左后方一大步，脚尖点地或呈左前弓步，同时两臂经肩侧屈成右臂上举，左臂侧举，腰向左侧屈。

第十二个 8 拍同第十一个 8 拍。

4. 下肢组合：24×8 拍

预备姿势：直立。

第 1 个 8 拍

1~2 拍：两腿提踵一次，两臂前举，两手握拳一次；3~4 拍：两腿提踵一次，两臂上举，两手握拳一次；5~6 拍：两腿屈伸提踵一次，两臂侧举，两手握拳一次；7~8 拍：两腿屈伸提踵一次，两臂于体侧握拳一次。

第 2 个 8 拍同第一个 8 拍。

第 3 个 8 拍。

1~2 拍：左腿屈膝经前提吸向左打开至直立，两臂侧举；3~4 拍：左腿屈膝经侧提吸向前合拢至直立；5~6 拍：右腿屈膝，左腿右前下点地，左臂后上举，右臂前下举；7~8 拍：还原。

第 4 个 8 拍同第三个 8 拍，但方向相反。

第 5 个 8 拍。

1~2 拍：左腿上步交叉在右脚前，两腿屈膝，两臂胸前交叉；3~4 拍：右腿侧伸点地并向右顶髋，两臂侧平举；5~8 拍：同 1~4 拍，但脚的方向相反。

第 6 个 8 拍。

1~2 拍：左脚后退一步交叉在右脚后；两腿屈膝，两臂胸前交叉；3~4 拍：右腿侧伸点地并向右顶髋，同时两臂经侧摆至上举手指打响一次；5~8 拍：同 1~4 拍，但脚的方向相反。

第 7 个 8 拍。

1 拍：右腿屈膝半蹲提踵一次，左腿右前点地，同时两臂自然向左摆动；2 拍：右腿屈膝半蹲提踵一次，左腿向左后伸直点地，同时两臂自然向右摆动；3 拍：同 1 拍；4 拍：还原；5 拍：左脚向侧一步呈半蹲，左臂侧举，右臂胸前平屈；6 拍：右脚并左脚呈提踵立，两臂上举；7 拍：同 5 拍，但手臂方向相反；8 拍：右脚并左脚呈直立。

第 8 个 8 拍同第七个 8 拍，但方向相反。

第 9 个 8 拍。

1~2 拍：左脚开始前提膝向前走足尖步 2 次，同时左臂肩上屈于头后，右臂屈肘贴于体后；3 拍：右腿屈膝，左腿向侧伸直点地，同时左臂侧举，掌心朝前；4 拍：还原；5~6 拍：右脚向前并步跳一次，左臂前举，右臂侧举；7~8 拍：同 5~6 拍，但方向相反。

第 10 个 8 拍。

1~2 拍：左腿屈膝，同时右腿向前一步左转 90°，右脚侧点地，并向右顶髋一次；

两臂经肩侧屈至左臂上举，右臂侧举，五指张开，掌心向前；3~4拍：同1~2拍。但左转180°；5~6拍：同1~2拍；7~8拍：还原。

第11个8拍和第12个8拍同第九个8拍和第十个8拍，但方向相反。

第13个8拍。

1~2拍：左脚开始原地后踢跑2次，同时两臂胸前屈前摆一次，两手握拳，掌心向内；3~4拍：继续原地后踢腿跑2次，同时两臂经前下摆至肩侧屈一次，拳心相对；5~8拍同1~4拍。

第14个8拍同第十三个8拍。

第15个8拍。

1拍：向左移重心跳呈左侧弓，右脚脚跟侧点地，同时两臂经前举摆至左臂胸前平屈，右臂侧举，左手拳心向内，右手拳心向前；2拍：两脚跳成并步，两臂前举；3~4拍同1~2拍，但方向相反；5~8拍同1~4拍。

第16个8拍。

1拍：跳起成两脚开立，两臂侧举；2拍：跳起还原；3拍：跳起成两脚开立，同时两臂经体前交叉向外绕至侧举；4拍：跳起成并步，同时左手叉腰右臂前举按掌；5—8拍：原地跳4次，同时向左转体360°。

第17个8拍同第十五个8拍，方向相反。

第18个8拍。

1~3拍：同第十六个8拍的1~3拍；4拍：同第十六个8拍的1拍，但手臂方向相反；5~8拍：同第十六个8拍的5~8拍，但方向相反，第8拍还原成右腿站立、左腿屈膝后踢，两臂侧屈按掌。

第19个8拍。

1~8拍：左脚开始向前踢弹腿4次，两臂向前推掌4次。

第20个8拍同第十九个8拍，但两臂向上伸展4次，并还原成直立。

第21个8拍。

1~2拍：左腿后踢，右脚原地小跳2次，同时左臂上举（掌心向外），右臂体侧下举（掌心向内）；3~4拍：同1~2拍，但方向相反；5：同1~2拍；6：同3~4拍；7~8拍：同1~2拍。

第22个8拍同第二十一个8拍，但方向相反。

第23个8拍。

1~8拍：左脚开始原地踏步8次，两臂自然前后摆动，并还原直立。

第三节　健美操套路

这套健身操动作总长度为12个8拍。其动作强度适中，具有很好的锻炼价值，可作为学校健身课使用。

第1个8拍：1左脚向前一步，同时右臂前屈（握拳）；2右脚向前并步，左臂前屈（握拳）。3~4左脚向后一步，右脚向后并步；同时两手胸前击掌2次。5~8同1~4动作。

第2个8拍：1~2左并步；1两臂侧上举（掌心向前），2两臂胸前交叉。3~4右并步：3两臂侧下举（掌心向前），4还原。5~8同1~4。

第3个8拍：1~2迈左脚V字步，同时左右臂依次侧上举。3~4两手胸前击掌2次，同时转体180°。5~8同1~4动作。

第4个8拍：1~2左迈步左腿；同时两臂伸屈一次。3~4同1~2，方向相反。5~8同1~4，方向相反。

第5个8拍：1~4右后交叉步；同时1~3两臂侧平举（掌心向下），4向右转体成立正姿势。5右脚向右一步，两臂经侧上举击掌。6左脚并右脚，左臂侧平举，右臂胸前平屈，头左转。7~8同5~6，方向相反，且8还原成立正姿势。

第6个8拍：1~2左脚向45°。方向迈步后吸右腿；同时1两臂前举（握掌），2向右收臂。3~4同1~2，唯3右腿后伸（前脚掌着地）。1~6退步还原成立正姿势，同时双臂经右至左摆成两臂侧举。7~8击掌2次，7拍90°。左弓步；8拍后曲腿。

第7个8拍：1~2右侧并步（2转体90°），同时屈臂扩胸含胸并击掌一次。3~4同1~2。5~8同1~4。

第8个8拍：1~2右脚点地，同手臂上举（开掌，掌心向前）。3~4右腿收回，两臂胸前平屈外绕（握拳）。5~8同1~4，方向相反。

第9个8拍：1~2向右转体，右脚向前迈一步吸左腿；同时1两臂前举（拳心向下），2屈臂，两手收置腰间（拳心向上）。3~4还原。5~6左脚向前迈步吸腿，手同1~2。7~8还原。

第10个8拍：1~4迈右脚做漫步接转体180°，同时1手臂侧上举（花掌），3~4还原。5~6向左迈步呈左弓步侧，同时右臂侧上举，左臂侧举。7~8还原，击掌2次。

第11个8拍：1~2出右脚做前并步跳；同时两臂侧举。3~4同1~2，方向相反。5~8十字步；同时5两手抱头，6两臂侧下举，7~8两臂还原。

第12个8拍：1右脚向右前方迈一步；同时两臂前举（拳心向下）。2吸左腿；同时两臂胸前平屈。3右腿屈，左腿向右前方伸（左脚前掌点地），同时身体后倒，两臂斜下举。4 同 2。5~6 左脚后点地成右弓步，同时身体稍右转前倾，左臂右斜下举。7~8 还原。

第四节 健美操编创指导

编创健美操是一项十分复杂的工作，其基本要求是有新意，具有独特的风格特点，力求动作完美、结构美、音乐美、编排美协调统一；同时又要求有一定的运动负荷，能起到强身健体的作用；还要符合规程、规则要求，具有可比性和竞技性。因此，健美操的编创必须了解和掌握以下几点。

一、健美操的编创目的

1. 改善精神状态

在现代社会中，人类活动更多的是由单纯的体力型变为脑力活动，高密度的人群与现代化的工业生产模式给人们精神上造成了越来越大的压力与负担，一方面是体能活动的减少，另一方面是脑力工作的加大与精神压力的增加，是造成现代人很多疾病与心理障碍的重要原因之一。现代的生活方式，即人类从原来"大家庭"转变成为"小家庭"，钢筋水泥把人们禁锢在狭小的空间内，人际交往减少是造成心理问题的又一重要因素。科学和适当的体育锻炼可以使人的肌体疲劳得以缓解，优美动听的音乐可以愉悦身心，健美操综合了这两个方面的特点，因此能够使人的疲劳状况得以缓解。它通过热情奔放的动作与强烈的节奏及丰富的展现力，使人们在锻炼的同时，释放心中的压抑与烦恼，从而使人们的心理压力得以缓解。集体锻炼的形式为人际交往创造了条件。

2. 竞赛

健美操作为一项体育运动项目，体现了人体在力量、柔韧、协调、节奏感、审美及表现力等诸多方面的综合能力。根据它的不同特性，按动作的难易和运动强度的高低，区别出不同的层次，可以作为评价运动能力、健康水平等方面的标准。我国现已公布了区别运动等级的《健美操等级运动员规定动作》及区别健康水平的《健美操大众锻炼标准》，这些等级中大部分为规定动作，但我们仍可以通过其他套路的编创用以达到或接近这些标准。

自 1985 年美国首创有氧操比赛至今，健美操已逐渐形成为竞技性的体育运动项目。各种赛事众多，影响日益扩大。竞赛是通过围绕对各个运动员的健美操套路的评价及完成情况的评价而进行的。套路本身作为基础，它的编创就显得尤为重要。

二、健美操的编创原则

1. 目的性原则

健美操可以根据不同的锻炼目的分为形体健美操、减肥操、矫正操等。健美操的编创应针对练习者的生理、心理、爱好、接受能力以及参与健美操活动的需要等不同,切合实际、有所侧重、有的放矢地进行,力求做到因人而宜。风华正茂的学生,文化素质高,接受能力强,有热情,体力充沛,精力旺盛。因此,在编创健美操时应注意选择健美大方、充满青春活力、体现时代特征、富有艺术性和趣味性的动作。

2. 科学性原则

健美操的编创应严格遵循运动的生理解剖规律。每次运动的负荷应从小到大,动作由简到繁,强度由弱到强逐步增加身体负荷。当达到和保持一定运动负荷后再逐步减少运动量,使心率变化由低到高逐渐上升,然后再逐渐恢复到平静状态。

3. 全面性原则

人体各部分之间、各器官系统机能之间是相互联系、相互制约的。为了达到全面增强身体的目的,在编创成套健美操时,要尽可能充分地动员整个机体参与运动,使身体各部分的肌肉、关节、韧带及内脏器官得到全面发展。在每个部位尽可能全面运动的基础上,应重视编排健美操的不对称动作。

4. 创新性原则

创新是健美操的生命,因此,创新性是健美操编创的一项重要原则。首先要丰富自己,了解国内外健美操的发展现状和趋势,深刻理解健美操的精髓。然后根据健美操特点及编排对象,编创出既有健身价值,又有美学价值的健美操。健美操的创新应从多方面着手,如动作创新,包括方向的变化、动作路线的变化、动作连接的创新、队形路线变化的创新及难度创新等。

5. 一致性原则

一套健美操的特点和风格是通过与音乐的协调搭配而表现出来的。音乐是健美操的灵魂,健美操是表现音乐的一种手段。动作是解释音乐的一种身体语言,音乐的选择决定了整套操的风格。因此,在编创健美操时,要根据音乐的背景、文化特点,尽量设计出既能充分说明音乐,又不失健美操特点的动作,使音乐旋律和风格与动作形象和风格融为一体,达到音乐和身体动作相互促进和表现的高度统一。

三、编创者所应具有的素质和能力

1. 掌握健美操的特点、要素

健美操是一门综合艺术，根据健美操练习的目的和所要解决的任务可分为健身健美操和竞技健美操两大类。健身健美操是在充分有氧供给的条件下进行的练习。其目的是锻炼身体，增强体质，增进健康，促进身体全面发展，提高身体的工作能力。竞技健美操是以争取优胜为目的的健美操，是以有氧与无氧代谢相结合的运动方式，并以无氧代谢为主，它有特定的竞赛规则，按照规定的项目和规则要求，组织运动员进行训练和比赛。

健美操编创人员必须掌握健美操的两大要素。一是动作因素。动作是指肢体的活动，健美操动作是指人体在空间的活动。动作在健美操中居首要因素，是健美操的核心。

良好的、科学的、安全的动作会使我们更容易接近乃至达到目标，反之则会事与愿违，甚至对人造成伤害；优美大方的动作可以使人赏心悦目，并给人们带来欢乐，缓解疲劳，反之则使人退避三舍，产生厌恶心理。人体的运动形式主要有屈、伸、举、绕、弹、踢、摆，以及由躯干、上肢活动与下肢活动配合而产生的各种姿态、步伐、跳动、旋转。科学、有机地使用这些动作，会产生促进人体健康的效果。掌握这些动作的规律，了解它们的功能是一个编创者所必需的。

二是音乐因素。音乐是声音的艺术。它作为完整的艺术形式，有着自己独特、系统、完整的表现形式。健美操的动作在音乐的衬托之下，使健美操更具生命力与艺术性，可以说，音乐为健美操添上了两只翅膀，增强了健美操的表现力。音乐的节奏与速度，控制着动作的节奏与速度，也在很大程度上控制着运动的强度；音乐的风格指导着动作的风格。不同的音乐风格受时代变化、民族地域、环境、作者等因素影响，各具特色，我们应当很好地加以利用，使动作与音乐协调配合，音乐才能更有力地支撑动作。另外，了解音乐强弱变化与动作产生的在结构上的联系，曲调与节奏的变化与动作起伏产生的韵律感，以及音乐对控制脑细胞兴奋的作用等知识也都是健美操编创人员所应具有的基本素质。

2. 具有丰富的想象力

人类的想象能力是创造历史的重要源泉之一。这些想象并非凭空而来，而是通过对周围事物的观察分析加工而来。所谓观察能力，是人们对周围事物感知察觉的高低水平。想象力是对事物未知领域的设定与判断。丰富的想象力对于任何一种艺术创作都是必需的。那么，对于健美操的编创这项艺术性极强的工作来说，它同样是应当具备的素质之一。

3. 掌握信息，做好编创前的准备工作

健美操的编创，除了把握上述原则，具备上述条件，在编创前了解各个方面的信息，做好充分的准备工作也同样重要。

第一,掌握健美操最新信息,了解健美操发展动态。通过各种录像、资料及各种形式的交流活动(如参观、学习、比赛),了解国内外健美操发展水平、潮流和最新采用的动作、音乐旋律、组合结构、规则要求等。

第二,确定编创健美操的目的任务,了解学生的具体情况。

第三,搜集大量的健美操动作、音乐素材。比如,各种类型的健美操动作、艺术表现形式、古典和现代舞蹈、各类民间民族音乐、日常生活和劳动素材等。

综上所述,一套健美操动作的编排绝不是简单的单个动作的罗列,而是动作间的有机联系、和谐配合,是一项创造性的工作。作为一名健美操教师和教练员必须具备与其相关的诸方面的知识和能力,不断提高编排技巧。

第五节　健美操体育考试细则

一、平时成绩(40分)

平时成绩含课堂表现、测验、考勤等。

二、基本技术(40分)

任选所学健美操组合一套。

1.考核方法

规定动作考试,3~4人一组进行,在音乐伴奏下完成成套动作,教师进行技评(可请学生或别班老师参加)。

2.考核标准

24分以下:不能独立完成全套动作。

24~27分:全套动作基本熟练,动作一般,力度一般,动作与音乐偶有不协调问题。

28~31分:全套动作熟练,动作正确,力度中等,动作与音乐配合良好。

32~35分:全套动作熟练,动作正确,姿势好,有一定的力度和幅度,动作与音乐配合良好,有一定的健美操表现力。

36~40分以上:全套动作熟练,动作正确,姿势优美,力度和幅度大,动作与音乐配合准确,有较强的健美操表现力和感染力。

三、身体素质（20分）

身体素质评分标准：

（1）一般身体素质（10分）：1000m（男）/800m（女），3min 跳绳和引体向上（男）任选一项。

方法：3min 跳绳即个人在 3min 内，累计有效跳绳次数。其余项目执行《国家学生体质健康标准》操作方法。

（2）专项身体素质（10分）：坐位体前屈、1min 跳绳、1min 仰卧起坐（女）、任选其中一项。

第十三章 体育健康——武术运动实践

第一节 武术概述

一、武术的起源

武术在我国有悠久的历史，它的产生缘起于我国远古祖先的生产劳动。人们在狩猎活动中，逐渐积累了劈、砍、刺的技能。这些原始形态的攻防技能是低级的，还没有脱离生产技能的范畴，却是武术技术形成的基础。武术作为独立的社会文化现象是同中华文明的产生同步的。

二、武术的发展

武术萌芽于原始社会时期。氏族公社时代，经常发生部落战争，因此在战场上搏斗的经验也不断得到总结，比较成功的一击、一刺、一拳、一腿，被模仿、传授、习练着，促进了武术的萌芽。

武术成形于奴隶社会时期。夏朝建立，经过连绵不断的战火，武术为了适应实战需要进一步向实用化、规范化发展，夏朝时期的武术活动主要在以下两个方面发展：（1）军队的武术活动；（2）以武术为主的学校教育。商周时期，商代出现了武术训练的重要手段——田猎，商周利用"武舞"来训练士兵，鼓舞士气。相传在周时期出现了一部中国武术史上重要的著作《周易》，亦称《易经》。

武术发展于封建社会时期。秦汉以来，盛行角力、击剑。随着"宴乐兴舞"的习俗，手持器械的舞练时常在乐饮酒酣时出现，如《史记·项羽事纪》记载的"鸿门宴"中"项庄舞剑，意在沛公"便是这一形式的反映。

唐朝以来开始实行武举制，对武术的发展起了促进作用，如对有一技之长的士兵授予荣誉称号。由此可见，武术作为一种文代形式已相当具有影响。宋元时期，以民间结社的武艺组织为主体的民间练武活动蓬勃兴起，有习枪弄棒的"英略社"，习射练习的"弓箭社"等。由于商业经济活跃,出现了浪迹江湖,习武买艺为生的"路歧人",不仅有单练,而且有对练。

明清时期是武术大发展时期,流派林立,拳种纷呈。拳术有长拳、猴拳、少林拳、内家拳等几十种之多;同时形成了太极拳,形意拳,八卦拳等主要的拳种体系。

到了近代,武术适应时代的变化,逐步成为中国近代体育的有机组成部分。民国时期,民间出现了许多拳社、武士会等武术组织。1927年,在南京成立了中央国术馆。1936年中国武术队赴柏林参加奥运会表演。

三、武术内容

武术内容丰富多采,按其运动形式可分为以下三大类。

1. 功法运动

功法运动是以单个武术动作作为主体练习,以达到健体或增强某方面体能的运动。例如,专习浑元桩以调心、调身、调息,长时间站马步桩以增强腿力等。

2. 套路运动

套路运动是武术动作以攻守进退、动静疾徐、刚柔虚实等矛盾运动的变化规律编成的整套练习形式,主要内容包括拳术、器械、对练、集体表演。(长拳、太极拳、南拳、形意拳、八卦掌、通背拳、象形拳、刀术、剑术、枪术、棍术、徒手对练、器械对练、徒手与器械对练)

3. 搏斗运动

搏斗运动是两人在一定条件下按照一定的规则进行斗智较力的对抗练习形式。目前武术竞赛中正在逐步开展的有散打、推手、短兵三项。散打是两人按照一定的规则使用踢、打、摔、拿等方法制胜对方的竞技项目。推手是两人遵照一定的规则,使用掤、捋、挤、按、采、挒、肘、靠等手法,双方粘连黏随,通过肌肉的感觉来判断对方的用劲,然后借劲发劲将对方推出,以此决定胜负的竞技项目。短兵是两人手持一种用藤、皮制作的短棒似的器械,在16市尺直径的圆形场地内,按照一定的规则,使用劈、砍、刺、崩、点、斩等方法进行决胜负的竞技项目。

四、武术的特点

1. 寓技击于体育之中

武术作为体育项目,动作具有攻防技击性仍然是它的本质特性。无论何种套路,其共同点是以踢、打、摔、拿、击、刺等攻防动作构成套路的主要内容。虽然套路中不少动作的技术规格与技击原形有变化，或因连接贯串及演练技巧的需要，穿插了一些不具备攻防意义的动作，但通过一招一式表现攻与防的内在含义仍然是套路的技术核心。

2. 具有内外合一、形神兼备的民族风格

既讲究形体规范，又求精神传意、内外合一的整体观，是中国武术的一大特色。所谓内，指心、神、意等心志活动和气息的运行；所谓外，即手眼身步等形体活动。内与外、形与神是相互联系统一的整体。

3. 具有广泛的适应性

武术的内容丰富多样，分别适应人们不同年龄、性别、职业、体质的需求，人们可以根据自己的条件和兴趣爱好进行选择练习。同时，它对场地、器材的要求较低，俗称"拳打卧牛之地"，练习者可以根据场地的大小变化练习内容和方式，即使一时没有器械也可以徒手练拳、练功。一般来说，受时间、季节限制很小。

五、武术的作用

1. 壮内强外的健身作用

武术注重内外兼修，对身体有多方面的良好影响，经常练习能收到壮内强外的效果。

2. 具有防身自卫的作用

无论是套路运动还是格斗运动，技击动作是其主要内容。

3. 具有修身养性的作用

武术在几千年绵延的历史中，一向重礼仪，讲究道德，"尚武崇德"成为学武人的一种传统教育，诸如尊师重道、讲礼守信、见义勇为、不凌弱逞强、学之有恒、精益求精等，体现了中国武术的伦理观念。

4. 娱乐观赏，丰富文化生活

武术运动具有很高的观赏价值，套路运动动迅静定的节奏美；踢、打、摔、拿、跌巧妙结合的方法美；内外合一、形神兼备的和谐美引人入胜。搏斗对抗中双方激烈的争夺；精湛的攻防技巧、敢打敢拼的斗志都给人一种武术美的享受。群众性武术活动"以武会友"，通过习武的共同爱好，可以切磋技艺、扩大交往、交流思想、增进友谊，丰富人民群众的业余文化生活。

第二节　武术基本功和基本动作

武术作为中国传统体育的主要项目，在长期发展过程中形成了一套独特的理论体系与训练体系，基本功和基本动作是最主要的练习手段。

基本功和基本动作一般包括肩、臂、腰、腿、手、步及跳跃、平衡等练习。通过基本功和基本动作的练习，可以使身体各部位得到全面锻炼，较快地发展武术运动的专项身体素质，为学习拳术和器械套路以及散手，提高技术水平打下基础，并对减少和防止运动中的伤害事故有重要作用。

一、肩臂练习

肩臂练习主要是增进肩关节韧带的柔韧性，发展臂部力量。其主要练习方法有压肩、绕环、抡臂等。

1. 压肩

面对肋木（或一定高度的物体）站立，距离一大步，两腿左右分开，与肩同宽或稍宽。两手抓握肋木，上体前俯（挺胸、塌腰、收髋），并做向下振压动作。

2. 双臂绕环

（1）前后绕环

两脚开立，与肩同宽，两臂垂于体侧。左右两臂依次做由下向前、向上、向后、向下、向前绕环，为向后绕环。反之为向前绕环。

（2）交叉绕环

两臂直臂上举，左臂向前、向下、向后，右臂向后、向下、向前，同时于身体两侧划立圆绕环。练习时两臂可反方向交替进行。

（3）仆步抡拍

两脚开立，与肩同宽，两臂垂于体侧。左脚向左迈出一大步呈左弓步，上体随之左转，同时右臂向左前下方伸出，左掌心向里，掌指向下，插于右臂肘关节处。上动不停，上体右转成右弓步，同时右臂直臂由左向上、向右抡臂划弧至右上方，左掌下落至左下方。上动不停，上体右后转，同时右臂直臂向下、向后抡臂划弧线至后下方，左臂直臂向上、向前抡臂划弧至前上方。上动不停，上体左转成右仆步，同时右臂直臂向上、向右、向下抡臂划弧至右腿内侧拍地；左臂向下、向左抡臂划弧停于左上方。练习时左右交替进行。

二、腿部练习

腿部练习主要是提升腿部的柔韧性、灵活性和力量等素质。其方法主要有压腿、踢腿等。

1. 压腿

（1）正压腿

面对肋木或一定高度的物体，并步站立。左腿提起，脚跟放在肋木上，脚尖勾起，两手扶按膝上。两腿伸直，立腰收髋，上体前屈，并向前向下做压振动作。练习时，左右腿交替进行。

（2）侧压腿

侧对肋木或一定高度的物体，右腿支撑，脚尖稍外撇。左腿侧举，脚跟搁在肋木上，右臂直臂上举，左掌附于右胸前。两腿伸直，立腰、开髋，上体向左侧压振。练习时，左右腿交替进行。

（3）后压腿

背对肋木或一定高度的物体，并步站立。两手叉腰或扶肋木或一定高度的物体。右腿支撑，左腿后举，脚背搁在肋木上，脚面绷直，两腿挺直，上体后屈，并做压振动作。练习时，左右腿交替进行。

2. 踢腿

（1）直摆性腿法

正踢腿。

预备姿势：两脚并立，两臂侧平举，两手立掌。

动作说明：左脚向前上半步，左腿支撑，右脚脚尖勾起向前额处猛踢。两眼平视前方练习时左右腿交替进行。

侧踢腿。

预备姿势：同正踢腿。

动作说明：右脚向前上半步，脚尖外展，身体右转90°。随即，左脚脚尖勾紧向左耳侧踢起，同时右臂上举亮掌，左臂屈肘立于右肩前。眼向前平视。练习时，左右腿交替进行。

外摆腿。

预备姿势：同正踢腿。

动作说明：右腿向右前方上半步，左脚脚尖勾紧，向右侧上方摆起，经额前向左侧上方摆动，左腿落于右腿旁，眼向前平视。左掌可在左侧上方击响左脚背，也可不做击响，练习时，左右腿交替进行。

里合腿。

预备姿势：同正踢腿。

动作说明：右脚向右前方上半步，左脚脚尖勾起里扣，并向左上方踢起，经额前向右侧上方直腿摆动，落于右脚外侧。右手掌可在右侧上方迎击左脚掌，也可不做击响动作。眼向前平视，练习时左右腿交替进行。

（2）屈伸性腿法

弹腿。

预备姿势：两腿并立，两手叉腰。

动作说明：右腿屈膝提起，大腿与腰平，右脚面绷直，提膝接近水平时，要迅速猛力挺膝，向前平踢，力达脚尖，高与腰平。左腿伸直或微屈支撑，两眼平视。

蹬腿。

预备姿势：两腿并立，两手叉腰。

动作说明：与弹腿同，只是脚尖勾起，力达脚腿。

侧踹。

预备姿势：两腿并立，两手叉腰。

动作说明：两腿左右交叉，右腿在前，稍屈膝。随即，右腿伸直支撑，左腿屈膝提起，左脚里扣，脚跟用力向左侧上方踹出，高与肩平，上体向右侧倾斜，眼视左脚，练习时可左右腿交替进行。

三、腰部练习

1. 前俯腰

并步站立，两手手指交叉，直臂上举，手心朝上，上体前俯，两手尽量贴地。或两手抱住两脚跟腱，逐渐使胸部贴近腿部，并持续一定时间再起立，或向左或向右侧转体，两手在脚外侧触及地面，做向下振压动作。

2. 甩腰

两脚站立，同肩宽。两手上举，以腰、髋为轴，上体做前后屈和甩腰动作，两臂也跟着甩动，两臂始终伸直。

3. 涮腰

两脚开立，稍宽于肩，两臂自然下垂。以髋关节为轴，上体前俯，两臂随之向前下方伸出，然后向前、向右、向后、向左翻转绕环。

四、手型

长拳的手型主要有拳、掌、勾三种。拳四指并拢，卷握，拇指紧扣于食指和中指的第二个指节。掌四指并拢伸直，拇指弯屈紧扣于虎口处。勾五指第一指节捏拢一起，屈腕。

五、手法

长拳的手法很多，下面介绍冲拳、架拳、推掌和亮掌四种。

1. 冲拳

冲拳分平拳与立拳两种。

预备姿势：两脚左右开立，与肩同宽，两拳抱于腰间，肘尖向后，拳心向上。

动作说明：挺胸、收腹、直腰，右拳从腰间向前猛力冲出，转腰顺肩，在肘关节过腰后，右前臂内旋，力达拳面，高与肩平。同时左肘向后牵拉，练习时左右可交替进行。

2. 架拳

预备姿势：与冲拳同。

动作说明：右拳向下、向左、向上，经头前向右上方划弧线架起，拳眼向下，眼视左方。练习时左右可交替进行。

3. 推掌

预备姿势：与冲拳同。

动作说明：右拳变掌，前臂内旋，并以掌根为力点向前猛力推击。推击时要转腰、顺肩，臂要伸直，高与肩平。同时左肘向后牵拉，练习时左右可交替进行。

4. 亮掌

预备姿势：与冲拳同。

动作说明：右拳变掌，经体侧向右、向上划弧，至头部前上方时，抖腕亮掌，臂成弧形。掌心向前，虎口朝下，眼随右手动作转动，亮掌时注视左方。练习时左右可交替进行。

六、步型

1. 弓步

左脚向前一大步，脚尖微向内扣，左腿屈膝半蹲，使大腿接近水平，小腿垂直。右腿挺膝伸直，脚尖内扣，两腿全脚着地。上体正对前方，眼向前平视，两拳抱于腰间。

2. 马步

两脚平行开立，约为本人脚长的 3 倍，脚尖正对前方，屈膝半蹲，膝部不超过脚尖，大腿接近水平，全脚着地，重心落于两腿之间，两手抱拳于腰间。

3. 虚步

两脚前后开立，右脚外展 45°，屈膝半蹲，左脚脚跟离地，脚面绷平，脚尖稍内扣，虚点地面，重心落于后腿上。两手叉腰，眼向前平视。左脚在前为左虚步，右脚在前为右虚步。

4. 仆步

两脚左右开立，右腿屈膝全蹲，大腿和小腿靠紧，臀部接近小腿，右脚全脚着地，脚尖和膝关节外展；左脚挺直平仆，脚尖里扣，全脚着地。两手抱于腰间，眼向左方平视。仆左腿为左仆步，仆右腿为右仆步。

5. 歇步

两腿交叉，靠拢全蹲，左脚全脚着地，脚尖外展；右脚前脚掌着地，膝部贴近左腿外侧，臀部坐于右腿近脚跟处。两手抱拳于腰间。眼向前方平视。左脚在前为左歇步，右脚在前为右歇步。

七、步法

1. 击步

预备姿势：两脚前后开立，同肩宽，两手叉腰。

动作说明：上体前倾，后脚离地提起，前脚随即蹬地前纵。在空中时，后脚向前碰击前脚。落地时后脚先落，前脚后落。眼向前平视。

2. 垫步

预备姿势：与击步相同。

动作说明：后脚离地提起，脚掌向前脚处落步，前脚立即以脚掌蹬地向前上跳起，将位置让于后脚，然后再屈膝提起向前落步。眼向前平视。

八、跳跃练习

腾空飞脚。

预备姿势：并步站立。

动作说明：右脚向前上步，左脚向前、向上摆踢。右脚蹬地跃起，身体腾空，两臂向前、向上摆起，右手背迎击左手掌。在空中，右腿向前上方摆踢，脚面绷直，右手迎击右脚面；

同时左腿屈膝,左脚收控于右腿侧,脚尖向下,左手在击响的同时摆至左侧后上方变勾手,勾尖向下。上体微前倾,两眼平视前方。

九、平衡练习

1. 提膝平衡

动作说明:脚面绷直,并垂扣于右腿前侧,两眼向左平视。

2. 燕式平衡

动作说明:右腿屈膝提起,两掌在身前交叉,掌心向内;然后两掌向两侧直臂分开平举,上体前俯,右脚向后蹬伸,成燕式平衡。

第三节 武术套路运动

武术套路技术属演练性技术。它是以武术的基本技术要素为内容,以攻守进退、动静虚实、刚柔疾缓的变化规律为依据,通过套路运动形式表现出的具有竞技、健身、表演性质的徒手和器械的操作技术。演练技术包括技术要素、动作技术、组合技术、分段技术和整套技术,它们之间是一种既独立又相互联系的关系。

一、技术要素

技术要素是指构成武术技术的基本成分。它除含有反映单体技术的手(形)法、器械方法、步(形)法、腿法、身(形)法、眼法之外,还必须具备完成以上技术所需的意识、精神、气息、劲力和节奏。

(1)手(形)、械法:指上肢完成各种徒手和器械所需的基本形态与运动方法。

(2)步(形)法:指下肢完成各种规定的步形和双脚移动时的各种方法。

(3)腿法:指下肢完成各种屈伸、摆动和扫转性动作的方法。

(4)身(形)法:指躯干各部分的基本姿态和在运动中躯干带动四肢完成各种动作的方法。

(5)眼法:指在运动中眼神与动作配合的方法。

(6)意识:指在运动中把握、支配、调控演练技术的各种思维活动。

(7)精神:指在运动中对演练技术总体感觉的外在气质的表现。

(8)气息:指在运动中呼吸与动作配合的各种方法。

（9）劲力：指在运动中肌肉根据各类动作需要做功时所反映出的各种武术特有的力。

（10）节奏：指对动静、虚实、刚柔、疾缓在套路演练中的掌握与控制的能力。

二、动作技术

动作技术是指在武术各项目套路中，不可缺少的各种类型的典型动作。它由各技术要素相互合理连接而成，是提高难度动作的基础，并对学习同类动作起诱导作用；也是构成组合动作、分段动作和整套动作的最基本单元。

三、组合技术

组合技术是指遵循一定运动规律若干动作的结合，是将徒手或器械中的几个动作根据不同对象和任务的要求连接起来而形成的基本技术。通过组合技术练习可以在掌握动作技术的基础上，进一步提高各类动作的质量，增进掌握动作与动作之间的协调能力，也是提高掌握高难度动作质量的有效手段。

四、分段技术

分段技术是指沿着一定运动路线所完成的若干组合技术的演练能力。它反映了组合技术在分段中的实际运用能力和组合之间的衔接技巧。

五、整套技术

整套技术是体现由起势、往返段落、收势所组成的套路的完整技术。它反映了各类技术在套路中的完整性，通过整套技术训练，能够有效提高套路演练的整体水平。

第十四章　体育健康——田径运动实践

第一节　跑步运动

跑是一种通过自身动作使身体迅速移动的技能。虽然不同的赛跑技术都有各自的细节要求，但从基本技术动作结构和技术原理来看却是相同的，从动作技术上分析都是属于一种两脚轮流支撑与腾空交替的周期性运动。

无论是长跑还是短距离跑，无论是在运动场上跑还是在公路上、田野里跑，都要跑得省力，跑得自然、放松，只有这样才能跑得快，跑得持久。

跑步时脚着地一定要富有弹性，通常都采用前脚掌着地，并且两脚尽量落在直线上。当然，长距离或超长距离跑时，可采用全脚掌着地的技术。任何距离的跑步都应避免用足跟先着地。两腿轮流支撑用力应力求均衡，发挥踝关节的力量。

跑的速度是由步长大小和两腿交替快慢决定的。跑步步长大小取决于腿的长度、髋关节灵活性和两腿的柔韧性，以及两腿交换蹬伸地面的力量和两腿交换的快慢（跑步的"频率"）。因此，要想跑得快，必须提高步长和步频。锻炼中应该经常进行柔韧性、力量性练习和关节灵活性练习。当然，跑步动作技术不仅是两条腿的动作，两臂的协调摆动和躯干的姿势都会影响整个跑步动作。

一、短跑

短跑属于极限强度工作。生理学、生物化学理论认为，极限强度工作属于无氧代谢方式供给能量，因此，练习短跑的人会经常缺氧但短跑可以提高人体抗缺氧的能力。

（一）短跑的技术分析

短跑技术要求人的躯干稍前倾，但不能低头弯腰，两臂弯曲在体侧做前后摆动，直臂摆或两臂交叉摆都会影响跑的速度。由此可见，短跑技术是一项要求全身协调配合、反应快、灵活性高、强度大的剧烈运动项目，比较适合青少年参加。

无论是什么距离的赛跑，都要经历起跑、加速跑、途中跑和终点跑四个阶段。

1. 起跑

起跑，实际上就是赛跑的起动阶段，或者说是发动阶段。距离愈短、速度愈快的赛跑项目，起跑愈显得重要。由此形成了不同的起跑方式和相应的动作技术要求，蹲踞式起跑就是其中的一种。

（1）蹲踞式起跑，顾名思义，是指在起跑时身体呈蹲踞姿势，这种姿势来源于人类对自然界的观察。自然界中，有些动物在捕食或迅速奔跑前，首先把身体蜷缩起来，然后突然伸展身体，猛扑猎物。动物的这些本能动作对人类有所启发，后来创造了蹲踞式起跑的姿势。

最早的蹲踞式起跑非常原始，两手撑地，躯干弯曲，两腿弯曲在起跑线后，两脚蹬在巨石上。后来，两脚蹬在穴壁上进行起跑。有史料记载，直到1927年人类发明了起跑器，自此，第二次世界大战以后的各届奥运会，起跑器才被普遍采用。现代规范的蹲踞式起跑，是采用起跑器来进行的。

（2）起跑器的安装种类。安装起跑器通常有三种方式，即普通式、接近式与拉长式。归纳起来这三种方式的区别就在于前起跑器抵趾板与起跑线的距离，以及前后起跑器之间距离的不同。普通式安装方法，就是前面抵趾板与起跑线距离约为一个半脚长，前后抵趾板距离也为一个半脚长。接近式安装方法，就是前抵趾板接近起跑线约一个脚长，前后起跑器之间也是一个脚长。拉长式安装方法则是前面起跑器距起跑线两个脚长，前后之间起跑器的距离为一个脚长。关于两个抵趾板角度，一般前抵趾板的角度约45度，后抵趾板角度大些，一般为60~80度。两个起跑器左右间隔大约15厘米。

采用哪种类型的安装方式，以及起跑器的角度如何调整，应根据每一个人的身高、脚长、力量及习惯而定。总的原则是便于用力，使运动员起跑预备姿势时的身体不过分拘束、紧张。

（3）蹲踞式起跑口令及相应动作。蹲踞式起跑是由"各就位""预备""起动"这三个连贯的动作完成的。根据规则要求，短距离赛跑比赛（包括跨栏跑）的蹲踞式起跑，都采用这三个起跑口令。

当运动员听到"各就位"的口令时，首先应调整一下情绪，做几次深呼吸，走到起跑器前，俯身，两手撑地，两脚依次蹬在起跑器的前后抵趾板上（通常要把较有力的腿放置在前面），后腿膝盖跪在地面；两手呈"人"字形撑在起跑线后沿，两臂伸直与肩同宽或稍宽于肩；身体重心处在两手和两脚支撑点中央，整个躯干微微弯曲，但不能蜷缩。此时运动员应集中注意力等待发令员的下一个口令。

听到"预备"口令后，首先要吸一口气，然后从容不迫地抬起臀部，高度稍高于肩。此时重心适当前移（注意不要使两臂支撑的负担太重），身体重量主要落在支撑的两臂与前腿上，以便于支撑腿的起动用力。此时前腿的膝关节角度约90度，后腿的膝关节角度约 120 度，两只脚都要压紧抵趾板。这种姿势、角度和全身状态，便于起动时蹬摆配合，有利于迅速起动和发挥速度。身体各部位的姿势摆好后，专心听枪声。

2. 加速跑

（1）技术要求。由于短跑的起跑是从蹲踞的姿势开始的，身体处于较低的位置，并且躯干前倾程度较大，起跑后的跑姿与途中跑的姿势有很大差别。因此，短跑起跑后加速跑的技术就有其特点。

短跑起跑后加速跑，应是从起跑第一步着地时开始到步长增加基本稳定、躯干基本过渡到自然伸直、步频基本发挥到最大值时，就完成了起跑后加速跑的任务过渡到途中跑了。一般这个距离大约为 30 米，通常用 11～13 步跑完。身材矮、力量小的运动员，起跑后加速跑的步数可能多一些。

（2）技术动作要领。两腿积极着地、蹬伸和前摆。用前脚掌着地，两臂在体侧屈肘进行快速、有力、大幅度的摆动，通过积极地增大步幅、提高步频获得速度。随着跑速的提高，躯干逐渐伸直。在加速跑阶段应尽量避免故意压低躯干，或故意用倒小步的方式寻求提高步频。步长、步频及躯干姿势的变化，都是顺势完成的。

3. 途中跑

（1）发展历程。短跑途中跑技术经历了一段较长的发展和演变过程。早在古代奥运会上就有短跑比赛，短跑选手赤裸着健壮的身体参加比赛，多是采用身体前倾很大、高抬大腿并且小腿向前伸出、两臂用力上下摆动的途中跑姿势。

随着科学技术的进步，到 19 世纪出现了"踏步式"跑法。这种"踏步式"途中跑技术，步幅小、频率快、重心高，要求运动员抬高大腿，躯干前倾较大，着地点距离身体重心投影点比较近，因此这种技术比较费力，动作也比较紧张。

20 世纪 60 年代，许多人采用"摆动式"技术，主张大步幅摆动，特别是塑胶跑道被普遍使用以后，这种大幅度的"摆动式"途中跑技术被广为采用。第 26 届奥运会 100 米冠军、新的世界纪录创造者加拿大选手贝利，就是采用这种姿势，以 9 秒 84 的优异成绩打破了 100 米世界纪录。

（2）摆动式途中跑动作要领。躯干稍前倾，保持身体自然直立姿势。颈部、肩部放松，不可耸肩低头。整个躯干要为两腿的蹬、摆及两臂的有力摆动提供良好的支撑。因此，在途中跑整个过程中，要避免前仰后合、左右摇晃。

两臂的摆动以肩为轴，大小臂弯曲，沿着横轴额状轴进行大幅度、快频率的前后摆动。两腿轮流进行蹬伸与摆动，专业术语称之为两腿的蹬摆配合。一条腿由摆动到脚着地进入支撑状后，另一条腿再折叠前摆。如此往复交替，形成了跑步的支撑、腾空、再支撑的周期性运动。两腿按顺序依次蹬伸和摆动要明显地表现出步幅开阔、摆臂有力、蹬摆协调的特点。

在两腿的蹬摆配合技术中，有两个细节应引起重视：一是当脚着地后，身体重心继续前移至垂直部位时，膝关节仍需有一个缓冲动作，使身体重心超过支撑点，然后再进行支撑腿的蹬伸动作。这样便于获得较小的蹬地角度和较大的向前推进力。二是摆动腿应以膝领先，大腿带动小腿随惯性向前摆动，摆至身体垂直部位时，大腿与小腿形成较紧的折叠状态，这样有利于缩小腿的摆动半径，提高摆动速度和幅度。

当摆动腿向前摆到最高部位（或称为摆到最前方时），小腿不能主动向前甩出，应以大腿积极下压的方式完成着地动作。

短跑比赛项目中的200米和400米跑，全程中有一半是在弯道进行的。熟练掌握正确的弯道跑技术也是至关重要的。根据运动力学原理，运动的物体只有受到向心力的作用，才能使其做圆周运动。人在弯道上快跑，就需要产生一定的向心力，使身体沿着弯道跑进。为了克服向前快跑时直线运动的惯性，运动员的整个身体应向圆心方向（向左）倾斜。脚的着地也会发生一些变化，左脚以脚外侧着地，而右脚则以脚内侧着地。两臂的摆动也略有区别，左臂摆动较小，右臂摆动较大，并且做出交叉动作。另外，右腿向前摆动时，膝关节应稍内扣（旋内），使右脚内侧着地更方便。当运动员由弯道跑进直道时，整个身体姿势、两腿动作及着地部位，恢复到直道跑时的技术动作。

4. 终点跑

各种距离的赛跑都有一段跑程向终点跑去，这段努力冲向终点的跑程被称为终点跑。终点跑的任务就是尽量保持途中跑的速度并进行冲刺，在高速跑到达终点的瞬间用躯干的对加动作，争取身体躯干的任何一个部位尽早地通过终点线的垂直面，以此争得较好的名次。冲刺动作是当运动员距离终点1~2步时，加大躯干前倾幅度，到终点线的垂直面时，躯干前倾达到最大程度，同时两臂后伸，摆动腿高抬以维持身体平衡。

（二）短跑的练习方法

短跑应以途中跑作为重点，因为途中跑是运动员取得良好成绩和锻炼者取得良好锻炼效果的主要阶段。在直道途中跑技术掌握到一定程度之后，再进行起跑、加速跑、终点跑和弯道跑的练习。

1. 直道途中跑

（1）中速跑60~80米。利用中等速度的匀速跑反复练习，体会和初步掌握途中跑技术。练习时，要求跑得轻松、自然，步幅开阔，富有弹性，腿部动作、躯干姿势和摆臂动作基本正确。

（2）加速跑50~80米。加速跑是在学习中速跑的基础上进行的。练习时，要求逐渐或均匀加速（在40米处达到较高速度），并把在中速跑练习中掌握的技术贯彻到逐渐加速的快跑中去。

（3）行进间跑30~50米。行进间跑是通过较短距离（25米左右）的加速跑后，使跑速迅速达到个人的最高速度，然后保持高速度跑完规定距离的跑法。它是巩固技术、发展和检测速度素质的手段，通常采用秒表计时。

2. 蹲踞式起跑和起跑后加速跑

（1）学习安装起跑器或挖起跑穴的方法（以普通式为主）。

（2）学习"各就位""预备"动作。

（3）蹲踞式起跑10米、20米、30米。在口令下成组进行练习。要养成不抢跑的习惯。

（4）蹲踞式起跑30~50米。改进和完善起跑和起跑后加速跑技术，体会和掌握起跑后加速跑与途中跑相衔接的技术。

3. 终点跑

（1）在走和慢跑中，当离终点线一步时，做双臂后摆、上体前倾撞线动作。分成小组，每组一根终点带，逐个练习。

（2）中速跑和快速跑30~40米，在终点线前一步，双臂后摆，上体急速前倾做撞线动作。做这个练习时，开始先个别练习，然后成组进行撞线练习。

4. 弯道跑

（1）在一个半径10~15米的圆圈，用慢速、中速、快速等不同速度的跑，来体会和学习弯道跑技术。

（2）弯道上用中速、加速、快速跑60~80米，体会和掌握弯道跑技术。

（3）直道进入弯道跑。先在直道上跑20~30米，进入弯道再跑20~30米。

（4）从弯道转入直道跑。先在弯道上跑20~30米，转入直道后再跑20~30米。体会和掌握弯道转入直道的衔接技术。

（5）弯道起跑20~30米。按起跑器安装方法安装起跑器，然后听口令做弯道起跑练习。

二、中长跑

（一）中长跑的技术分析

中长跑的技术动作和短跑技术动作很相似。主要区别在于跑步的频率、步幅、用力程度、紧张程度以及两臂的摆动幅度和摆动速度都要比短跑低一些，躯干姿势更接近身体自然直立姿势。总的原则是自然、省力，重在持久。

1. 起跑

（1）技术要求。参加中长跑锻炼时，在技术上有一个特别要求，就是要掌握好跑步时的呼吸节奏，运用好正确的呼吸方法。正确的呼吸方法应该是口与鼻共同进行的，通常是采用微张口与鼻同时吸气，用口来呼气。在寒冷的季节，为了避免冷空气直接从口腔进入体内，可采用卷起舌尖抵住上腭的口腔吸气方法。

呼吸的节奏应和跑步的节奏相配合。通常在慢速跑时，可采用三步一呼、三步一吸的方式；跑速加快时，可采用两步一呼、两步一吸的方式；跑速比较快，或感到有些疲劳时，可用一步一呼吸的方式。跑步中的呼吸应特别注意吸气的深度，呼气时应用力，尽量把气呼净，这样便于更好地吸入空气，供给跑步时必要的氧气，使参加者能坚持更长的时间。

（2）站立式起跑。800米和800米以上距离的赛跑项目，起跑时发令员是按"各就位""鸣枪"两个口令进行的。因此，中长跑运动员采用站立式起跑方式。

由于中长跑的起跑技术要求有自己的特点，这就要求运动员在起跑和起跑后加速跑阶段，应根据自身和对手的情况，占据一个适合自己的位置。由此看来，虽然中长跑的起跑技术与短跑蹲踞式起跑技术各有不同，但同样对取得优良成绩有重要作用。

当发令员发出"各就位"口令后，运动员先做一两次深呼吸，走到起跑线后，有力的脚在前，站在起跑线后沿，另一脚向后站立，两脚前后距离约一个脚掌。两腿弯曲，重心前移，上体（躯干）顺势前倾，此时体重大部分落在前腿上。但要特别注意，一定要保持重心稳定。两臂的动作有两种姿势：一种是两臂在体侧自然下垂；另一种是前脚的异侧臂放在体前，另一臂自然后伸。大多数选手都采用第二种姿势。此时的注意力应集中在听枪声或"跑"的口令上。

听到发令员枪响后，两腿迅速并行蹬伸，后面的腿积极屈膝前摆，两臂则配合两腿的蹬摆动作进行屈臂前后摆动，整个身体向前俯冲，完成起动动作，为起跑后加速跑获得预先初速。

2. 起跑后加速跑

中长跑不能像短跑那样从起动开始，就要发挥最高跑速。因此，中长跑起跑后加速的技术动作与短跑有很大区别，具体表现在躯干前倾程度不应太大，步频不必太快，速度不应过猛。

由于中长跑比赛项目大多不分跑道，人数较多，而且大多数项目是从弯道出发，运动员起跑以后必须迅速占据有利位置，使自己能沿着第一道并靠近跑道内侧跑，这对比赛有重要影响。因此，中长跑起跑后加速跑的技术应紧紧围绕这一任务来提高技术要求。为此，起跑后加速跑的特点之一就是要使自己迅速过渡到途中跑。起跑后加速跑的距离以及对跑速的要求应根据每个人的体力、对手情况、临场变化情况和自己的战术方案进行自我调整。

3. 途中跑

各项中长跑比赛，由于距离不同，在某些技术要求上也各具特色。但总体上要求中长跑的途中跑技术应本着轻快、省力、高效、耐久的原则不断完善其动作结构。

由于中长跑的全过程身体会出现缺氧现象，因此在中长跑比赛途中，特别要学会有节奏的呼吸，努力增加呼吸的深度，保证身体对氧的需求。通常中长跑的途中跑采用三步一呼、三步一吸的节奏，速度加快时也可采用两步一呼吸的节奏。

中长跑比赛运动员的能量消耗较大，因此保持途中跑的技术不变形、不出现多余动作非常重要，并且要学会利用跑步动作周期中的腾空阶段，进行短暂的肌肉休息，这对增进运动员的速度耐力也非常重要。途中跑时要保持躯干的自然伸直，不必过分前倾，躯干的过度前倾会使肌肉紧张，增加能量消耗。摆臂动作也应力求经济省力。

总的来说，中长跑途中跑技术介于短跑与长跑之间，既不能像短跑那样激烈、紧张，又不能像长跑那样在用力程度、动作速度和幅度方面过于放松和节省。

中长跑途中跑多采用步长相对比较小、步频比较高的跑法。第26届亚特兰大奥运会女子5000米冠军王军霞采用的就是这种高频率、小步幅的途中跑技术。具体表现为步频较高，每秒3.7步，腾空时间比较短，大腿不是抬得很高，身体起伏很小等。

4.终点跑

由于中长跑的终点跑技术与短跑终点跑技术基本相同，所以此部分不再赘述。

（二）中长跑的练习方法

在中长跑中，必须把掌握技术和提高心肺功能与发展耐力素质结合起来，要在一系列跑的练习中掌握中长跑技术和提高耐久跑的能力。因此，中长跑要以途中跑为主。

1.途中跑

（1）中等以下速度匀速跑80～100米，中等以下速度到中等以上速度加速跑80～100米。

（2）通过反复做上述练习，体会和初步掌握中长跑途中跑的腿部动作、躯干姿势和摆臂动作。

（3）定时（或定距）跑。男生跑6～8分钟（1000～1500米），女生跑3～5分钟（500～1000米）。可用中等或中等以下速度在田径场或公路上跑。跑时除了继续注意掌握正确的腿部动作、躯干姿势和摆臂动作外，还应注意呼吸和步伐的配合，掌握中长跑的呼吸方法。

（4）变速跑（或走跑交替），100米中速跑+100米慢跑（或走），200米中速跑+100～200米慢跑（或走），300米中速跑+100～200米慢跑（或走）。变速跑的总距离：男生1500～2000米，女生800～1000米。跑时要控制好跑速，注意跑的动作和呼吸方法的正确性。

2. 站立式起跑、起跑后的加速跑

（1）以组为单位，在起跑线后的集合线站好，然后在"各就位"和"跑"的口令下，按站立式起跑和起跑后加速跑的方法和要领做站立式起跑 30~80 米。

（2）中等速度重复跑 200 米、300 米或 400 米。

由站立式起跑出发进行中等速度的重复跑，要求起跑动作正确，跑时动作轻松、自然，跑速均匀，呼吸和步伐配合协调，并注意培养速度感觉。跑的总距离：男生 1200~1500 米，女生 600~800 米。

3. 终点跑和全程跑

（1）按水平分组，由站立式起跑出发，进行 200 米、400 米或 600 米的中等速度重复跑，在最后 50~150 米处开始适当加速，终点跑跑过终点。跑的总距离：男生 1200~1500 米，女生 600~800 米。

（2）按水平分组，由站立式起跑出发，进行男生 1200 米或女生 600 米的中等速度匀速跑，在最后 100~200 米处开始适当加速，终点跑跑过终点。

（3）按个人体力分配方案跑。男生 1200~1500 米，女生 600~800 米。

三、接力跑

（一）接力跑技术分析

接力跑成绩的好与坏，不仅取决于每个队员跑的成绩，而且很大程度上取决于队员之间的密切配合和传接棒技术的好坏。接力跑时，跑的技术与途中跑技术基本相同，此处不再阐述。现将田径场进行的接力跑项目的有关技术与方法和接力跑典型项目叙述于下。

1. 起跑

（1）持棒起跑。第 1 棒运动员采用蹲踞式起跑，通常用右手持棒，以中指、无名指和小指握住棒的末端，用大拇指和食指分开撑地，但接力棒不得触及起跑线或起跑线前面地面。其起跑技术与短跑的起跑技术基本相同。

（2）接棒人起跑。第 2、3、4 棒运动员在预跑线以内自己确定的起跑位置上，用站立式或一手撑地的半蹲踞式起跑。第 2、4 棒运动员应站在各自跑道中线外侧用左手准备接棒，第 3 棒运动员站在自己分道中线内侧用右手准备接棒。采用半蹲踞式起跑时，第 2、4 棒运动员左腿在前（也可右腿在前），右手撑地，身体重心稍偏右边，头向左转，目视跑来的本队传棒队员和自己的起动标志。当传棒人跑到起动标志时，接棒人便迅速起跑。第 3 棒运动员的身体姿势与第 2、4 棒运动员相反。

2. 传棒方法

传接棒的方法有上挑式和下压式两种。

（1）上挑式。接棒人的手臂自然向后伸出，掌心向后，虎口张开朝下，传棒人将棒由下向上传入接棒人的手中。

这种传棒方法的优点是传棒运动员的手臂动作比较自然，因而传接棒速度快，并容易掌握。缺点是接棒运动员接棒后，手已握在接力棒的中段或前段，不利于下一棒的传接并容易造成掉棒。

（2）下压式。接棒人的手臂后伸，掌心向上，虎口张开朝后，拇指向内，其余四指并拢向外，传棒人将棒的前端由上向前下方传入接棒人手中。

这种传接棒方法的优点是接棒人接棒时握住棒的一端，在下一次传棒时就把棒的另一端送到接棒人手中，能够充分利用接力棒的长度和接棒运动员手臂的长度。缺点是传棒与接棒运动员的手臂动作都比较紧张、不自然，因而影响传接棒的速度。

3. 4×400 米接力跑的技术

在 4×400 米接力跑中，运动员跑速相对较慢，而且每名运动员跑到最后时速度还会下降。因此，对传接棒技术的要求相对降低。

第 1 棒运动员用蹲踞式起跑，第 2、3、4 棒运动员用站立式起跑。传棒方法可采用上挑式，也可以采用下压式，但都是右手传棒，左手接棒。因此，第 2、3 棒运动员在途中跑时，应将接力棒由左手换到右手。

接棒运动员接棒前，头转向后方，密切注意本队运动员的跑进情况。如果传棒运动员最后仍保持一定的速度，则起动应该早些；如果传棒运动员跑速较慢，则起动应该晚些，甚至等待接棒。传棒运动员将棒传出后，应在不影响其他运动员跑进的情况下退出跑道。

（二）接力跑的练习方法

1. "上挑式"或"下压式"传棒技术

（1）原地做"上挑式"或"下压式"传接棒练习。

（2）走动中和慢跑中听传棒人信号做"上挑式"或"下压式"传接棒练习。

（3）快跑中听信号做"上挑式"或"下压式"传接棒练习。

做这个练习时，应注意把速度相近的学生分在一起。接棒人应注意确定和调整好起动标志。

2. 各棒起跑技术

（1）右手持接力棒，做弯道蹲踞式起跑练习。

（2）在直道上做左臂支撑地面的半蹲踞式起跑练习。

（3）在直道上做右臂支撑地面的半蹲踞式起跑练习。

练习（2）（3）时，开始先单独做，然后再两人1组共同做传接棒练习。速度先慢些，接棒人应特别注意确定和调整好起动标志。

3.在接力区内高速跑进中的传接棒技术以及全程跑

（1）组织接力队，在接力区内高速跑进中进行传接棒练习。

（2）进行全程接力跑的练习和比赛。

为了节省体力，增加高速跑中传接棒练习的次数，在全程接力跑的练习和比赛中，可将每人跑的距离缩短为50米。

第二节　跳跃运动

人类必须掌握各种基本活动技能，才能在社会与自然界中生存。即使在现代科学技术高速发展时期，人类本身虽然拥有了各种现代化工具或机械，但最基本的活动技能，如走、跑、跳跃、投掷、攀登等仍然不能抛弃田径运动中的跳跃，跳跃包括男女跳远、跳高、撑竿跳高、三级跳远四个项目，其技术上都可以划分为助跑、起跳、空中动作（也叫腾空动作）和落地四个技术阶段。每个阶段都有其独特的机理和技术要求。

下面以跳高、跳远为例进行介绍。

一、跳高

跳高是一项历史悠久的田径运动，跳高比赛最早出现在英国。1896年第1届现代奥运会列入了男子跳高项目，女子跳高被列入国际比赛是在1928年第9届奥运会上。

（一）跨越式和背越式跳高的技术分析

跳高是一个技术性很强、技术发展变化较快的田径运动项目。跳高的雏形是在草地上的两根柱子之间拉上一根绳子，竞赛者面对绳子，正面跑过去然后屈腿跳过绳子，看谁跳得高，没有正规的姿势要求，后来就出现了跨越式、剪式、滚式和俯卧式跳高技术。1968年开始出现背越式跳高技术，这种过杆技术逐渐被世人接受并普及。时至今日，在田径大赛中，跳高运动员大都采用这种过杆技术。

1.跨越式跳高

跨越式跳高是采用直线助跑，助跑的距离一般是6~8步，助跑的方向和横杆垂直面的角度为30~60度。左脚起跳者，从横杆右侧助跑；右脚起跳者，从横杆左侧助跑。

（1）助跑和起跳。助跑开始时，上体稍前倾，步幅要小，随着助跑速度的增加，上体逐渐抬起并加大步幅，但助跑动作始终轻松自然、节奏清楚、富有弹性。跳高的助跑是以前脚掌着地，但是最后两步先用脚跟着地迅速滚动到前脚掌。助跑的倒数第二步的步幅要大，最后一步速度要快。

助跑最后一步是以摆动腿（与起跳腿相对，通常是有力的腿，即最后用力蹬地、使人腾空的腿称为起跳腿，另一条腿则为摆动腿）支撑地面，两臂后摆；摆动腿以大腿带动小腿沿地面向前迈伸，当摆动腿以脚跟着地并向前脚掌滚动时，随着身体重心的前移，摆动腿屈腿迅速向前上方摆起，同时起跳腿用力蹬伸，当摆动腿摆到最高点时，起跳腿充分蹬伸，使髋、膝、踝三关节成一条直线。同时，两臂配合腿部的起跳动作积极上摆，最后以脚尖离地腾起，完成起跳动作。

（2）空中动作和落地。起跳腾空后，身体仍保持向上腾起姿势。当摆动腿摆动越横杆时，上体前倾，脚尖内旋下压；起跳腿积极向上高抬，使大腿靠近胸部，起跳腿方向扭转，两臂上摆，使臀部和起跳腿迅速移过横杆。过杆后，摆动腿着地，缓冲支撑，起跳腿相继落地。

跨越式跳高的方法比较简单，同时因为这种方法使身体重心远离横杆，因此用同样的助跑和起跳，却比其他方法跳得低。有的人认为这是一种落后的方法，可以不必学习。但，正是因为它的技术较简单，所以初学者容易掌握，更能发挥弹跳力。

2、背越式跳高

（1）助跑。背越式跳高的助跑是弧线助跑，一般用 8~12 步完成。全程助跑可以分为两段，其中后段助跑的弧度较为重要，通常跑 4~6 步。

弧线助跑的曲率（弧度）应是由小到大，前段助跑比较平直，便于发挥速度，后段助跑的弧度较大，便于起跳。全程助跑应是逐渐加速的，并且有较强的节奏感。

弧线助跑的步点及助跑路线，通常采用比较简单的"走步文量"法确定。首先，确定起跳点，然后从起跳点朝助跑一侧的方向，沿横杆平行地向前自然走 4 步；然后，向助跑的起点方向，即垂直于横杆的方向走 6 步，画一个标记，这个标记就是直线与弧线助跑的交界点，从这个标记点再继续向前走 7 步画一个标记，即助跑的起跑点；最后，从直弧交界点到起跳点画一个曲率不太大的弧线，与前面的直线助跑相连，则构成了背越式跳高的弧线助跑路线。

画好助跑线后，要经过反复练习才能最后确定。练习时，前面直线助跑要跑 4 步，后面弧线助跑也跑 4 步。

背越式跳高助跑的方式具有自身特点，前段的直线助跑基本上采用普通的加速跑，但运动员心理上应有向弧线过渡的准备。转入弧线助跑时，身体应向圆心方向倾斜，类似于弯道跑技术，重心不应起伏太大。此时，应注意大腿高抬，以膝领先并带动摆动腿的同侧髋积极向前迈步。最后一段的弧线助跑对起跳效果较为重要，不仅要体现助跑的加速性，还要体现节奏性，整个助跑过程要用前脚掌着地，并富有弹性，这种助跑的方式便于背越式跳高的起跳。

（2）起跳。在所有跳跃项目中，起跳技术是关键环节。起跳的任务是通过一系列起跳动作，使身体获得最大的垂直速度和适宜的起跳角度，使身体顺利地越过横杆。

通常，背越式跳高的起跳点距离横杆的垂直面60～100厘米。起跳脚由脚跟先着地，然后很快地由外侧过渡到全脚掌，起跳腿因惯性被迫弯曲，躯干由稍内倾转为垂直。最后一步的步幅比倒数第二步略短10～15厘米，由此形成了起跳腿同侧骨盆的前移速度超过了躯干的姿势，便于起跳时使整个躯干腾起。

起跳动作是通过弯曲着的起跳腿蹬伸和摆动腿的屈腿摆动同时作用来实现的，这个过程是起跳腿由弯曲开始蹬伸，与此同时摆动腿屈膝向前上方摆动，以髋发力带着摆动大腿，摆动腿小腿顺惯性与大腿折叠（形成屈腿摆动），当膝部摆至水平部位时应立即制动，但仍随惯性上摆，带动同侧髋上摆。

与起跳腿、摆动腿相协同的两臂与肩部动作，要求肩上提，两臂同时或采用单臂交叉的动作向横杆后上方摆出，帮助整个身体向上腾越，并且为整个身体沿额状轴（横贯身体，垂直通过矢状面的轴）旋转创造前提条件。

由于背越式跳高技术的空中动作是背向横杆，这种特定姿势要求运动员的身体充分伸展，拉长背部、腰部的肌群。因此，在做起跳动作时应注意起跳腿充分蹬伸、提肩、提髋。

（3）空中动作和落地。在起跳动作中，借助起跳腿蹬伸和摆动腿摆动的力量，使身体处于背向横杆的腾越姿势。当肩向上腾越超过横杆时，后仰、倒肩，顺惯性沿横杆腾越，整个身体呈反弓形。待髋部超越横杆后，收腹、含胸，以髋发力带动大腿向上，并且小腿甩动，使整个身体超越横杆，顺势以背部落在海绵垫上。

由于背越式跳高是由背部落地，因此，落地处应设有海绵垫、气垫、橡皮网或松软的草堆，以防落地时发生运动性损伤。

（二）跳高的练习方法

1. 背越式跳高

（1）起跳

现在国内外的正规田径比赛，运动员几乎都采用背越式，要想跳得高，必须要学习好助跑和起跳相结合的技术，同时要重视起跳的基本技术。

①原地起跳模仿练习。预备姿势为起跳腿在前，摆动腿在后，两臂屈肘引向体后，身体稍后倾。原地起跳时，摆动腿积极蹬地，使身体重心快速移向起跳点上方，并注意以髋带腿，大小腿折叠，屈腿向上摆起，同时两臂由后向上摆起，摆腿结束时，带出同侧髋，提起身体重心，摆臂练习时，提高两肩，使摆动腿一侧肩高于起跳腿一侧肩，躯干快速伸展，起跳腿充分蹬直。

②上一步起跳练习。摆动腿在前，起跳腿向前踏上起跳点，摆动腿积极蹬离地面起摆，

完成起跳动作，并用力向上跳起。

③3步助跑起跳练习。摆动腿在前，起跳腿向前跨出着地支撑，使身体重心迅速前移，并积极后蹬，接着摆动腿向前跨出，用前脚掌或平脚掌落地积极过渡到后蹬，同时起跳腿一侧手臂摆向前面，随着迈步放起跳腿，摆动腿一侧手臂留在体侧，而起跳腿一侧手臂拉向身后，然后，两臂与摆动腿一起向上摆起，同时积极蹬伸起跳腿向上跳起。

（2）助跑与起跳相结合

①沿着直径约15米的圆圈，进行助跑练习，体会向内倾斜的身体感觉。

②练习直线进入圆圈跑，体会身体由正直逐渐转入向内倾斜。

③沿圆圈做3步或5步的起跳练习。助跑时，身体向内倾斜，后两步加快节奏，做好起跳动作，积极向上跳起，腾空后，身体自然沿纵轴旋转。

④3步或5步助跑起跳，用头或摆动腿的膝部触高物，随着技术的熟练和能力的提高，逐渐提升高物的高度。

⑤3步或5步助跑起跳，用摆动腿同侧手摸高物。

⑥3步或5步助跑起跳，腾起后仰卧在高器械上。

（3）空中动作

①对着齐腰高的海绵包，呈起跳结束姿势，然后随着身体转向背对海绵包，同时做摆动腿下放、倒肩、展体、挺髋，最后用肩背落在海绵包上，过杆时呈背弓姿势。

②3~5步助跑起跳，背卧上较高的海绵包，完成背弓姿势，两小腿自然下垂。

③背对海绵包站立，原地双脚起跳，做挺髋、过杆模仿练习，注意收腹和上踢小腿协调配合。

④3~5步助跑背越式越过较低高度的横杆，反复练习，待技术熟练后逐步提升高度。

（4）全程助跑跳后过杆

①全程助跑（8步）对着高横杆做起跳练习

②全程助跑起跳，背卧上高海绵。

③全程助跑起跳后背越式过杆。

2.跨越式跳高

跨越式跳高练习时，要确定合适的助跑角度和起跳点，掌握合理的助跑速度和助跑节奏。速度过快，助力过大，起跳点不易准确，反而跳不高。

（1）助跑与起跳相结合

①上一步做起跳放脚与摆腿、摆臂相结合的练习。

②上一步起跳练习。注意有力起跳及上、下肢动作的协调配合。

③助跑3~4步起跳或起跳后用头或摆动腿的脚踢悬挂物。注意助跑节奏，平稳降低身体重心，摆动腿和两臂的摆动与起跳动作协调配合，起跳后上体要保持正直。悬挂物的高度要适宜。

（2）空中动作

①上一步跨越式跳高。起跳动作有力，过杆落地技术合理，横杆高度适宜。

②助跑3~4步跨越式跳高。

③助跑5~8步跨越式跳高。

做②③练习时，助跑速度要适中，起跳时身体要充分向上腾起，做好摆动腿、起跳腿的过杆动作和上体、两臂的配合动作。横杆高度要适宜。

二、跳远

田径运动中的跳远是一项普及面很广的体育项目，深受群众的喜爱。

（一）跳远技术分析

跳远技术比较简单，人们容易掌握，但要跳得很远，取得优异成绩并不是件容易的事，它不仅需要良好的速度和弹跳力，还需要有很好的协调和平衡能力。跳远的最终目的是要通过自身的能力，运用助跑和起跳，把整个身体"抛射"到最远的水平距离，并且要平稳落在所规定的沙坑里。这就必须掌握正确的技术，完成一系列的技术要求。跳远技术有蹲踞式跳远、挺身式跳远和走步式跳远三种。初学者可以从蹲踞式跳远入门，优秀运动员大多采用走步式跳远技术。走步式跳远技术是和起跳衔接最紧密的，空中动作最自然流畅。

同其他跳跃运动一样，跳远也必须由助跑、起跳、腾空与落地四个技术环节组成。

1. 助跑

参加跳远比赛或锻炼，首先要学会并且掌握正确的助跑技术。助跑的距离长短、步数多少、速度快慢都要根据每个人的具体情况而定，但总的要求是助跑要平稳、准确、加速、富有节奏并且要和起跳有机地结合起来。下面分别叙述有关助跑中的几项具体技术要求。

（1）助跑的距离和步数。运动员通常都采用偶数步数助跑，它可加强助跑的节奏感。男子一般用18~24步，36~48米；女子用16~22步，32~44米。距离的长短与步数的多少是根据运动员的水平和技术特点决定的。

（2）全程助跑距离的确定与丈量。先在跑道上反复练习36~50米的加速跑，用站立式起跑或行进间跑起动。助跑时用自己比较能发挥速度的跑法做加速跑，从中找出适合自己特点而又能发挥较高跑速，且能在快跑中完成起跳动作的距离和步数。

为了确保助跑的准确性和保证助跑的全程节奏，通常在全程助跑中设两个标记：第一个标记是助跑起跑或起动的标记，也就是从这个标记开始正式跳远助跑；第二个标记是起跳前的助跑段标记，一般离起跳板6步或8步，便于掌握起跳前最后几步助跑的节奏。这两个标记的设置也是根据个人的助跑情况而定。

（3）开始助跑的姿势。根据每个人的情况不同可采用不同的开始姿势。参加跳远的人不外乎采用两种姿势开始助跑：一种是站立式起跑，另一种是蹲踞式起跑。

（4）跳远全程助跑的加速方法。由于跳远需要在快速助跑中完成起跳，因此对助跑的速度有特定要求。由于跳远助跑的距离较长，步数较多，在全程助跑中应很好地把握节奏和速度，因此要求掌握好助跑的加速方法。全程助跑的加速方法有两种：第一种是逐渐加速，从开始助跑就逐渐加大步长、加快步频、提高跑速，到第二标记时，助跑速度基本发挥到最大，然后跑好最后几步的加速节奏；第二种类型是从助跑开始就积极地增加跑速，很快把步长与步频提高到应有的程度，这对提高助跑速度是有利的。第一种类型适合初学者，采用逐渐加速的方法比较稳定和准确，但优秀运动员多采用第二种类型的加速方式。

2. 起跳

起跳是所有跳跃项目中最关键的技术环节。助跑与起跳的结合、起跳腿的蹬伸与摆动腿的摆动、两腿之间的蹬摆配合，又是跳远起跳技术的关键所在。这一系列的技术动作，就是要把运动员助跑时所获得的水平速度，通过起跳动作，转换成必要的腾空速度，将身体抛射空中，使整个身体腾越较长的距离。

起跳是一个非常快速、完整的技术动作，但为了叙述方便，可以把它划分为三个技术阶段。

（1）起跳脚上板起跳。助跑最后一步，摆动腿的脚着地后，起跳脚就准备上板。由于速度很快，下肢的运动速度略快于躯干，因此上体基本保持直立或稍后仰。两臂在体侧前后摆动，起跳脚用全脚掌踏板，摆动腿屈腿前摆。

踏板一刹那，起跳腿前伸，与地面形成一个65～70度的夹角，起跳脚与身体重心投影点之间的距离为30～40厘米，身体重心在支撑点的后面。这种姿势形成了一定的"制动"，便于使水平速度向垂直速度转换，也便于使身体向腾空状态转换。但应注意，起跳脚前伸过大或身体重心距起跳脚支撑点过远，都会影响起跳效果。

（2）起跳腿的支撑缓冲。起跳脚踏板以后，身体随快速助跑的向前惯性及身体重力作用，迫使起跳腿的髋、膝、踝关节被动弯曲。起跳脚用全脚掌支撑既可保持身体的平衡和稳定，又可以抵御这种压力。此时，整个身体也由原来的直立或稍后仰变为稍前倾，摆动腿也随着惯性向前运动，大小腿折叠后向起跳腿靠拢，这种姿势为最后起跳、蹬摆做好了准备。

（3）起跳的蹬摆配合。起跳腿在踏上起跳板的瞬间，身体始终随惯性向前运动着，当身体重心移到起跳脚支撑点上方时，起跳腿应及时蹬伸，充分伸展髋、膝、踝三关节，与此同时摆动腿以膝领先，屈腿向前上方摆动至大腿呈水平部位，两臂配合两腿在体侧摆动，躯干伸展，头向前上方顶出，完成起跳的蹬摆配合动作，这时起跳腿与地面呈70～80度夹角。

应该强调，在完成蹬摆配合的起跳动作时，四肢的协调配合，对身体获得适宜的腾起高度、维持身体平衡以及对加快起跳速度起着决定作用。起跳腿充分蹬伸后，还有一个全身的制动动作，这是由摆动腿摆到大腿水平部位和两臂摆动时的突然停顿完成的。这个制动动作，为增加身体向上腾起、防止身体产生翻转、维持全身平衡都起着重要作用。

3. 腾空（空中动作）

如前所述，跳远有三种空中姿势，即蹲踞式、挺身式和走步式。这三种空中技术各有特点。因走步式跳远的空中腾空技术比较难，是专业运动员才用的跳远技术，不太适合大学生日常训练，故下面只详细阐述蹲踞式和挺身式技术。

（1）蹲踞式。蹲踞式的空中动作最简单，易于学习掌握，初学者通常从掌握蹲踞式跳远入门。

当运动员完成起跳、蹬摆动作后，即进入腾空步，上体保持直立，摆动腿的大腿由水平位置继续上摆，逐渐靠近胸部，起跳腿也从身体后方开始屈腿前摆与摆动腿主动靠拢，两条腿继续向胸部靠拢，两臂在体侧向上举，然后向体后划动。当身体快要下落时，躯干前倾，向前伸两腿的小腿，同时两臂向后伸，以维持身体平衡。

蹲踞式跳远虽然简单易学，但由于身体在空中呈团身状态，容易产生前旋，且由于近落地的这一阶段躯干前倾过大，会妨碍两腿充分前伸，对取得好的成绩有一定影响。

（2）挺身式。挺身式跳远的空中姿势比较舒展，当起跳呈腾空步之后，处在体前的摆动腿伸展膝关节，小腿随之向前、向下、向后呈弧形划动，两臂也随之向下、向后，再向前大幅度地划动；与此同时，处在身体后面的起跳腿与正在向后划动的摆动腿靠拢，挺身，展髋，头稍后仰，充分拉开躯干前面的肌肉，整个身体充分地展开成挺身姿势。当身体即将落地时，两臂向后摆动，躯干前倾，迅速收腹举腿，小腿尽量向前伸出，用足跟落地。

这种挺身式跳远空中技术能使身体充分伸展。由于躯干前面肌肉充分拉开，为落地前的收腹、举腿和小腿的前伸做了很好的准备，为取得较好成绩创造了条件。

挺身式跳远空中动作的难度在于维持身体平衡，因此要经常训练身体的协调和维持平衡的能力。

4. 落地

当双脚即将着地时，应保持上体稍前倾，高抬大腿，前伸小腿，当脚触地的一瞬间，迅速向前屈膝缓冲，髋部前移，两臂屈胸前摆，向前或向后侧倒，避免后坐，使身体尽量移过双脚的落地点。

（二）跳远技术的练习方法

1. 助跑与起跳相结合

（1）上一步起跳练习。两腿前后开立，摆动腿在前。练习开始后起跳腿屈膝前摆，大腿积极下压，以脚跟迅速滚动到全脚掌着地。接着起跳腿用力蹬伸，摆动腿屈膝上摆，两臂也配合在体侧向前上和后上摆动，向前上方跳起。练习时可以连续做，每组6~8次。

（2）在跑道或平坦的草地上，做跑3步起跳成腾空步的练习。摆动腿在前，由起跳腿开始跑3步做起跳，在空中做腾空步，然后用摆动腿落地继续前跑。练习时注意最后一步要适当缩短步长，使助跑与起跳密切结合。这个练习可以连续做，每组做4~6次。

（3）助跑6~10步，在起跳板（或起跳区）起跳，在空中做腾空步，然后以摆动腿落于沙坑，继续向前跑出。

（4）助跑6~10步，在起跳板（或起跳区）起跳，在空中经腾空步后做蹲踞式或挺身式跳远练习。

（5）做（3）（4）练习时，要特别注意助跑点的准确性和稳定性，事先要丈量和调整好助跑点，使助跑与起跳密切结合。

2. 空中动作

（1）蹲踞式

①助跑6~8步，起跳后做腾空步练习。做这个练习时，起跳腾空要有一定高度。可在起跳板前跳远距离的1/3处放置一根高30~50厘米的横杆，采用条件限制的方法，保证跳起腾空的高度。

②助跑6~8步，起跳成腾空步后，将起跳腿向前上提举与摆动腿靠拢（形成空中蹲踞动作），然后两腿前伸落于沙坑。做这个练习时，一定要在"腾空步"做得充分的基础上，再做起跳腿向前上提举的动作。

③逐渐加长助跑距离，做完整的蹲踞式跳远练习。根据个人情况，进一步改进和完善动作。

（2）挺身式

①原地或站在50厘米左右的高处，向前上方跳起，做挺身式跳远空中动作模仿练习。

②助跑6~8步，起跳后做腾空步练习。

③助跑6~8步，起跳呈腾空步后，摆动腿向下、向后摆动，起跳腿屈膝向摆动腿靠拢，两臂配合摆动，髋部前送，挺胸展体成挺身姿势，然后收腹举腿，两腿前伸落于沙坑。

④逐渐加长助跑距离，做完整的挺身式跳远练习。

做②—④练习时，要做到起跳腾空有一定高度，腾空步做得充分。做③—④练习时，要注意掌握好下放摆动腿和挺身送髋的时机。

3. 下落着地

（1）原地向高跳起，在空中做收腹举腿练习。练习时，要求大腿向胸部靠近，几乎触及胸部。

（2）立定跳远练习。在沙坑边沿站立做立定跳远，落地前提举大腿，两臂后摆，然后两腿伸出，用脚跟先落于沙坑，接着迅速屈膝，两臂迅速前摆，使身体重心移过落点。

（3）在沙坑内接近个人落地点附近放置标志物（如白色布带），用条件限制法进行跳远练习，在下落前两腿向前提举，然后小腿前伸，两脚跟在标志物前着地。

第三节　投掷运动

当今，在国际上进行正式比赛的投掷项目有推铅球、掷铁饼、掷标枪和掷链球四个项目。这些投掷项目对增强人体的力量、速度素质，提高身体的协调性、柔韧性以及培养人们顽强、勇敢等心理品质都具有积极意义。这四个投掷项目都具有同样的特征，即通过运动员采用滑步、助跑或旋转的方式，首先使器械获得预先的加速度，然后再通过人体各部位的协调用力，给器械一个关键的最后用力，使器械（投掷物）向最远的距离飞行，取得较好的运动成绩。

由于这四种投掷器械形状、重量及投掷方式各不相同，所以其具体完成投出或掷出的技术也各有特点。我们这里重点介绍推铅球技术和推铅球的练习方法。

一、推铅球技术分析

推铅球这项运动，经历了三个大的历史演变阶段。最早是推石块，然后是在 14 世纪时欧洲人推炮弹（当时炮弹是圆形大铁球），后来才演变为推铅球。

最初推铅球比赛方法很简单，无论采用什么姿势，助跑只需要画条直线，人们站在线后推球就行了，或不助跑，规则是不过线将球推出。后来规定改为在一个方块形区域里推球，最后定为在直径 2.135 米的圆圈里推球，并且铅球必须落在 90 度角的扇形区里方为有效，这种方法一直沿用至今。

（一）侧向滑步推铅球技术

1. 持球（以右手持球为例）

将五指自然分开，铅球的重量主要由食指、中指、无名指三个手指的根部托住，拇指和小指在铅球两侧扶住以免滑落，手腕后翻。握住球以后，将铅球放在右侧锁骨窝处，紧贴脖颈,将球和身体固定在一起,便于完成下面一系列动作。

2. 预备姿势

侧对投掷方向站立,两脚左右开立,右腿弯曲,上体向右侧倾斜,重心落于右腿上,左臂微屈于胸前。

3. 滑步动作

左腿向投掷方向做 1～2 次预摆,最后一次预摆回摆时,右腿弯曲,降低重心。左腿以小腿带动大腿向投掷方向摆出,同时右脚用力蹬地,使身体向左运动。右腿充分蹬伸后快收小腿,沿地面向左滑动至投掷圈中心附近,同时左脚积极下放以前脚掌内侧着地,上体保持向右倾斜,身体重心偏于右腿。

4. 最后用力

用力顺序是蹬腿、转送右髋、上体边转边起,转头、挺胸、送肩、右臂推球,右手推球,左臂不后撤。蹬转应以身体左侧为转动轴,左膝和髋要撑住,眼看前上方。

5. 维持平衡

球出手后,屈腿弯腰,或换步屈腿弯腰,降低重心,缓冲身体前冲力,维持身体平衡,防止出圈犯规。

(二)背向滑步推铅球技术

1. 滑步前的准备动作

滑步在推铅球运动项目中起助跑作用,通过滑步可使运动员携带的铅球得到推出前的预先加速,为推铅球的最后用力创造一个良好有力的身体姿势。

滑步之前,运动员应该有一个较好的准备动作,为滑步创造有利条件。由于每个人的习惯不同,滑步前的准备动作也各有差异。通常大多数人在滑步前采取背对投掷方向,持球以后,站在投掷圆圈的后沿,两腿前后开立,右手投掷者右脚在前,脚尖靠近投掷圈,左脚在后,左脚稍弯曲,整个重心落在右脚上。这时上体保持直立,左臂举起伸展,将左侧身体拉开,以此姿势准备进行滑步;也有的运动员做准备滑步时,采取上体前倾较大,右腿弯曲承担身体重量,左腿后伸,左脚尖大约插入圆心部位,左臂向前下方伸出,使左侧身体拉长的准备动作,以便滑步。

2. 滑步的具体步骤

推铅球的滑步技术可以分为预摆、屈膝团身,左腿摆和右腿蹬的摆蹬配合,右腿收拢、左腿着地支撑完成最后用力的预备动作以及最后用力和维持身体平衡这样几个动作阶段。

(1)预摆。采用高姿站立准备姿势时,首先上体探出投掷圈外,左腿随之离地向上抬起,采用低姿准备姿势时,右腿弯曲程度加大,同时左腿轻轻点地,或开始抬起左腿准备滑步。也有的运动员不进行预摆，持球以后，站立在投掷圈后沿，开始就屈腿、团身直接做滑步动作。

无论采用何种方式，只要是能轻快、自如、省力、连贯地进行滑步，达到预期目的就可以，不必强求。

（2）屈膝团身。预摆完成以后，及时收回左腿，左膝要向支撑的右腿小腿靠拢，支撑的右腿加大弯曲程度准备蹬伸发力。此时，上体加大前倾度与地面几乎平行，躯干蜷起类似团身状态。左臂下垂放松，右手握球紧贴脖颈。身体重心仍然放在支撑着的右腿上。仔细分析其姿势就会发现，这时的铅球，实际上是在投掷圈后沿以外，并且铅球是处在一个较低的位置。这种状态，能使铅球从较低的位置、较长的距离获得更多的加速运动；同时这种姿势使运动员背部肌肉被拉长，最后用力时有利于发挥腰背力量，还有利于右腿的蹬伸和左腿的摆动，提高滑步的速度和效果。

（3）左腿摆和右腿蹬的摆蹬配合。完成屈膝团身动作以后，紧接着左腿积极有力地向抵趾板方向摆动，带动右腿及整个身体向投掷方向移动。当支撑的右腿小腿基本上处在垂直状态时，右腿蹬伸，用右脚跟蹬离地面，并且使躯干仍然滞留在后面。这实际上是滑步动作的前一半技术。应强调指出，推铅球滑步的摆蹬配合，是由摆动腿的摆出做先导，蹬伸动作是在左腿摆动之后。这个动作过程，既保证了身体的向前投掷方向运动，又能保持身体平衡，直线向投掷方向滑动，不至于因为右腿蹬伸发力过早而导致身体重心的上下起伏。在完成上述前半段滑步动作时，身体仍然前俯，左臂向投掷反方向伸展，拉长整个背部肌肉。

（4）右腿收拢、左腿积极着地完成最后用力的预备动作。当左腿摆、右腿蹬伸、右脚即将离地的瞬间，积极地把右腿向身体重心投影点处回收。先收小腿，脚跟紧擦地面，接着是一个非常短促且比较平稳的腾空，随之迅速着地。在这个回收、腾空的短促阶段，右腿还要有一个旋内的动作，使右脚落地时，与投掷方向呈90度角，左脚也迅速着地，形成稳固有力的支撑，左脚掌与投掷方向约呈45度角。这时，上体仍然保持背向投掷方向，肩轴与髋轴形成扭紧状态，整个身体重量仍然由右腿负担。

这一连串的动作特别要注意滑步时不能跳动，力求平稳迅速；上体尽量保持原来背向姿势，不要过早抬起；滑步结束后一定保证身体重量仍然落在右腿上；铅球保持远离右脚支撑点投影线，这种姿势形成了较好的"超越器械"的姿态，便于最后用力时最大限度地发挥身体的力量。应该特别强调的是，右腿的滑步和左腿摆动后支撑，两腿动作不仅迅速，而且要求两脚前面着地时间短促、连贯。

（5）最后用力和维持身体平衡。在完整的推铅球技术中，最后用力是最重要的技术环节，是一个非常迅速的技术过程。这一技术动作完成得好坏，直接影响着滑步与出手的衔接，滑步时所获得的水平速度能否最后作用到铅球上，也关系到铅球的出手速度、出手高度及出手角度，从而直接影响最后的成绩。

最后用力是从左腿摆动着地的刹那就开始了。首先是处在后面的右腿、髋、膝、踝协同用力，边蹬边转边向前（即向投掷方向），左臂带引躯干向左侧有力、迅速地摆振，充分展开上体，但肩和髋继续保持扭紧状态。在完成以上动作时，一定要保证下肢动作要比上体动作更迅速，在用力出手之前，仍然保持一种"弓拉满、箭上弦"的状态，推铅球是以最后快速把铅球推出手为结束动作，这个最后出手动作不单是右侧一只手臂来完成的，首先是胸部向投掷方向的转动及左侧身体的有力支撑；其次是两条腿的用力蹬伸将身体重心升起，并产生由下而上且向前的动力；最后是投掷臂的充分伸直和躯干向前的动作，共同完成最后铅球出手动作。在这里，左腿的有力支撑，对完成最后用力和出手技术起着至关重要的作用。在所有的投掷技术中，常常提到的左侧支撑，就是指这一动作。

由于运动惯性，铅球出手之后，整个身体仍会继续向投掷方向跟进以维持身体平衡，但应避免出圈犯规和出现跌倒现象，这也是在最后用力和铅球出手动作时必须注意的。维持身体平衡时是靠两条腿的及时换腿、降低身体重心、左腿积极后撤等一系列动作来实现的。

二、推铅球的练习及其改进方法

（一）侧向滑步推铅球的练习方法

1. 持铅球滑步。要控制好铅球，逐渐加长右脚的滑行距离。

2. 沿地上画出的直线连续滑步3～4次。右脚在直线上滑行，左脚落在直线稍后处。

3. 由同伴拉住练习者的左手（臂）滑步。滑步开始时，同伴的拉力要小些，便于进行滑步动作；滑步结束瞬间，同伴的拉力稍大一些。

4. 在投掷圈内滑步。

（二）改进和完善侧向滑步推铅球技术

1. 做出最后用力预备姿势，然后左脚稍提离地面，随左腿积极下压和左脚着地支撑，右腿立即蹬转用力。左脚提离地面不宜过高，左脚着地与右腿蹬转要连贯。

2. 两脚左右大开立，拉收右小腿至身体重心下方，接做右腿快速蹬转用力动作。拉收右小腿时防止上体抬起，右腿的拉收、着地和蹬转等动作要协调连贯。

3. 垫步推铅球。侧对投掷方向，两脚左右开立，右腿蹬地，右脚滑移至左脚处着地，右腿弯曲，同时左腿向左侧摆插着地成最后用力预备姿势，然后连贯将铅球推出。垫步后上体要向右倾斜，并与最后用力紧密衔接。

4. 持球滑步，接做蹬伸右腿、转送右髋和抬起上体的用力练习。要在完成滑步动作和形成超越器械的基础上，连贯进行右腿蹬转等动作。持球练习时要防止铅球脱手。

5. 侧向滑步推铅球。可以先做高姿势短滑步轻推球和利用滑步速度轻推球的练习，然后逐步加长滑步距离和加快动作速度。

6. 侧向滑步推铅球过一定高度的标志物（橡皮筋或横杆），标志物设置在练习者投掷正前方 2～3 米处，高度 2～5 米。铅球出手时要充分伸展身体，积极向标志物挺胸送肩和伸臂推球。

7. 在投掷圈内反复练习侧向滑步推铅球，采用多种方法与手段全面改进、提高完整技术。铅球出手后，要维持身体平衡。

（三）背向滑步推铅球的练习方法

1. 徒手或持球做背向滑步的模仿练习（滑步前先做 1～2 次预摆）。

2. 在投掷圈外和投掷圈内做背向滑步推铅球练习。

（四）改进和完善背向滑步推铅球

1. 背对投掷方向，做左腿不摆动的右腿蹬地滑步练习。主要强调右腿快速蹬伸在滑步过程中所起到的主导作用，此练习可以连续做 1～2 次。

2. 背对投掷方向，做左腿摆、右腿蹬的滑步练习。右腿蹬地方式同练习 1，练习时，强调先摆后蹬，摆蹬结合。

3. 同上练习，加强右小腿快速收拉和左腿快速落地动作。此练习主要体会两腿动作的协调配合及动作速度。左腿摆幅可逐渐增大，在此基础上强调快摆积极下落，右腿要低滑快落。

4. 在投掷圈外和投掷圈内做背向滑步推铅球练习。开始可采用重量较轻的铅球进行练习，强调动作的正确性，不要追求投掷远度，着重改进滑步、滑步与最后用力的衔接和最后用力技术，在不断改进和完善技术的基础上，逐渐加快动作的速度与幅度。

参考文献

[1] 韩璐."健康中国"理念下高校体育教学的新思路[J].体育科技文献通报,2023,31(03):171-173.

[2] 肖鑫,张力,郭玉江.基于中国健康体育课程模式高职武术教学与大赛选拔的实践研究[J].当代体育科技,2023,13(07):114-117.

[3] 程隆,傅科其.以技术健身教学促进大学生心理健康：一项在中医药院校实施的体育课堂教学改革[J].中医药管理杂志,2023,31(04):22-24.

[4] 张明璐.数字化、全球化与职业体育的未来——评《核心素养导向的体育与健康教学设计》[J].新闻爱好者,2023,No.542(02):123.

[5] 周珂,张伯伦,乔石磊等.体育与健康核心素养引领下的大单元教学现实之需、价值定位与实践进路[J].首都体育学院学报,2023,35(01):32-39+56.

[6] 张磊,杨浩.体育与健康核心素养导向下的大问题教学内涵解析、价值澄明与策略选择[J].首都体育学院学报,2023,35(01):49-56.

[7] 肖鑫,张力,郭玉江.中国健康体育课程模式在高职武术教学中的应用研究[J].当代体育科技,2023,13(05):132-135.

[8] 胡航,万秋霞.适度教育理念下体育教学多维路径分析[J].中国教育学刊,2023(S1):105-106+117.

[9] 黄二青.健康中国视域下传统医学专科院校"体医结合"体育教学实践研究[J].科技风,2023,No.514(02):37-39.

[10] 季浏.对中国健康体育课程模式理论和实践问题的再研究[J].北京体育大学学报,2019,42(06):12-22.

[11] 周世友,高彩云.我国学校《体育与健康》课程分组教学理论与实践探索[J].肇庆学院学报,2002(05):27-29.

[12] 须晓东.高校体育与健康课发展对策初探[J].华东船舶工业学院学报(社会科学版),2003(02):92-94.

[13] 王文清.生命关怀视角下高校调适性体育教学理论与实践分析[J].当代体育科技,2015,5(31):81-83.

[14] 李全志.《体育与健康》篮球选项课分组互助教学模式的理论与实践研究[C]//..[出版者不详],2012.

[15] 王林,谢静月.高校体育实施健康教育的两个迫切问题[J].江苏高教,2002(06):99-101.

[16] 符强.高校体育教学中渗透和实施心理健康教育的理论与实践[J].湖北函授大学学报,2012,25(01):103-104.

[17] 毛振明.回顾体育与健康课程改革的理论研究与教学实践[J].大庆师范学院学报,2011,31(06):105-110.

[18] 何少钧.促进健康素质发展的体育教学模式理论与实践探析[J].西安体育学院学报,2008(04):110-112.

[19] 酉杰峰.贵州高校体育与健康试行学分制的研讨[J].黔南民族师范学院学报,2008,No.132(03):93-96.

[20] 聂东风,林华,杭兰平等.普通高校体育教学模式研究现状与趋向分析[J].西安体育学院学报,2005(02):101-103+107.

[21] 王彬,王利,沈志海等.对吉林省西北部体育与健康课程教学改革的研究[J].白城师范学院学报,2004(01):76-79.

[22] 高前进.大学体育促进学生心理健康发展的理论及实践研究[J].石家庄师范专科学校学报,2003(06):74-77.